Oda Tietz

Thüringische Küche

Rezepte, Bräuche und Geschichten im Jahreslauf

Bassermann

GERICHTE IM JAHRESLAUF

JANUAR

Thüringer Klöße gibt es das ganze Jahr. Eimerweise werden die Kartoffeln geschält, damit sie gleich für mehrere Mahlzeiten reichen. Immer dabei: Sauce und Fleisch.

Gericht des Monats:

Thüringer Klöße Seite 20

Die Wartburg bei Eisenach

FEBRUAR

Speck, Zwiebeln, Schmand, Sahne und Butter sind unentbehrliche Bestandteile der thüringischen Küche. Und bei Kochkäse und Schärpplätzen kann man die Welt vergessen!

Gericht des Monats:

Sondershäuser Schärpplätze Seite 44

MÄRZ

Wenn die Sauce nichts taugt, kann man gleich mit dem Essen aufhören – davon sind die Thüringer fest überzeugt. Sie fehlt nie bei Tisch und erst recht nicht bei den Klößen.

Gericht des Monats:

Schweinekammbraten Seite 73

APRIL

Thüringer Blechkuchen sind berühmt. Egal, ob süß mit Obst, Quark und Mohn, oder deftig mit Schnittlauch, Speck und Eiern – sie müssen immer dick belegt sein!

Gericht des Monats:

Schnittlauchkuchen Seite 108

MAI

Jetzt duftet es nach frischen Kräutern und Gemüse – und Butter und Sahne stehen auch in Reichweite. Auf diesem Gebiet kennen die Thüringer sich hervorragend aus!

Gericht des Monats:

Kartoffel-Spinat-Auflauf Seite 132

JUNI

Die hohe Zeit der Schnippela-Suppen ist da! Bunter und einladender können Gemüseteller nicht aussehen. Wieviel Köstliches können die Thüringer aus Gemüse zubereiten!

Gericht des Monats:

Thüringer Schnippelsuppe Seite 150

Zauberhafter Thüringer Wald

Mit geschickten Händen und findigem Geist zaubern die Thüringer wahrhaft Köstliches aus dem Vielerlei, das die Natur bietet.

JULI

Das ist der Monat voll saftiger, fruchtiger Frische. Aus Sauerkirschen, Johannisbeeren, Birnen und Äpfeln zaubern die Thüringer eine Vielzahl von Gaumengenüssen.

Gericht des Monats:
Schneewittchenkuchen Seite 190

Kulturmetropole Weimar

AUGUST

Saalfelder Detscher haben Saison! Köstlich schmecken die Kartoffelpuffer, wenn sie wie einst im Ofen der mancherorts wieder restaurierten Backhäuser gebacken werden.

Gericht des Monats:
Saalfelder Detscher Seite 213

Rudolstadt, von Tälern umsäumt

SEPTEMBER

Jetzt heißt es, jede Menge Zwetschen für den Quatschgenkuchen herbeizuschaffen und viel Teig zu kneten, denn der Lieblingskuchen der Thüringer bleibt nie lange liegen.

Gericht des Monats:
Quatschgenkuchen Seite 249

OKTOBER

Da sind sich die Thüringer einig: Ohne Zwiebeln wäre das Essen langweilig und fade, denn dann gäbe es weder die köstliche Zwiebelsuppe noch die duftenden Zwiebelkuchen.

Gericht des Monats:
Weimarer Zwiebelsuppe Seite 258

NOVEMBER

Jetzt nach dem Schlachtfest kommen die guten Leber-, Blut- und Zervelatwürste in die Vorratskammern und die Schlachtesuppe auf die Teller.

Gericht des Monats:
Schlachtesuppe mit Schnapphütes Seite 297

DEZEMBER

In dieser Zeit wirkt die Küche wie ein Magnet. So vielfältig und verführerisch duftet sie nur im Monat der Überraschungen. Süße und deftige Häppchen haben Hochsaison.

Gericht des Monats:
Mandelkuchen aus »Gramont« Seite 327

Die Gerichte

Monat für Monat

Die Küche

Jawohl, in Thüringen ist das ganze Jahr über Kloßzeit. Nur das Drumherum wechselt: Sauce, Fleisch, Gemüse. Auch die Klöße selbst sind seit jeher Probierobjekt, sonst gäbe es nicht Thüringer Klöße, seidene Klöße, Fauleweiberklöße, Serviettenklöße, pikante Klöße…

IM JANUAR

Der Würzkunst der Thüringer Metzger ist es zu danken, daß die Bratwürste so einzigartig schmecken. Beim Braten müssen sie mindestens ein- bis zweimal aufplatzen, damit das Fleisch den Duft der Holzkohle aufnehmen kann.

Was es im Januar

Schmand

Schmand ist saure Sahne mit löffelfester Konsistenz, deren Fettgehalt mindestens 20 Prozent beträgt. Er gehört unbedingt reichlich und griffbereit in die Vorratskammer einer Thüringer Küche, denn die weiße Pracht ist beim Kochen und Backen, bei süßen und herzhaften Speisen fast immer im Spiel.

Zwiebeln

In Thüringen halten sie enge Freundschaft mit dem Speck. Sie schmiegen sich in Suppen, Salaten, Kartoffelgerichten und sogar auf dem Kuchenblech im Zwiebelkuchen eng aneinander. Nur die Sorte wechselt: Will man einen Salat oder eine Sauce bereiten, wählt man die besonders milde Schalotte – sie gilt als das vornehmste unter den Zwiebelgewächsen. Für den Frühlingssalat greift man dagegen eher zur Lauchzwiebel mit dem reichlichen, zarten Grün.

Lorbeerblätter

Mit Lorbeerblättern würzt man in Thüringen Fleisch, Fisch, Wild und verschiedene Gemüsegerichte. Allerdings ist Vorsicht geboten, denn durch ihr herb-bitteres Aroma ist hier weniger oft mehr. Das gilt auch für Marinaden oder Beizen.

Alles Gutes gibt...

Speck

Speck ist unentbehrlicher Bestandteil der thüringischen Küche und wird gepökelt, geräuchert oder gesalzen verwendet. Besonders beliebt ist hier der durchwachsene Speck mit einer dicken Fleischschicht, aber auch der fette Räucherspeck wird in Salaten, als Beilage zum Fleisch oder in deftigen Blechkuchen gerne verwendet.

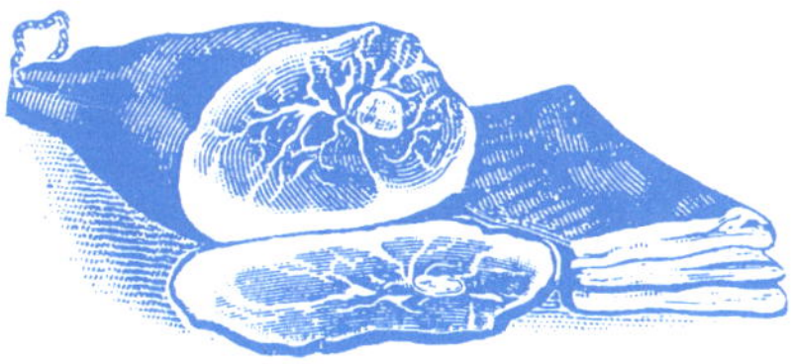

Hirschhornsalz

Hirschhornsalz ist ein Treibmittel, mit dem in Thüringen nicht nur zur Weihnachtszeit gern gebacken wird. Es eignet sich jedoch nur für flache Blechkuchen, da sich der Ammoniakgehalt in hohen Kuchen nicht genügend verflüchtigen kann und damit die Gaumenfreude beeinträchtigen würde. Hirschhornsalz wird vor der Zugabe an den Teig in etwas kalter Flüssigkeit aufgelöst.

Typisch für den Januar

Dunkle Biersuppe

Für 4 Personen
Geht schnell, preiswert

1/2 l dunkles Bier (Köstritzer)
1 Msp. Zimt, 1 kräftige Prise Salz
2 EL Zucker, 1 EL Mehl
3/4 l Milch, 1 Eigelb
100 g Weißbrot
30 g Butter

1

Das Bier in einem Topf mit Zimt, Salz und Zucker erhitzen und kurz aufwallen lassen. Das Mehl in etwas kalter Milch anrühren. Die restliche Milch in einem zweiten Topf zum Kochen bringen. Das Mehl einrühren, aufkochen lassen und unter Rühren zum Bier geben. Die Suppe vom Herd nehmen, mit dem Eigelb legieren und warm stellen.

2

Das Weißbrot in kleine Würfel schneiden. Die Butter in einer Pfanne erhitzen und die Brotwürfel darin goldgelb backen. Die Suppe in vorgewärmte Suppenteller füllen und die Weißbrotwürfel darübergeben.

Waldvir

Der 2. Januar heißt in Eisenach »Waldvir« (Waldfeier). Da ruht der Wald und niemand geht hin, nicht mal ein Waldarbeiter, weil man an diesem Tag leicht fallen und sich etwas brechen kann.

Sauerkrautsalat

Für 4 Personen
Geht schnell

400 g Sauerkraut, 2 Äpfel
2 EL Zitronensaft, 1 kleine Zwiebel
1/2 TL Zucker, 125 g Speck
1 EL gehackte Kräuter
(Zitronenmelisse und Petersilie)

1

Das Sauerkraut grob hacken. Die Äpfel schälen, entkernen, raspeln oder in feine Streifen schneiden und mit dem Zitronensaft marinieren. Die Zwiebel schälen und in kleine Würfel schneiden. Sauerkraut, Äpfel und Zwiebel in einer Schüssel vermischen und den Zucker darüberstreuen.

2

Den Speck in kleine Würfel schneiden, in einer Pfanne kroß braten und über den Krautsalat geben. Den Salat mit den gehackten Kräutern garnieren.

Ein herrliches Land

Thüringen ist das grüne Herz Deutschlands, dessen romantische Berge, Wiesen und Auen zu jeder Jahreszeit Auge, Herz und Phantasie erfreuen, und das unendlich oft bedichtet und besungen wurde. Thüringen ist aber auch das Kloßland, wo die köstlichen, liebevoll gedrehten Klöße, deren handgeriebene Fäden (nicht zu grob und nicht zu fein) man auf der Zunge spüren muß, siebenmal in der Woche und mindestens 365mal im Jahr auf den Tisch kommen – so wird es hier behauptet, und das ist eher untertrieben. Und schließlich ist Thüringen das Land des »Weihrauchs«, denn an jeder Straßenecke – egal, ob im Winter oder Sommer – steigt der wunderbar köstliche Duft von einem der Holzkohlegrills auf, auf denen dicht an dicht würzige Bratwürste liegen. Sie werden erst dann herübergereicht, wenn sie mindestens ein- bis zweimal aufgeplatzt sind und voll der Würze stecken, die das aus mehreren Fleischsorten bestehende Wurstbrät so unübertrefflich nur hier auf Thüringens Holzkohlefeuern erhält.

Selleriesalat

Für 4 Personen
Ganz einfach, läßt sich vorbereiten

1 Sellerieknolle (etwa 500 g)
Salz, 2 Äpfel
2 EL Zitronensaft
1 EL Zucker
125 g saure Sahne
2 EL Schmand
1 EL geröstete Mandelsplitter

1

Den Sellerie waschen, abbürsten und in reichlich Salzwasser in 1 Stunde gar kochen, so daß er noch bißfest ist. Den Sellerie etwas abkühlen lassen, schälen, vierteln, in feine Scheiben schneiden und in einer Schüssel warm stellen.

2

Die Äpfel schälen, entkernen, reiben, mit dem Zitronensaft vermischen und zum Sellerie geben. 1/2 Teelöffel Salz, Zucker, saure Sahne und Schmand verrühren und unter den Apfel-Sellerie heben. Den Salat zugedeckt 1 Stunde ziehen lassen. Vor dem Servieren die Mandelsplitter darüberstreuen.

Steffchens Rahm

Wer sich mit dem Blute dem Steffchen verschreibt – so heißt in Thüringen der Teufel –, der bekommt an Festtagen Rahm, Schmand und alles, was man zum Kochen braucht, umsonst. Wie man Steffchen erkennt? Er fliegt als Feuerkugel zum Schornstein herein und wieder heraus ...

Sellerie mit Kruste

Für 4 Personen
Geht schnell

500 g gekochte Sellerieknolle
Salz, frisch gemahlener Pfeffer
1 Msp. geriebene Muskatnuß, 100 g Reibekäse
50 g Semmelbrösel, 100 g Butter

1

Den Sellerie schälen, in 1 Zentimeter dicke Scheiben schneiden und mit Salz, Pfeffer und Muskat würzen. Reibekäse und Semmelbrösel in einer Schüssel vermischen und die Selleriescheiben darin wälzen.

2

In einer Pfanne die Butter zerlassen und die Selleriescheiben darin auf beiden Seiten knusprig braten.

Die Sprache der »Eingeborenen«

Die thüringische Sprache hat es in sich. Das fand schon Goethe über seine »Eingeborenen« heraus, und sein Sekretär Eckermann hat es am 5. Mai 1824 aufgeschrieben: »Ich habe in meiner langen Praxis«, so Goethe, »Anfänger aus allen Gegenden Deutschlands kennen gelernt. Die Aussprache der Norddeutschen ließ im ganzen wenig zu wünschen übrig; sie ist rein und kann in mancher Hinsicht als musterhaft gelten. Dagegen habe ich mit geborenen Schwaben, Östreichern und Sachsen oft meine Not gehabt. Auch Eingeborene unserer lieben Stadt Weimar haben mir viel zu schaffen gemacht. Bei diesen entstehen die lächerlichsten Mißgriffe daraus, daß sie in den hiesigen Schulen nicht angehalten werden, das B von P und das D von T durch eine markierte Aussprache stark zu unterscheiden. Man sollte kaum glauben, daß sie B, P, D und T überhaupt für vier verschiedene Buchstaben halten, denn sie sprechen nur immer von einem weichen und einem harten B und von einem weichen und einem harten D und scheinen dadurch stillschweigend anzudeuten, daß P und T gar nicht existieren. Aus einem solchen Munde klingt denn Pein wie Bein, Paß wie Baß und Teckel wie Deckel.«

Und so sieht es der Thüringer selbst: »Hartes P un hartes T kannst de nech begrüße, weech ös alles eenerlee, ooch de ruhen Kläße.«

ZWIEBELTIEGEL

Für 4 Personen
Ganz einfach, preiswert

800 g mittelgroße Zwiebeln
Salz, 100 g Butter, 200 g Weißbrot
100 g Speck, 250 g saure Sahne oder Schmand, 1 Ei

1

Die Zwiebeln schälen und in Salzwasser etwa 10 Minuten garen, aber nicht zu weich werden lassen. Einen Tiegel oder eine feuerfeste Form mit 50 Gramm Butter ausstreichen. Das Weißbrot in Scheiben schneiden, toasten und die Form damit auslegen.

2

Die Zwiebeln halbieren und mit der Schnittfläche auf die Weißbrotscheiben setzen. Den Speck in kleine Würfel schneiden, in einem Pfännchen kroß braten und über den Zwiebeln verteilen.

3

Die saure Sahne mit dem Ei verquirlen, etwas salzen und über die Zwiebeln gießen. Die restliche Butter in Flöckchen daraufgeben. Den Zwiebeltiegel im vorgeheizten Backofen bei 200 Grad (Umluft 180 Grad, Gas Stufe 3 bis 4) etwa 15 Minuten überbacken.

In der Gegend um Schleiz gibt man auf die Zwiebeln keinen Speck, sondern reichlich Reibekäse.

KEIN GRUND ZUM WEINEN

Beim Zwiebelschälen bleiben die Augen trocken, wenn man die Zwiebel bei geöffnetem Fenster schält und an der Flachseite beginnt. Danach taucht man die Zwiebel kurz in kaltes Wasser und halbiert sie. Will man Würfel schneiden, legt man die Schnittflächen auf ein Küchenbrett und schneidet die Hälften zunächst längs in Scheiben, danach in Würfel. Kaltes Wasser schützt vor Zwiebelgeruch, deshalb Hände, Brett und Messer vor und nach dem Schneiden gut abspülen.

In Thüringen werden die köstlichen Runden das ganze Jahr über reichlich in die Küchen geholt. Sie würzen Kuchen und Gerichte und treten sogar als Hauptgericht auf.

RIHRENTÄTSCHER

Für 4 Personen
Preiswert

800 g Kartoffeln
2 EL Mehl, 2 Eigelb, 1/2 TL Salz
100 g Butter

1

Die Kartoffeln in der Schale kochen, pellen und durch die Kartoffelpresse in eine Schüssel drücken. Mehl, Eigelbe und Salz untermengen.

2

Eine Pfanne ausbuttern, den Kartoffelteig 2 Zentimeter dick einfüllen und die restliche Butter in Flöckchen daraufsetzen. Den Rihrentätscher im vorgeheizten Backofen bei 200 Grad (Umluft 180 Grad, Gas Stufe 3 bis 4) etwa 10 Minuten backen.

Dazu schmecken knusprig gebratene Rotwurstscheiben oder Rostbrätel (Seite 292).

VARIANTE: In Altenburg heißt dieses Gericht »Perücke«. Die Zubereitung ist die gleiche, doch zur Verfeinerung gibt man über den fertiggebackenen Kartoffelkuchen noch kroß gebratene Speckwürfel und goldgelbe, knusprige Zwiebelringe.

Rindszunge mit Rosinensauce

Für 4 Personen
Braucht etwas Zeit, läßt sich vorbereiten

1 Rindszunge, 2 EL Rosinen
1 Bund Suppengrün, 2 Zwiebeln
2 Nelken, 1 Lorbeerblatt
2 Pfefferkörner, 50 g Butter
1 EL Mehl, Zucker
1/8 l Rotwein, Salz

1

Die Rindszunge über Nacht wässern. Das Fleisch am nächsten Tag in einen Topf geben, mit Wasser bedecken, aufkochen und den entstehenden Schaum entfernen. Die Zunge etwa 80 Minuten köcheln lassen, dabei darauf achten, daß sie immer mit Wasser bedeckt ist.

2

Inzwischen die Rosinen waschen und in etwas Wasser einweichen. Das Suppengrün putzen und kleinschneiden. Die Zwiebeln schälen. Eine Zwiebel mit Nelken und Lorbeerblatt spicken, die andere fein hacken. 30 Minuten vor Ende der Kochzeit das Suppengrün, die Spickzwiebel und die Pfefferkörner zur Zunge geben und mitköcheln lassen.

3

Wenn sich die Spitze der Zunge leicht durchdrücken läßt (mit einer Rouladennadel prüfen), das Fleisch herausnehmen, kurz in kaltes Wasser legen und sofort die Haut abziehen. Die Zunge quer in Scheiben schneiden und warm stellen. Die Brühe durch ein Sieb gießen.

4

Die Butter in einem zweiten Topf erhitzen und die gehackte Zwiebel darin anrösten. Das Mehl und eine kräftige Prise Zucker zugeben und gut verrühren. Die Brühe einrühren, Rotwein und eingeweichte Rosinen zufügen und 2 Minuten mitkochen lassen. Die Sauce mit Salz abschmecken und über die Zungenscheiben gießen.

Dazu schmecken seidene Watteklöße (Seite 318) oder Fauleweiberklöße (Seite 319).

Heldrunger Sauerbraten

Für 4 Personen
Raffiniert, läßt sich vorbereiten

Für die Marinade:
1/4 l Essig, 15 schwarze Pfefferkörner
2 Lorbeerblätter, 3 Nelken
8 Wacholderbeeren, 1 EL Zucker
1 Stange Porree, 50 g Sellerie
2 Möhren, 2 Zwiebeln
Für den Braten:
1 kg Rinderschmorbraten (aus der Schulter)
Salz, frisch gemahlener schwarzer Pfeffer
80 g durchwachsener Räucherspeck
2 EL Öl, 2 Möhren, 2 Zwiebeln
1 Petersilienwurzel, 30 g Butter
3 EL saure Sahne

1

Für die Marinade den Essig, 1 Liter Wasser, Pfefferkörner, Lorbeerblätter, Nelken, Wacholderbeeren und Zucker in einen Topf geben. Das Gemüse waschen, putzen, grob zerkleinern und dazugeben. Alles zum Kochen bringen und etwa 20 Minuten bei schwacher Hitze köcheln lassen.

2

Das Fleisch von Haut und Sehnen befreien, waschen, trockentupfen und in eine Schüssel legen. Die abgekühlte Marinade mit den Gewürzen und dem Gemüse darübergeben, so daß das Fleisch vollständig bedeckt ist. Die Schüssel abdecken und 2 Tage lang kühl stellen.

3

Das Fleisch aus der Marinade nehmen, gut abtrocknen und mit Salz und Pfeffer einreiben. Den Speck in kleine Würfel schneiden. Das Öl in einem Schmortopf erhitzen und die Speckwürfel hineingeben, das Fleisch zufügen und ringsum anbraten.

4

Möhren, Zwiebeln und Petersilienwurzel putzen, grob zerkleinern, zum Fleisch geben und kurz anschmoren. Die Marinade durch ein Sieb abseihen und mit einem Viertelliter den Braten ablöschen. Danach so viel von der restlichen Marinade zugießen, daß das Fleisch zu zwei Dritteln bedeckt ist.

5

Das Fleisch zugedeckt im vorgeheizten Backofen bei 200 Grad (Umluft 180 Grad, Gas Stufe 3 bis 4) etwa 2 Stunden schmoren, anschließend herausnehmen und warm stellen. Den Bratenfond durch ein Sieb streichen, damit eine glatte, sämige Sauce entsteht. Sollte die Sauce zu dünnflüssig sein, noch etwas einkochen lassen.

6

Kalte Butter und saure Sahne in die Sauce einrühren und mit Salz und Pfeffer abschmecken. Den Braten in dünne Scheiben schneiden, auf einer vorgewärmten Platte anrichten und mit der Sauce, Thüringer Klößen (Seite 20) und Rotkohl (Seite 26) zu Tisch bringen.

Thüringer Weisheiten

Wenn änner ißt, muß mer miteß.
Wenn änner trinkt, muß mer mittrink.
Wenn änner arbeet, muß mer aufpaß, dos mer wos lernt.

Von ä Ochs'n kam'mr bluß Röndfleesch värlänge.

Thüringer Klösse

Für 4 Personen
Besonders typisch

2 Semmeln
30 g Butter, 2,5 kg Kartoffeln
Salz

1

Die Semmeln in kleine Würfel schneiden. In einer Pfanne die Butter zerlassen und die Semmelwürfel darin goldgelb rösten. Die Kartoffeln schälen, waschen und abtropfen lassen.

2

Ein Drittel der Kartoffeln in Würfel schneiden, in Salzwasser weichkochen, das Wasser bis auf einen kleinen Rest abgießen und die Kartoffeln zu einem dickflüssigen Brei zerstampfen.

3

Die restlichen Kartoffeln in eine Schüssel mit etwas kaltem Wasser reiben. Die geriebenen Kartoffeln durch ein Tuch pressen und die Flüssigkeit in einem Gefäß auffangen, so daß sich die Stärke absetzen kann. In einem großen Topf reichlich Salzwasser aufsetzen.

4

Inzwischen die geriebene Kartoffelmasse mit zwei Gabeln auflockern, 1 Teelöffel Salz und 2 reichliche Eßlöffel von der abgesetzten Kartoffelstärke zugeben. Den Kartoffelbrei zum Kochen bringen, über die geriebenen Kartoffeln geben und alles gut verkneten.

5

Mit nassen Händen Klöße formen, in die Mitte jeweils einige Semmelwürfel geben. Die Klöße in das kochende Salzwasser legen und im siedenden Wasser etwa 20 Minuten ziehen lassen.

Wenn von den »grünen Runden« etwas übrigbleibt, jubelt die thüringische Familie, denn dann gibt es zum Abendbrot garantiert aufgebackene Klöße – also in Scheiben geschnitten und in Butter goldbraun gebraten. Dazu werden oft Rotkohl, Sauerkraut und Salat gereicht; lecker schmecken auch Rotwurst und Brüh (restliche Bratensauce), Rotwurst und Linsengemüse (Seite 23) oder Kartoffelklöße mit Eiern (Seite 22).

Trudchens Klösse

Thüringer Klöße hat meine wahrlich mit Kochkünsten gesegnete Großtante Tilly als waschechte Sächsin nie gekocht, denn das konnte eine besser als sie (was sie auch neidlos zugab): ihre Sondershäuser Cousine, das blonde Trudchen mit dem Riesendutt und den Kringellöckchen. Meine Großtante hat sie mir vorgeführt – Trudchen und die Klöße –, und ich habe nicht schlecht gestaunt, wie die Handgriffe beim Klößemachen saßen.

Einen ganzen Wassereimer Kartoffeln hat Trudchen gerieben (nur beim Schälen durften wir helfen), auf gewisse Weise faserig, nicht zu grob und nicht zu fein, eben wie es sich gehört. Da war keine Spur von Angst, daß die rohen geriebenen Kartoffeln sich braun färben könnten, denn zur rechten Zeit wurden sie mit dickflüssigem Kartoffelbrei gebrüht. Und dann – Kopf runtergebeugt – stemmten sich ihre Arme in die Schüssel zum Teigverkneten, als wollte sie zum Kopfstand abheben. Selbstverständlich stand der Teller mit den goldgelben, buttrig-knusprigen Semmelwürfeln bereit und das Kloßwasser zur rechten Zeit auf dem Herd, in dem die Klöße nach dem Drehen in nassen Händen versanken. Klitschklatsch, klitschklatsch, Füllung rein – das war das einzige, was man hörte, ansonsten herrschte bewundernde Stille.

Die nächsten Minuten kümmerte sich Trudchen gar nicht mehr um die Klöße, sondern nur noch um Fleisch und Sauce. Dabei kostete und schmatzte sie, daß man annehmen konnte, sie wäre bis zum Stehkragen satt, wenn wir uns zu Tisch setzen würden. Dem war keineswegs so. Tilly und mir hämmerte sie ein, daß die Sauce das wichtigste zum Kloß war – was auch stimmt –, wobei sie sich zuerst ans Fleisch hielt, ohne aber hinterher auf die Klöße (mindestens vier) und jede Menge Sauce (damit der Kloß »ritscht«) zu verzichten.

Natürlich waren nur ihre Klöße die richtigen, denn die von ihrer Schwester Hanna waren zu fest, die von Schwester Käthe zu grobfaserig, und bei der Nachbarin zerkochten sie gar zu trauriger grauer Kloßbrühe, denn die hatte ja überhaupt keine Ahnung. Das war wohl auch der Grund, weshalb Großtante Tilly sich nie an die Thüringer Klöße wagte. Jede Köchin wußte es anders und besser und überhaupt am besten, gab aber »ihr« Rezept nie preis – nicht weil sie nicht wollte, sondern weil sie schlicht und einfach nicht konnte. Denn wie es die Großmutter nach Gefühl machte, so auch die Mutter, und deren Handgriffe sah sich wiederum die Tochter ab …

Seit der Lehrzeit bei Trudchen heißen meine runden Gedrehten nur »Trudchen-Klöße«. Und Trudchen war es auch, die die köstlichen Kartoffelklöße mit Eiern zubereitete – allerdings in weitaus größeren Mengen als im folgenden Rezept.

Kartoffelklösse mit Eiern

Für 4 Personen
Ganz einfach

4 Thüringer Klöße (Seite 20)
100 g durchwachsener Speck, 1 Zwiebel
30 g Butter, 1 TL Basilikum, 6 Eier
2 EL Milch, 2 EL süße Sahne, Salz
1 Msp. geriebene Muskatnuß

1

Die Klöße in Scheiben, den Speck in kleine Würfel schneiden. Die Zwiebel schälen und fein hacken. Die Butter in einer Pfanne zerlassen und die Speck- und Zwiebelwürfel darin anbraten.

2

Die Kloßscheiben hineingeben, auf beiden Seiten goldbraun braten und mit Basilikum bestreuen. Die Eier mit Milch und Sahne verquirlen, etwas salzen und den Muskat einrühren. Die Mischung über die Kloßscheiben gießen und stocken lassen.

Thüringer Klöße haben viele Namen: In Suhl heißen sie »Knolle«, in Schmalkalden »Hebes«, in Meiningen nennt man sie »Hütes« und anderswo »Kindsköpfe«.

TABARZER LINSENGEMÜSE

Für 4 Personen
Raffiniert, läßt sich vorbereiten

Für das Gemüse:
200 g Linsen
1 Bund Suppengrün
1/2 l Fleischbrühe, 1/2 Lorbeerblatt
150 g durchwachsener Speck, 1 Zwiebel
30 g Butter, 1 EL Mehl
1/2 TL Salz, 1 TL Zucker
2-3 EL Weinessig
Außerdem:
4 kalte Thüringer Klöße (Seite 20)
125 g Butter
4 Scheiben Rotwurst à 150 g

1

Die Linsen 2 Stunden in kaltem Wasser einweichen, anschließend abgießen. Das Suppengrün putzen, waschen und kleinschneiden. Die Linsen mit Fleischbrühe, Lorbeerblatt und Suppengrün in einem Topf zum Kochen bringen und 1 Stunde köcheln lassen, dabei eventuell etwas heiße Brühe nachgießen.

2

Den Speck in kleine Würfel schneiden. Die Zwiebel schälen und fein hacken. Die Speckwürfel in einer Pfanne kroß braten, die Zwiebelwürfel zufügen, goldgelb rösten und beides zu den fertigen Linsen geben. Die Butter in einem zweiten Topf erhitzen und das Mehl darin anschwitzen. Die Mehlschwitze unter die Linsen rühren und alles mit Salz, Zucker und Weinessig abschmecken.

3

Die Klöße in Scheiben schneiden. In einer Pfanne die Butter erhitzen und die Kloßscheiben darin auf beiden Seiten knusprig braten. Das Linsengemüse auf flachen Tellern verteilen, die Kloßscheiben ringsum anlegen und je eine Rotwurstscheibe auf die Linsen legen.

VARIANTEN: Die Rotwurstscheiben können wie die Kloßscheiben in Butter knusprig gebraten werden. Anstelle der Thüringer Klöße können Sie auch Detscher (Seite 213) oder Salzkartoffeln zum Linsengemüse reichen.

Tiegelkuchen

Für 4 Personen
Preiswert, läßt sich vorbereiten

Für den Teig:
500 g Mehl, 30 g Hefe
1/4 l Milch, Salz, 50 g Butter
Außerdem:
1 EL Öl, 100 g Speck, 100 g Butter

1

Das Mehl in eine Schüssel sieben, in die Mitte eine Vertiefung drücken. Die Hefe in etwas lauwarmer Milch verrühren, in die Vertiefung gießen und leicht mit Mehl bestäuben. Eine kräftige Prise Salz und die Butter in Flöckchen auf dem Mehlrand verteilen und den Vorteig zugedeckt an einem warmen Platz 15 Minuten gehen lassen.

2

Den Vorteig von der Mitte aus zu einem glatten Teig verkneten, dabei die restliche Milch zugeben. Den Teig zugedeckt an einem warmen Platz 1 Stunde gehen lassen, zusammenstoßen und faustgroße Hefeklöße daraus formen.

3

Eine Springform mit Öl ausstreichen. Den Speck in feine Streifen schneiden und den Boden damit bedecken. Die Hefeklöße dicht aneinander daraufsetzen und mit warmem Wasser bestreichen.

4

Den Tiegelkuchen im vorgeheizten Backofen bei 180 Grad (Umluft 160 Grad, Gas Stufe 2 bis 3) etwa 25 Minuten goldbraun backen und herausnehmen. Die Butter in einem Pfännchen zerlassen und über dem heißen Kuchen verteilen.

Eingemachtes Obst oder Sauerkraut ist eine beliebte Beilage zum Tiegelkuchen. Besonders gut dazu paßt aber auch eine Meerrettichsauce, die gescheit machen und das Gehirn reinigen soll – vorausgesetzt, sie ist so scharf, daß es einem die Tränen in die Augen treibt.

Meerrettichsauce

Für 4 Personen
Raffiniert

1 Zwiebel
100 g Butter, 2 EL Mehl
1/2 l Fleischbrühe, Salz
frisch gemahlener weißer Pfeffer
2 Gewürzkörner
2-3 EL frisch geriebener Meerrettich
2 EL Zitronensaft, Zucker
100 g süße Sahne

1

Die Zwiebel schälen und in kleine Würfel schneiden. Die Butter in einem Topf erhitzen, die Zwiebelwürfel zugeben und unter Rühren glasig andünsten.

2

Das Mehl darüberstreuen, rasch glattrühren und 2 Minuten anschwitzen lassen. Die Brühe angießen und unter Rühren zum Kochen bringen. Salz, Pfeffer und zerdrückte Gewürzkörner zufügen und noch 10 Minuten köcheln lassen, dabei immer wieder umrühren.

3

Den Topf vom Herd nehmen. Meerrettich, Zitronensaft, eine Prise Zucker und die süße Sahne in die Sauce einrühren und mit Salz abschmecken. Dazu reicht man ausgebratene Schwarzfleisch- oder Schinkenspeckscheiben oder geschmorte Pökelrippchen.

VARIANTE: Mancherorts gibt man zusammen mit dem Meerrettich noch 2 Eßlöffel Semmelbrösel an die Sauce.

ROTKOHL

Für 4 Personen
Ganz einfach

1 Rotkohl (etwa 500 g)
50 g Speck, 1 Zwiebel, 1 TL Zucker
Salz, 4 EL Essig
1 EL Mehl

1

Den Rotkohl kurz mit kochendem Wasser überbrühen und in feine Streifen schneiden. Den Speck in kleine Würfel schneiden, die Zwiebel schälen und kleinschneiden.

2

In einem Topf den Speck auslassen und die Zwiebel darin glasig braten. Die Rotkohlstreifen mit Zucker, Salz, Essig und etwas Wasser in 45 Minuten weichdämpfen, dabei ab und zu etwas Wasser nachgießen. Zuletzt das Mehl darüberstäuben und alles noch einmal kurz durchkochen.

VARIANTE: Anstelle von Wasser wird mancherorts Rotwein verwendet, und man köchelt eine Handvoll Sultaninen und 2 geschälte, entkernte Äpfel in Spalten mit.

In manchen Gegenden heißt diese Beilage auch Dämpfkraut.

VOM ANBRATEN

In Thüringen verwendet man zum Anbraten gern gut geräucherten Speck, denn nur der bringt dem Gaumen den gewünschten und traditionell vertrauten Geschmack. Und auch das sollten Sie beherzigen: Fleisch muß immer sehr rasch bei großer Hitze in Öl angebraten werden, sonst verliert es zu viel Saft. Allerdings war Trudchen – Saft hin, Saft her – in diesem Punkt grundsätzlich anderer Ansicht. Sie verwendete nur »gute« Butter zum Anbraten. Und große Hitze? Um Himmelswillen! Das Fleisch sollte der Sauce doch Aroma geben. Sie steht mit ihrer Meinung nicht allein – zumindest in Thüringen. Denn das Saucenergebnis ist eine wahrhaft unvergeßliche Gaumenwonne!

Rotkohl liebt die Gesellschaft von Klößen, Geflügel und Wild. Meist ist auch die Birne, gefüllt mit Preiselbeeren, nicht weit. In Thüringen muß er vom Speckfett glänzen!

Buttermilchspeise

Für 4 Personen
Ganz einfach

4 Eier
100 g Zucker
1 l Buttermilch, Salz
Früchte nach Wahl

1

Die Eier trennen. Die Eigelbe in einer Schüssel mit dem Zucker schaumig rühren. Nach und nach die Buttermilch zugießen und verrühren. Die Schüssel 1 Stunde kalt stellen.

2

Die Eiweiße mit einer kräftigen Prise Salz zu steifem Schnee schlagen und vorsichtig unterheben. Die Buttermilchspeise über den Früchten anrichten.

So sind die Thüringer

Wie dr Diiringer so is? Ernst Heinecke hat es vor hundert Jahren zu Papier gebracht. Was er damals beobachtet hat, ist noch immer höchst aktuell:

»Mar konn so'e, was mer will, su ä Thüringer is nich nor gemütlich, ar is och pfiffig und halle. Vor allen macht ar gerne su seinen Schabernack. Ar is o nich uffs Maul gefoll'n; ar hat su etwas, was mer aben nich uf d'r Schule lerne kann. Und wenn etwa ä gelehrter Herr, su ä ganz gelehrter, nich och ä bißchen Mutterwitz hat, kann ar scheene neifolle, wenn ar sich etwa in än scharfen Tischkursch mit'n eiläßt.

Beim Thüringer kommt zu zuerscht d'r ernste Teel seines Labens, 'sei Fach' – ar gieht in seiner Arbeit uff. Ar ißt och gerne wos gut's, will aber nich veel dafor bezahle. De Bratworscht kann nich billig un gruß genung sei, daß se gut is, dafor sorgt sei eegenes Lackmaul. Es braucht och nich ausgeklingelt zu warn, wenn's un wu's welche gibt, die riecht mer schon vun weiten. Spackkuchen is och su ä Lackerbissen, wenn's dan in d'r Bierstange (Wirtshaus) gibt, do giehts aber hän; un wenn ar 35 oder gar 45 Pfennige ausgegaben hat, do hat ar gelabt wie ä Graf. Is dann noch eener da, dar sich veralbern läßt, da kummt s'n nich druff an, wenn dar ganze Vormittag flöten gieht.«

Hirschhornkuchen

Für 16 Stücke
Ganz einfach

Für den Teig:
200 g Butter, 150 g Zucker, 2 Päckchen Vanillezucker
2 Eier, 1 TL Hirschhornsalz, 1/8 l Milch, 400 g Mehl
Mehl für die Arbeitsfläche, Butter für das Blech
30 g flüssige Butter zum Bestreichen
Für den Guß:
200 g Puderzucker, 3 EL Kakao, 20 g Butter oder Kokosfett

1

Butter, Zucker, Vanillezucker und Eier in einer Schüssel schaumig rühren. Das Hirschhornsalz in der Milch glattrühren und in die Buttermasse einrühren. Nach und nach das gesiebte Mehl zugeben, so daß ein zäher Teig entsteht. Den Teig auf einer bemehlten Arbeitsfläche in Backblechgröße ausrollen.

2

Ein Backblech ausbuttern. Den Teig daraufgeben, mit der flüssigen Butter bestreichen und im vorgeheizten Backofen bei 200 Grad (Umluft 180 Grad, Gas Stufe 3 bis 4) etwa 20 Minuten backen. Den Kuchen herausnehmen und auskühlen lassen.

3

Für den Guß Puderzucker und Kakao vermischen, durchsieben und mit 3 Eßlöffel heißem Wasser glattrühren. Das Fett zerlassen und unterschlagen. Den Guß sofort auf dem Hirschhornkuchen verteilen.

VARIANTEN: Häufig wird anstelle von Milch süße Sahne im Teig verwendet. Für einen dunklen Teig arbeiten Sie noch 3 Eßlöffel Kakao und 1 Eßlöffel Zucker ein. Anstelle des Schokoladenüberzugs können Sie aus 250 Gramm Puderzucker, 3 Eßlöffel Zitronensaft und 1 Eßlöffel zerlassener Butter einen weißen Guß herstellen.

In der mittelalterlichen Burgschänke auf der Leuchtenburg in Seitenroda versteht man sich bestens auf diese und andere Kuchenköstlichkeiten wie Mohn-, Pflaumen-, Quark- und Nußkuchen. Wie es einst Brauch war, werden sie auf riesigen runden Backblechen im Steinofen gebacken. Die leckeren Kuchenstücke fallen dementsprechend nicht gerade klein aus, sind aber gerade richtig, wenn man eine Menge Appetit mitbringt.

Huckelkuchen

Für 20 Stücke
Besonders typisch, geht schnell

10 Eigelb
8 EL Sonnenblumenöl
8 EL Weinbrand oder Nordhäuser Doppelkorn
100 g Mehl, Butter für das Blech
50 g flüssige Butter, Saft von 1/2 Zitrone
100 g Puderzucker

1

Die Eigelbe in einer Schüssel kräftig verschlagen, das Öl und den Schnaps unterrühren. Das Mehl sieben und nach und nach unter die Eimasse heben.

2

Ein Backblech ausbuttern, den Teig daraufstreichen und im vorgeheizten Backofen bei 220 Grad (Umluft 200 Grad, Gas Stufe 4 bis 5) etwa 15 Minuten goldbraun backen.

3

Den Kuchen herausnehmen, einige Minuten auskühlen lassen, mit der zerlassenen Butter bestreichen und mit dem Zitronensaft beträufeln. Zum Schluß den Puderzucker darübersieben.

DAS WERK DES »KUCHENPROFESSORS«

Der Anblick des Huckelkuchens verursacht unbedingt heimatliche Gefühle, denn er sieht aus wie das Thüringer Land. Und nicht erst heute ist dieser Kuchen ein Prunkstück auf der Kaffeetafel. Christiane Vulpius hat ihn des öfteren gebacken, damit ihr »lieber, allerbester, einziggeliebter Schatz« Johann Wolfgang von Goethe die herrlichen Stunden Revue passieren lassen konnte, die er während seiner Studentenzeit bei Bäcker Händel, seinem geliebten »Kuchenprofessor« (so hatte er ihn getauft) im Reudnitzschen Kuchengarten vor den Stadttoren Leipzigs verlebt hatte. Denn eines schönen Nachmittags hatte der einfallsreiche Bäcker diesen lustigen Kuchen – allerdings in runder Form, so daß er einem verbeulten Propeller glich – an die langen Gartentische unter den hohen Kastanienbäumen gebracht. Und der Studiosus Goethe war davon so beeindruckt, daß er gleich ein »Danklied« schrieb:

»O Händel, dessen Ruhm von Süd bis Norden reichet,
vernimm den Päan, der zu diesem Ohre steiget.
Du bäckst, was Gallier und Briten emsig suchen,
mit schöpferischem Geist originelle Kuchen.
Des Kaffee's Ozean, der sich vor dir ergießt,
ist süßer als der Saft, der von Hymettos fließt.«

Auch Ernestine, Christianes zehn Jahre jüngere Schwester, verstand sich trefflich auf dieses Backwerk – kein Wunder, denn eine Thüringerin kommt schon als Koch- und Backkünstlerin auf die Welt. Aber einen Unterschied zwischen dem sächsischen Prophetenkuchen und dem Thüringer Huckelkuchen gibt es doch, und der liegt in der Farbe. Während der Sachse sein Backwerk goldbraun und knusprig wünscht, liebt es der Thüringer hellgelb, weich und zart wie Biskuit. Er bestreut es auch nicht mit grobem Zucker, sondern siebt reichlich Puderzucker darüber.

Altenburger Platz

Für 20 Stücke
Läßt sich vorbereiten

100 g weiche Butter
3 Eier, 100 g Zucker
1 EL Rum, 200 g Mehl
Butter für das Blech
Mehl für die Arbeitsfläche
100 g flüssige Butter zum Bestreichen
100 g Zimtzucker zum Bestreuen

1

Die Butter in einer Schüssel schaumig rühren und Eier, Zucker und Rum einrühren. Das Mehl hineinsieben und alles zu einem glatten Teig verkneten. Den Teig 20 Minuten ruhen lassen.

2

Ein Backblech ausbuttern. Den Teig auf einer bemehlten Arbeitsfläche 1/2 Zentimeter dick ausrollen, auf das Backblech geben, mit der Hälfte der flüssigen Butter bestreichen und 2 Stunden an einen kühlen Platz stellen.

3

Den Teig mit einer Gabel mehrmals einstechen und die restliche Butter daraufstreichen. Den Kuchen im vorgeheizten Backofen bei 200 Grad (Umluft 180 Grad, Gas Stufe 3 bis 4) etwa 25 Minuten backen, herausnehmen und sofort mit dem Zimtzucker bestreuen.

Ilmenauer Porzellan

Zu festlichen Anlässen holt die feine Thüringerin das geliebte kobaltblaue und mit reichlich Gold verzierte »Graf von Henneberg«-Porzellan aus dem Büfett und setzt Geschirr und Kuchen in Szene. Wenn dann noch die Vase gleicher Couleur mitten auf dem Tisch steht, ist die Wirkung überwältigend. Staatsminister Goethe hat dereinst das Ilmenauer Unternehmen gefördert und sich selbst als Modelleur und Maler eingebracht. An seine Freundin Charlotte von Stein schrieb er: »... indessen habe ich Dir meine Beste, beykommende zwei Blumentöpfe gemalt und hoffe sie werden Dich freun ... «. Ein Porzellanhersteller aus Großbreitenbach, Christian Zacharias Gräbner, erhielt 1777 von seinem Weimarer Landesfürsten Carl August die Konzession zur Errichtung der Porzellanfabrik in Ilmenau. Zuvor mußte er »Proben seiner Geschicklichkeit« vorlegen, aber die hatten offensichtlich Eindruck gemacht. Auch das Rohmaterial war in der Umgebung reichlich vorhanden, und schon bald machte das Geschirr mit der Fabrikmarke »I« für Ilmenau überall im Land Furore. Ziel der Porzellanmanufaktur war es, eine »gangbare Kaufmannsware« mit künstlerischem Anspruch herzustellen. Im Jahre 1820 erschien erstmals die Bodenmarke mit der »Henne auf dem Berge«, später entschied man sich für das Wappen der Freiherren von Henneberg. Und heute? Es sieht so aus, als würden auch weiterhin Teller, Tassen, Kannen, Schalen und Terrinen hergestellt – genügend Interessenten gibt es jedenfalls!

Menü des Monats

Sauerkrautsalat

Heldrunger Sauerbraten mit Thüringer Klößen

Buttermilchspeise

Die Küche

Nur was schmeckt, bekommt und verführt, bleibt unvergeßlich! Deshalb geht es in Thüringens Küchen originell, deftig, edel, pikant, sanft und immer abwechslungsreich zu. Dafür sorgen würzige Suppen, köstlicher Brotaufstrich, Gebrutzeltes und leckeres Backwerk.

IM FEBRUAR

In Thüringen ist ein Gericht erst mit reichlich schmackhafter Sauce komplett! Veredelt mit Sahne, Mehl, Butter und Gewürzen, sorgt sie dafür, daß die Klöße »ritschen« und Pfannengerichte wie Schnitzel den letzten Pfiff bekommen.

Was es im Februar

Eier

Sie sind nicht nur gesund und bekömmlich, sondern auch unentbehrlich in der Küche, denn sie übernehmen einen zwar unauffälligen, aber um so wichtigeren Part beim Backwerk und in Suppen und Saucen. Eier enthalten viel Vitamin A, Kalzium, Phosphor, Natrium und Eisen, wobei die Farbe der Schale keinen Einfluß auf die Qualität hat, sondern lediglich Kennzeichen der jeweiligen Hühnerrasse ist. Auch die Frage, ob helle oder dunkle Dotter gesünder sind, erübrigt sich, denn die Inhaltsstoffe sind die gleichen.

Majoran

Die aus dem östlichen Mittelmeergebiet stammende aromatische Gewürzpflanze liefert das blühende Kraut, das frisch oder getrocknet Saucen, Suppen und Würste verfeinert. Bei fetten Speisen sollte es immer dabei sein, denn es sorgt für eine bessere Verdauung.

Kümmel

Er gehört ebenso zum Weiß- und Sauerkraut, zur Kartoffelsuppe und zu Bratkartoffeln wie zu pikantem Backwerk und Brot. Ganz besonders gut kommt sein herber, würziger Geschmack in Quark und Käse zur Geltung. Und der Kümmel hat noch einen weiteren Vorzug: Er macht die Speisen bekömmlicher.

ALLES GUTES GIBT...

MILCH

Längst weiß man, wie lebenswichtig sie ist, denn sie liefert Eiweiß, Kalzium und reichlich Vitamin A. Wir mögen sie als Frischmilch oder Sauermilch, wozu auch Buttermilch und Joghurt gehören. Aber die Thüringer Hausfrau weiß noch einiges mehr mit der Milch anzufangen. Sie bereitet Käse, Suppen, Kuchen, Klöße und vieles andere mehr daraus.

ZIMT

Für so manches süße Gericht ist der Zimt das »Tüpfelchen auf dem I«. Er verfeinert Obstsalate und -suppen, Grießbrei und Punsch, Milchreis und viele Kuchen, Keulchen und Plätzchen. Aber Vorsicht: Wegen des intensiven Geschmacks braucht man niemals viel von diesem köstlichen Gewürz.

TYPISCH FÜR DEN FEBRUAR

Helle Biersuppe

Für 4 Personen
Geht schnell, preiswert

1/2 l helles Bier
1 EL Zucker, 1/2 TL Salz
1 Stück Zimtrinde, 1 EL Kartoffelmehl
3/4 l Milch, 1 Eigelb

1

1/2 Liter Wasser und das Bier mit Zucker, Salz und Zimtrinde in einem Topf zum Kochen bringen und 5 Minuten leise köcheln lassen.

2

Das Mehl in einem Becher mit etwas Milch glattrühren. Die restliche Milch in einem zweiten Topf aufkochen, mit dem angerührten Mehl binden und zum Bier gießen.

3

Die Suppe vom Herd nehmen, die Zimtrinde entfernen und das Eigelb unterziehen. Die Suppe sofort servieren und Speckbrötchen oder Zwiebelkuchen (Seite 106) dazu reichen.

***VARIANTEN:** Anstelle der Speckbrötchen werden auch gern in Butter knusprig gebratene Semmelwürfel in die Suppe gestreut. Oder Sie legen in Butter geröstete Schwarz- oder Weißbrotscheiben in die Teller und gießen die Suppe darüber.*

Das mutige Meislein

Der Südwind jagt den Winter fort,
Noch kühlt es kellrig am schattigen Ort.
Die Sonne ist übernächtig und fahl,
Sie tanzte zu lange im Karneval!
Aber ein Meislein, hochnäsig und keck,
Ruft unentwegt: »Winter weg, Winter weg!«

Karl von Berlepsch

Speckbrötchen

Für 8 Stück
Braucht etwas Zeit

250 g Mehl
20 g Hefe, 1/2 TL Zucker
1/8 l Milch, 1 Ei, 50 g Butter
Salz, 100 g Speck, 2 Zwiebeln
1 EL Öl, Mehl für die Arbeitsfläche
Butter für das Blech, 1 Eigelb zum Bestreichen

1

Das Mehl in eine Schüssel sieben, in die Mitte eine Vertiefung drücken. Die Hefe mit dem Zucker in etwas lauwarmer Milch verrühren, in die Vertiefung gießen und leicht mit Mehl bestäuben. Das Ei, die Butter in Flöckchen und eine Prise Salz auf dem Mehlrand verteilen und den Vorteig zugedeckt an einem warmen Platz 15 Minuten gehen lassen.

2

Den Vorteig von der Mitte her zu einem glatten Teig verkneten, dabei die restliche Milch zugeben. Den Teig zugedeckt an einem warmen Platz 30 Minuten gehen lassen, zusammenstoßen und nochmals durchkneten.

3

Den Speck in kleine Würfel schneiden, die Zwiebeln schälen und fein schneiden. Das Öl in einer Pfanne erhitzen, die Speck- und Zwiebelwürfel darin glasig braten und auskühlen lassen.

4

Den Teig auf einer bemehlten Arbeitsfläche in 8 gleich große Stücke teilen und flachdrücken. Jeweils 1 Teelöffel von der Speck-Zwiebel-Mischung darauf verteilen und 8 Brötchen formen.

5

Ein Backblech ausbuttern. Die Brötchen daraufsetzen, 10 Minuten gehen lassen, mit Eigelb bestreichen und im vorgeheizten Backofen bei 200 Grad (Umluft 180 Grad, Gas Stufe 3 bis 4) etwa 30 Minuten backen.

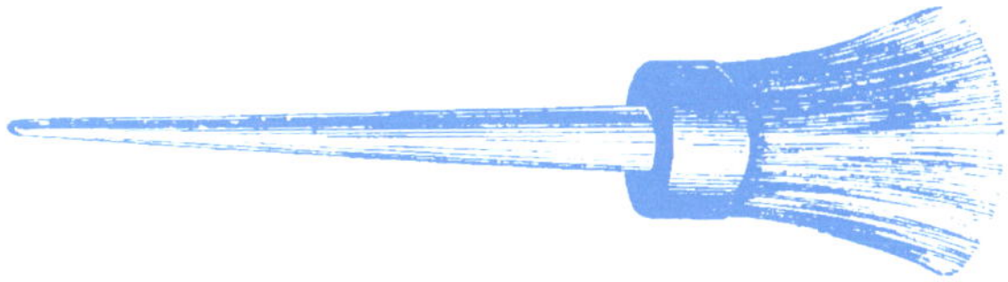

Bedauernswertes Gotha

Das hat man in Erfurt nicht vergessen: Faust war wieder einmal von einer großen Reise zurückgekehrt und lud seine Freunde zum Essen ein. Die kamen in Erwartung köstlicher Dinge geeilt, aber nichts stand auf dem Tisch. Faust ergötzte das sehr, und er klopfte dreimal auf den Tisch. Ein Diener erschien. »Wie schnell bist du?« Der Diener stand stramm: »Wie ein Pfeil.« »Taugt nichts, verschwinde!« Wieder klopfte Faust, und wieder erschien ein Diener. »Wie schnell bist du?« »Wie der Wind!« »Scher dich hinaus.« Nach erneutem Klopfen erschien der dritte Diener. »Wie schnell bist du?« »Wie die Gedanken der Menschen!« »Du bist der rechte«, sagte Faust und flüsterte ihm Befehle ins Ohr. Noch ehe die Gäste sich's versahen, standen in den Fensterbänken Schüsseln, Platten, Gläser und Karaffen. Der Gastgeber fragte, wonach es jeden gelüste, ging zum Fenster, griff in die Luft und füllte die Gefäße mit Wildbret und Geflügel, Pasteten und Würsten, Kuchen und Konfekt, Obst und Wein. Liebliche Musik ertönte dabei, und die Gäste griffen wacker zu und schmausten, was der Wanst faßte. Faust aber ging immer wieder zum Fenster und besorgte Nachschub. Da wurde es den Gästen allmählich unheimlich, und sie baten einen Mönch um Hilfe. Der drang in Faust, mit der Zauberei Schluß zu machen. »Ich gehöre dem Teufel, ihm habe ich mich mit meinem Blute verschrieben.« Sprach's und verschwand – für eine ganze Weile. Kurz darauf hat man ihn in Gotha gesehen, da soll er doch tatsächlich einen Heuwagen samt Pferden verschluckt und anschließend wieder ausgespuckt haben. Zu Schaden war keiner gekommen. Aber ein Festessen gab er dort nicht. Dabei hatten die Gothaer so darauf gehofft, denn vom Erfurter Gelage hatten sie natürlich längst gehört. Dafür trösteten sie sich mit ihrem Lieblingsessen, einem einstmals begehrten Hochzeitsschmaus – der Brotsuppe mit Leberwurst.

BROTSUPPE MIT LEBERWURST

Für 4 Personen
Preiswert

2 Zwiebeln
1 Stange Porree, 1 Möhre
50 g Sellerie, 50 g Butter, Salz
frisch gemahlener weißer Pfeffer
400 g Landbrot, 200 g Thüringer Leberwurst
1 TL Majoran, 1 l Fleischbrühe

1

Die Zwiebeln schälen und in Scheiben schneiden, den Porree waschen und in feine Streifen schneiden. Die Möhre und den Sellerie putzen und sehr fein schneiden.

2

Die Butter in einem Topf erhitzen, das Gemüse darin andünsten und mit Salz und Pfeffer würzen. Das Brot in kleine Würfel schneiden und zum Gemüse geben.

3

Den Darm von der Leberwurst entfernen. Wurst und Majoran in den Topf geben, die Brühe angießen und 20 Minuten köcheln lassen.

Dazu gehören ein Klarer (Nordhäuser Doppelkorn) und ein kühles Köstritzer Schwarzbier.

Bohnensuppe mit Entenfleisch

Für 4 Personen
Läßt sich vorbereiten, braucht etwas Zeit

500 g weiße Bohnen
4 Entenkeulen, 100 g Butter
Salz, frisch gemahlener weißer Pfeffer
250 g Zwiebeln

1

Die Bohnen über Nacht in reichlich Wasser einweichen. Am nächsten Tag in einem großen Topf 50 Gramm Butter erhitzen und die Entenkeulen darin ringsum scharf anbräunen.

2

Die Bohnen mit dem Einweichwasser dazugießen, zum Kochen bringen und noch 1/2 Liter Wasser zufügen. Die Suppe erneut zum Kochen bringen, bei milder Hitze 2 Stunden köcheln lassen und mit Salz und Pfeffer würzen.

3

Die Zwiebeln schälen, in Scheiben schneiden und in einer Pfanne mit der restlichen Butter dünsten. Die Entenkeulen aus der Suppe nehmen und warm stellen. Die Zwiebelscheiben mit der Butter zu den Bohnen geben und alles kurz aufkochen lassen.

4

Die Suppe mit Salz und Pfeffer nachschmecken und vom Herd nehmen. Das Fleisch von den Keulen lösen, auf vorgewärmten Tellern anrichten und die Bohnensuppe darüber verteilen.

KOCHKÄSE

Für 4 Personen
Ganz einfach, läßt sich vorbereiten

1 kg Quark (40%)
250 g süße Sahne, 1 EL Salz
4 EL Kümmel, 4 EL fein gehackte Zwiebel
1 fein gehackte Knoblauchzehe
200 g Butter

1

Den Quark in eine Tonschüssel füllen, mit einem feuchten Leinentuch abdecken und 2 bis 3 Tage an einen warmen Platz stellen.

2

Sobald sich auf dem Quark eine käseartige Schicht gebildet hat, Sahne, Salz, Kümmel, Zwiebel und Knoblauch zufügen und alles glattrühren. Die Masse in einen Topf geben und allmählich unter ständigem Rühren auf 90 Grad erhitzen.

3

Die Butter in einem Pfännchen zerlassen, unter die Quarkmasse ziehen und diese noch einige Minuten leicht köcheln lassen, bis der Quark glänzt. Eine Keramikschüssel mit kaltem Wasser ausspülen, die Quarkmasse hineingeben und erkalten lassen.

Von diesem köstlichen Brotaufstrich, zu dem unbedingt ein kühles Bier gehört, kennen die Thüringer viele Varianten: Die einen würzen ihn mit reichlich Majoran, die anderen mit Frühlingszwiebeln oder frischen Kräutern wie Schnittlauch, Petersilie, Dill oder Kümmel – der Phantasie sind hier keine Grenzen gesetzt. Fest steht nur eines: Die Delikatesse hält sich nicht lange. Und daß beim Aufstreichen aufs Brot nicht gespart wird, versteht sich von selbst. Vor allem, wenn ofenfrische Schärpplätze (Seite 44) zum Reinbeißen verlocken.

Sondershäuser Schärpplätze

Für 20 Stück

Besonders typisch

Für den Sauerteig:
375 g Roggenmehl, 3/8 l Buttermilch
Für den Brotteig:
1,5 kg Mehl, 1 l Buttermilch
2 EL Salz, Kümmel zum Bestreuen
Butter für das Backblech

1

Für den Sauerteig 1 Eßlöffel Roggenmehl mit 4 Eßlöffel Buttermilch verrühren und zugedeckt an einem warmen Platz 36 Stunden gehen lassen. Den Ansatz mit 1/8 Liter Buttermilch und 150 Gramm Roggenmehl verrühren und bei Zimmertemperatur nochmals über Nacht ruhen lassen. Das restliche Mehl und die übrige Buttermilch einrühren und den fertigen Sauerteig weitere 6 Stunden ruhen lassen.

2

Für den Brotteig das Mehl auf ein Backbrett sieben und in die Mitte eine Vertiefung drücken. Den Sauerteig, die Buttermilch und das Salz hineingeben und alles gut verkneten. Den Teig 1 Stunde ruhen lassen.

3

Handtellergroße Brötchen formen und flachdrücken. Die Brötchen mit Salzwasser bestreichen und mit Kümmel bestreuen. Ein Backblech ausbuttern, die Schärpplätze daraufsetzen und im vorgeheizten Backofen bei 200 Grad (Umluft 180 Grad, Gas Stufe 3 bis 4) etwa 35 Minuten backen. Die heißen Plätze sofort servieren.

Sie können sich den Sauerteig auch beim Bäcker besorgen – wie die Sondershäuser, die einfach zu ihrem geliebten (und berühmten) Bäckermeister Axt gehen.

DER MENSCH LEBT NICHT VON BROT ALLEIN

Schärpplätze, auch Schärr- oder Scherplätze genannt, schmecken am besten, wenn sie knusprig aus dem Ofen kommen. Die Sondershäuser streichen auf das warme Backwerk dick Butter, Griebenfett oder Leberwurst, oder sie legen auf die Butter noch Harzer Stinker, denn so verbindet sich der Belag aufs köstlichste mit dem Brotteig und wird zum absoluten Zungenspitzenreiter.

Woher die Schärpplätze ihren Namen haben? Ganz einfach: Weil sie fast ebenso flachgedrückt werden wie einstmals der bürgerliche Speckbauch unter der Leibbinde (Schärpe).

Die Sondershäuser sagen: »Der Mensch lebt nicht von Brot allein, es muß auch Wurst und Schinken sein.« Und auf dem weißblauen Porzellanküchenbrett meiner Schwiegermama Elise (gebürtige Sondershäuserin) steht: »Vom Brot allein kannst du nicht leben, es muß auch etwas Schinken geben.« Den legt sie denn auch prompt ihrem Besuch auf den mit Kochkäse bestrichenen Schärpplatz oder auf eine duftende Brotscheibe. Keinen mageren Schinken etwa, iwo, gut durchwachsen muß er sein. Denn gutes thüringisches Brot macht zwar die Wangen rot – aber Schinkenbröter machen sie noch viel röter. Und ihre rosigen Wangen demonstrieren deutlich, daß sie recht hat. Wenn es mal weniger üppig zugehen soll, verwöhnt sie ihre Gäste (und sich selbst natürlich auch) mit der folgenden Spezialität aus Kalbfleisch.

Kalbsvögel

Für 4 Personen
Raffiniert

1,5 kg Kalbfleisch aus der Keule
100 g fetter Räucherspeck in Scheiben
Für die Füllung:
30 g Butter, 4 Sardellen
je 1 Msp. Salz und Pfeffer, 4 EL Schmand
1 EL Semmelbrösel, 1 EL gehackte Petersilie
Für die Sauce:
50 g Butter, 1/4 l Fleischbrühe
1 EL Kartoffelmehl, 4 EL Weißwein, Salz
frisch gemahlener weißer Pfeffer

1

Das Fleisch in 1 Zentimeter dicke und 5 Zentimeter breite Streifen schneiden, leicht klopfen und auf einer Seite mit dem Speck belegen.

2

Für die Füllung die Butter schaumig rühren. Die Sardellen fein schneiden, mit den anderen Zutaten zur Butter geben und verrühren. Die Kalbstreifen umdrehen, mit der Füllung bestreichen, einrollen und mit Küchengarn umwickeln.

3

Die Butter in einem Topf erhitzen, das Fleisch hineingeben und ringsum anbraten. Die Fleischbrühe angießen und etwa 45 Minuten köcheln lassen. Die Kalbsvögel herausnehmen und warm stellen.

4

Das Kartoffelmehl in wenig kaltem Wasser glattrühren und die Sauce damit binden. Den Topf vom Herd nehmen, den Weißwein einrühren und die Sauce mit Salz und Pfeffer abschmecken. Dazu schmecken Detscher (Seite 213) oder Thüringer Klöße (Seite 20).

Wegen seiner 43 Kirchen und 36 Klöster galt Erfurt im Mittelalter als das »deutsche Rom«. Bei einem Bummel entdeckt man wunderschöne steinerne Zeugen der Vergangenheit.

Schweinebauchrouladen

Für 4 Personen
Braucht etwas Zeit

4 Scheiben Schweinebauch à 200 g
(ohne Knochen), Salz
frisch gemahlener schwarzer Pfeffer
4 TL Senf, 4 Wacholderbeeren
2 Zwiebeln, 400 g Sauerkraut
50 g Butter, 1/4 l Fleischbrühe
1 TL Majoran
2-3 EL Schmand

1

Das Fleisch mit Salz und Pfeffer würzen und mit dem Senf bestreichen. Die Wacholderbeeren zerdrücken, die Zwiebeln schälen und fein hacken und beides mit dem Sauerkraut vermengen. Die Krautmischung auf den Fleischscheiben verteilen.

2

Die Scheiben zu Rouladen wickeln und mit Küchengarn oder Rouladennadeln fixieren. Die Butter in einem Topf zerlassen und das Fleisch darin rundum anbraten. Die Brühe angießen, den Majoran zufügen und alles zugedeckt etwa 90 Minuten köcheln lassen.

3

Die Rouladen herausnehmen und auf vorgewärmte Teller legen. Den Schmand in den Topf einrühren, die Sauce mit Salz und Pfeffer abschmecken und über das Fleisch gießen. Dazu werden gerne Detscher (Seite 213) gegessen.

ZWIEBELPFANNE

Für 4 Personen
Ganz einfach

1 kg mittelgroße Zwiebeln, Salz
500 g Hackfleisch (halb Rind, halb Schwein)
2 Eier, 100 g Semmelbrösel
frisch gemahlener schwarzer Pfeffer
1/2 TL Majoran, 50 g Butter
125 g süße Sahne
1 TL Senf

1

Die Zwiebeln schälen und unzerkleinert in einem Topf in kochendem Salzwasser etwa 8 Minuten blanchieren. Das Hackfleisch in einer Schüssel mit Eiern, Semmelbröseln, Salz, Pfeffer und Majoran verkneten und Klößchen in Zwiebelgröße daraus formen.

2

In einer großen Pfanne die Butter zerlassen und die Fleischklößchen darin auf beiden Seiten knusprig braten. Die Zwiebeln dazwischensetzen und etwa 10 Minuten mitbraten.

3

Die Sahne in einem Becher mit Senf, Salz, Pfeffer und etwas Zwiebelkochwasser verquirlen, zu den Klößchen geben und kurz aufkochen lassen. Die Zwiebelpfanne mit frischem Landbrot zu Tisch bringen.

Geflügelpastete

Für 4 Personen
Raffiniert

500 g Hähnchenbrust, Salz
frisch gemahlener weißer Pfeffer
80 g Butter, 100 ml Geflügelbrühe
2 Zwiebeln
400 g Geflügelleber
150 g Speck
250 g süße Sahne
100 ml süßer Weißwein
2 EL Mehl
1 TL Majoran
2 Lorbeerblätter

1

Das Hähnchenfleisch mit Salz und Pfeffer einreiben. In einer Pfanne 50 Gramm Butter zerlassen und das Fleisch von beiden Seiten kurz anbraten, so daß es nicht bräunt. Die Geflügelbrühe angießen, das Fleisch 10 Minuten darin garen und herausnehmen.

2

Die Zwiebeln schälen, in feine Würfel schneiden und mit der restlichen Butter in einer anderen Pfanne glasig dünsten. Die Hälfte der Hähnchenbrust, die Geflügelleber und den Speck durch den Fleischwolf drehen. Den Fleischteig in einer Schüssel mit Sahne, Wein und Mehl vermischen, die Butterzwiebeln zugeben und mit Majoran, Salz und Pfeffer würzen.

3

Die Hälfte des Fleischteiges in eine Pastetenform füllen, die restliche Hähnchenbrust in feine Scheiben schneiden und darüberlegen. Den restlichen Fleischteig daraufgeben, mit Lorbeerblättern verzieren und die Pastete im vorgeheizten Backofen bei 200 Grad (Umluft 180 Grad, Gas Stufe 3 bis 4) 50 Minuten offen im Wasserbad garen.

Dazu reicht man eine Sauce aus 200 Gramm eingekochten Preiselbeeren, 2 Eßlöffel Senf, 2 Eßlöffel Zwiebelwürfeln, 1 Eßlöffel frisch geriebenem Meerrettich und etwas Salz und Pfeffer.

Fasching bei Hofe

Jetzt ist sie wieder da – die Faschingszeit. Da wird getanzt, geschleckert und geschlemmt und vor allem nach einer Schönen Ausschau gehalten, falls man sich nicht schon längst eine geangelt hat. Auch unsere Altvorderen ließen sich kein Tanzvergnügen entgehen und dachten sich dafür allerlei Kurzweil aus. Doch es gab auch strenge Vorschriften. So brachte der Meininger Hofmarschall von Türk von der Elisabethenburg am 28. Januar 1782 diese Bekanntmachung unter die Leute:

»Nach dem Unsere Durchlauchtigste Landesherrschaft die Höchste Entschließung gefaßt haben, bey Hofe im großen Coursaal eine Freyredoute auf künftigen Dienstag, den 5. Februar zu veranstalten; so wird solches hierdurch öffentlich bekannt gemacht, damit jedermann, welcher derselben beywohnen will, sich bey Zeiten darnach richten, und sich mit den nöthigen Masken und Kleidungen versehen kann. Sowohl alle Arten von ganzen und halben Gesichtsmasken zum kaufen, als auch verschiedene Gattungen von Maskenkleidern zum vermiehten, für Herren und Frauenzimmer, sind bey dem Herrn Hofagent Hermann um die billigsten Preise zu haben. Die dazu gedruckten Einlaßbillets, sollen die Tage vorher, vormittags von 10 bis 12 Uhr im Herzoglichen Hofmarschallamt ausgegeben werden. Der Angang des Balls ist Abends nach 6 Uhr, wobey niemand ohne Einlaßbillet und ohne anständige Maske, von der Schloßwache eingelassen wird. Kleinen Kindern, welche noch nicht tanzen können, Dienstmägden, Livreybedienten und Handwerkspurschen, wenn sie auch gleich wider Vermuthen Billets erschlichen hätten, ist die Entreé auf höchsten Befehl gänzlich untersagt. Die Einlaßbillets werden oben bey dem Tanzsaal alle abgegeben, auch werden gar keine Zuschauer eingelassen. In dem Saale wo getanzt wird, und in den Zimmern, wo sich die Herrschaft aufhält, darf niemand seine Maske abnehmen, denn dieses ist nur in dem Vorsaale, wo Erfrischungen genossen werden, erlaubt. Es dürfen von Anfang nur halbe, oder ganze Gesichtsmasken getragen werden. Spitzwangen, oder blose Nasen, werden nur nach einiger Zeit, oder am Ende erlaubt. Ueber Ordnung und Anstand, wird mit viel Strenge gehalten werden.«

Meiningens Lob

Der Wandrer preist von deiner Berge Höhen die Wonnegegend laut,
Und staunt, romantisch liegend dich zu sehen in Harfenform gebaut.

Friedrich Wilhelm Hermann (1799)

Geschnittene Hosen

Für etwa 20 Stück
Braucht etwas Zeit

Für den Teig:
500 g Mehl, 40 g Hefe, 2 EL Zucker, 1/4 l Milch
80 g weiche Butter, 1 kräftige Prise Salz
1/2 TL abgeriebene unbehandelte Zitronenschale
1 Päckchen Vanillezucker, 1 Ei
Mehl für die Arbeitsfläche, Öl zum Ausbacken
Für die Glasur:
250 g Puderzucker, 3 EL Rum

1

Das Mehl in eine Schüssel sieben, in die Mitte eine Vertiefung drücken. Die Hefe mit 1 Teelöffel Zucker in etwas lauwarmer Milch verrühren, in die Vertiefung gießen und leicht mit Mehl bestäuben. Den Vorteig zugedeckt an einem warmen Platz 30 Minuten gehen lassen.

2

Den Vorteig mit allen restlichen Zutaten zu einem glatten Teig verkneten. Den Teig zugedeckt an einem warmen Platz 1 Stunde gehen lassen.

3

Den Teig knapp zentimeterdick auf einer bemehlten Arbeitsfläche ausrollen und Rechtecke von 6x10 Zentimetern ausrädeln. Die Teigstücke an einer Schmalseite bis zur Mitte einschneiden und nochmals 10 Minuten gehen lassen.

4

Das Öl erhitzen und die geschnittenen Hosen darin schwimmend ausbacken. Das Gebäck mit einem Schaumlöffel herausnehmen und auf Küchenkrepp abtropfen lassen. Den Puderzucker mit dem Rum und 1 bis 2 Eßlöffel heißem Wasser verrühren und die Hosen damit überziehen.

In Suhl heben die Bauern das Fett, in dem die geschnittenen Hosen gebacken werden, gut auf. Damit beschmieren sie die Wagen, wenn es zum ersten Mal im Jahr ins Feld geht. In Meiningen taucht man zur Fastnacht die Ackerpflugkeile ins Kräpfelfett und schlägt sie später in den Pflug. Nun weiß man endlich, weshalb die Saat dort so gut wächst und gedeiht.

KNIEKEULCHEN

Für etwa 20 Stück
Braucht etwas Zeit, preiswert

1 kg Mehl, 80 g Hefe
100 g Zucker, 1/2 l Milch
125 g Butter, 1/2 TL Salz, 4 Eier
Mehl für die Arbeitsfläche, Öl zum Ausbacken
Zimtzucker zum Bestreuen

1

Das Mehl in eine Schüssel sieben, in die Mitte eine Vertiefung drücken. Die Hefe mit 1 Teelöffel Zucker in etwas lauwarmer Milch verrühren, in die Vertiefung gießen und leicht mit Mehl bestäuben. Den Vorteig zugedeckt an einem warmen Platz 20 Minuten gehen lassen.

2

Den Vorteig von der Mitte her mit dem restlichen Zucker, der restlichen Milch, Butter, Salz und Eiern zu einem glatten Teig verkneten. Den Teig zugedeckt an einem warmen Platz 1 Stunde gehen lassen.

3

Den Teig zusammenstoßen, durchkneten und auf einer bemehlten Arbeitsfläche fingerdick ausrollen. Mit einem Glas Kreise von etwa 12 Zentimeter Durchmesser ausstechen und die Teigkreise nochmals 30 Minuten gehen lassen.

4

Die Kreise an den Rändern so weit ausziehen, bis die Mitte ganz dünn ist, und den Teigrand etwas nach innen einrollen. Das Öl erhitzen und die Kniekeulchen darin schwimmend goldgelb ausbacken. Das Gebäck mit einem Schaumlöffel herausnehmen, auf Küchenkrepp abtropfen lassen und mit Zimtzucker bestreut servieren.

KARTOFFELHÖRNCHEN

Für etwa 8 Stück
Ganz einfach

250 g Kartoffeln
250 g Mehl, 125 g Zucker
2 Eier, 50 g Butter
1 Päckchen Backpulver
Mehl für die Arbeitsfläche
Aprikosen- und Erdbeerkonfitüre zum Füllen
Butter für das Blech
100 g flüssige Butter zum Bestreichen
100 g Zucker zum Bestreuen

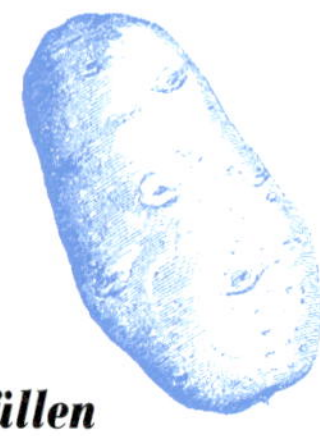

1

Die Kartoffeln in der Schale kochen, pellen und durch die Kartoffelpresse drücken. Die Masse auskühlen lassen und mit Hilfe von zwei Gabeln etwas auflockern.

2

Die Kartoffelmasse in einer Schüssel mit Mehl, Zucker, Eiern, Butter und Backpulver verkneten. Den Teig auf einer bemehlten Arbeitsfläche ausrollen und längliche Dreiecke ausrädeln. Die Dreiecke von der Schmalseite her zur Hälfte mit Konfitüre bestreichen, einrollen und zu Hörnchen biegen.

3

Ein Backblech ausbuttern, die Kartoffelhörnchen daraufsetzen und im vorgeheizten Backofen bei 200 Grad (Umluft 180 Grad, Gas Stufe 3 bis 4) etwa 30 Minuten backen. Das Gebäck noch heiß mit zerlassener Butter bestreichen und mit dem Zucker bestreuen.

Warmes Bier

Für 4 Personen
Geht schnell

1 l helles Bier, Zimt, 2 EL Zucker
1/2 TL abgeriebene unbehandelte Zitronenschale
1 Nelke, 4 Eier, 4 EL süße Sahne

1

Das Bier in einem Topf mit einer kräftigen Prise Zimt, dem Zucker und der Zitronenschale verrühren und langsam erwärmen. Die Nelke zufügen und den Topf kurz vor dem Aufkochen vom Herd nehmen.

2

Die Eier mit der Sahne verquirlen und unter das Bier ziehen. Die Nelke entfernen, das heiße Bier in feuerfeste Gläser gießen und sofort servieren.

Greizer Semmelpudding

Für 4 Personen
Besonders typisch

10 Semmeln à 50 g, 1 l Milch
4 EL Zucker, 4 Eier, 2 EL gehackte Mandeln, Salz
Butter für die Form

1

Die Semmeln in Scheiben schneiden und in eine Schüssel geben. Die Milch darübergießen und die Semmeln kurz einweichen lassen. Zucker, Eier, Mandeln und eine kräftige Prise Salz zugeben und alles gut verrühren.

2

Eine Puddingform ausbuttern, die Semmelmasse einfüllen und im siedenden Wasserbad 2 Stunden garen. Den Pudding auf Tellern anrichten und ein Kompott dazu reichen.

Der Semmelpudding war früher der krönende Abschluß des traditionellen Hochzeitsessens in Greiz.

Griebenplätzchen

Für etwa 24 Stück
Preiswert, läßt sich vorbereiten

250 g Weizenmehl
250 g Roggenmehl, 30 g Hefe
1 TL Zucker, 150 g Grieben, 250 g saure Sahne
frisch gemahlener weißer Pfeffer, Salz
2 Eigelb, Mehl für die Arbeitsfläche
Butter für das Blech

1

Das Mehl mischen, in eine Schüssel sieben und in die Mitte eine Vertiefung drücken. Die Hefe mit dem Zucker in etwas lauwarmem Wasser verrühren, in die Vertiefung gießen und leicht mit Mehl bestäuben. Den Vorteig zugedeckt an einem warmen Platz 15 Minuten gehen lassen.

2

In einem Pfännchen die Grieben kroß ausbraten. Den Vorteig von der Mitte her mit Grieben, Sahne, Pfeffer, einer kräftigen Prise Salz und 1 Eigelb zu einem glatten Teig verkneten und zugedeckt an einem warmen Platz 1 Stunde gehen lassen.

3

Den Teig zusammenstoßen und nochmals durchkneten. Auf einer bemehlten Arbeitsfläche 1/2 Zentimeter dick ausrollen und mit einem Glas Plätzchen von 8 Zentimeter Durchmesser ausstechen. Ein Backblech ausbuttern, die Griebenplätzchen daraufsetzen, mit dem restlichen Eigelb bestreichen und im vorgeheizten Backofen bei 200 Grad (Umluft 180 Grad, Gas Stufe 3 bis 4) 15 bis 20 Minuten backen.

Beim Backen sollte die Rührschüssel lieber etwas zu groß als zu klein sein, damit der Teig sich besser verarbeiten läßt. Um zu verhindern, daß die Schüssel wegrutscht, stellen Sie sie einfach auf ein feuchtes Tuch.

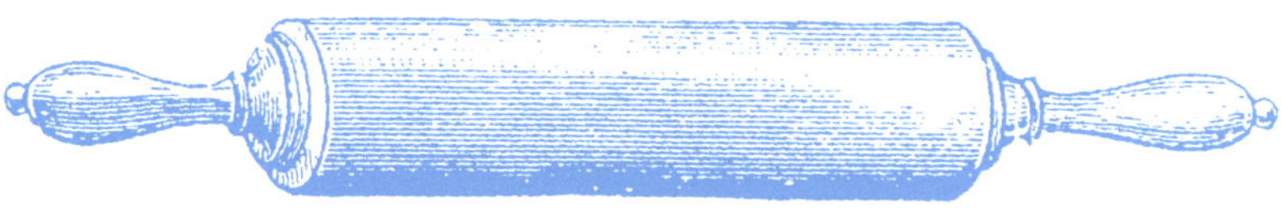

Bischofsbrot

Für 12 Stück
Geht schnell

6 Eier, 250 g Zucker
150 g geriebene Mandeln, 180 g Mehl, Salz
1/2 TL abgeriebene unbehandelte Zitronenschale
4 EL Sultaninen, Butter für die Form
100 g geraspelte Bitterschokolade
1 EL gehacktes Zitronat

1

Die Eier trennen. Die Eigelbe mit dem Zucker in einer Schüssel 10 Minuten schaumig rühren, nach und nach Mandeln, Mehl, eine kräftige Prise Salz und die Zitronenschale unterrühren. Die Eiweiße zu Schnee schlagen und vorsichtig unterheben. Die Sultaninen waschen und trockentupfen.

2

Eine Springform von 26 Zentimeter Durchmesser ausbuttern. Die Hälfte des Teiges einfüllen und Schokoladenraspel, Sultaninen und Zitronat darauf verteilen. Den restlichen Teig darübergeben und das Bischofsbrot im vorgeheizten Backofen bei 200 Grad (Umluft 180 Grad, Gas Stufe 3 bis 4) etwa 45 Minuten backen.

Die Sultaninen müssen nach dem Waschen gut getrocknet werden. Wenn sie noch feucht sind, haben sie zuviel Gewicht und »rutschen« durch den Teig auf den Boden der Backform. Wer ganz sicher gehen und den Sultaninen Halt geben will, kann sie obendrein noch in Mehl wälzen.

Eierkuchen

Für 4 Personen
Ganz einfach

4 Eier, 1/4 l Buttermilch
125 g süße Sahne, Salz
300 g Mehl, 4 Äpfel, 4 TL Butter
Zimtzucker zum Bestreuen

1

In einer Schüssel Eier, Buttermilch, Sahne und eine Prise Salz verquirlen. Das Mehl sieben, nach und nach einrühren und den Teig mindestens 30 Minuten quellen lassen. Die Äpfel schälen, entkernen und in Scheiben schneiden.

2

In einer Pfanne 1 Teelöffel Butter erhitzen, 1/4 des Teiges einfüllen und mit Apfelscheiben belegen. Sobald der Teig goldgelb ist, vorsichtig wenden und die zweite Seite backen. Auf diese Weise 3 weitere Eierkuchen backen und jeweils warm stellen. Zum Schluß die Eierkuchen mit Zimtzucker bestreuen und heiß servieren.

Dazu schmeckt Apfelmus (Seite 244) oder Blaubeerkompott.

VARIANTEN: Anstelle von Äpfeln werden auch gern Zwiebelringe und Schinkenspeckstreifen oder geriebener Käse verwendet. Sobald sich das erste Frühlingsgrün zeigt, können Sie aber auch gehackten Schnittlauch und Petersilie darübergeben. Oder Sie backen die Eierkuchen »pur« und veredeln sie mit Geflügelleber. Dafür braten Sie 400 Gramm Geflügelleber mit 2 Eßlöffel Zwiebelwürfeln in Butter und würzen sie mit Salz, frisch gemahlenem weißen Pfeffer und etwas Thymian.

***S**ie sehen nicht nur verführerisch aus – sie schmecken auch lecker. In goldgelb gebackenen Eierkuchen kommt ihr Aroma bestens zur Geltung.*

Der Gersche Dorschd und die Bierhöhler

Das muß man wissen, wenn man nach Thüringen reist: Da spukt noch immer der Bieresel – besonders zur Faschingszeit. So um Mitternacht schleicht er um die Wirtshäuser herum, und sobald ein Mann herauskommt, hockt er sich ihm auf den Rücken und läßt sich bis zur Haustür schleppen. Dann springt er rasch ab, damit ihn keiner erwischt. Besonders groß soll der Dorschd ja zur Faschingszeit in Gersch (Gera) sein. Da heißt es:

»Heut sind wir einmal ganz verrückt, heut lassen wir was raus.
Wir kaufen uns ein Faß voll Bier und trinken es ganz aus.
Geht nichts mehr in den Bauch hinein, dann holen wir 'nen Schlauch
Und gießen das, was übrig bleibt, uns einfach über'n Bauch.«

Bier ist aber nicht nur ein begehrter Durstlöscher, sondern auch eine beliebte Küchenzutat, denn es ersetzt Wasser oder Brühe in mancher Suppe und Kaltschale und würzt Fisch oder Fleisch, besonders das berühmte Rostbrätel. Außerdem läßt sich's mit ihm in Gera leicht anbandeln, denn der junge Bursche führt sein Mädel dort nicht ins Kaffeehaus, sondern ins Wirtshaus »auf ein Bier« (oder zwei, oder drei ...). Ist er gut bei Kasse oder die Holde über die Maßen sympathisch, reicht es natürlich auch noch für Zwiebel- oder Speckkuchen. Dann haben beide eine »Fettgusche« – das typische Markenzeichen eines Gerschers:

»Kommt's davon, daß wir fett leben, oder was ist sonst der Grund,
Daß sie uns den Namen geben mit Bezug auf unsern Mund?
Wenn im Kuß sich Lippen feuchten, wenn gegessen wird die Gans,
Stets wird uns vom Munde leuchten der bewußte Glanz.«

Im Bierbrauen haben die Geraer mehr als 500 Jahre Erfahrung. So kann man im ältesten Stadtrecht von 1487 lesen: »Item niemandt magk brauen noch schencken, er sey dan ein burger oder burgerin und hab ein eigen haus.« Bis 1656 besaßen schon 99 Häuser in Gera das Braurecht, und bis zum Jahre 1853 stieg die Zahl sogar auf 221. Für die Lagerung der Biermengen dachte man sich etwas Einmaliges aus: Gera bekam eine Unterwelt, indem man zwischen dem 16. und 19. Jahrhundert 230 Höhler schuf. Im

Zweiten Weltkrieg suchten die Geraer in den Höhlern Schutz, danach wurden sie vergessen. Jetzt setzt man alle Kraft daran, das Höhlersystem zu erhalten und hat mit dem Museumshöhler aus Zechsteinkalk im Bereich des Steinweges bereits einen guten Anfang gemacht. Alljährlich am Wochenende vor dem 3. Oktober findet ein Höhlerfest statt, bei dem der Bierhahn besonders weit aufgedreht und dem besten Wirtshaus die »Bierstange« überreicht wird.

Ob das Bier noch wie früher mit Bitterkleekraut, Lavendelblüten, Süßholz, Veilchenwurzel, Muskatnuß und Kardamom bereitet wird, wird in Geras Wirtshäusern nicht verraten. Aber eine »Biermährte« kann man sich dort noch immer bereiten. Wie? Ganz einfach: Man fordert zu seinem Glas Bier einen Teller und eine Scheibe Roggenbrot. Dazu braucht man noch Zucker, aber der steht sowieso meist auf dem Tisch. Das Brot bröckelt man in den Teller, streut zwei Teelöffel Zucker darüber und gießt das Bier auf, danach ein bißchen umrühren – fertig ist der Brei. Wer zufällig ein paar Rosinen dabei hat, kann sie auch noch dazutun.

Der Gersche Dorschd hat also eine uralte Tradition, und jeder Geraer weiß ein Lied davon zu singen:

»Unsre Gerschen Vorderleide hadden gerne Bier vom Faß,
Denn se machden's wie mir heide, fidderden am liebsten naß.
Alsu brauden mid Vergniechen se ihr Gersches Riebeggbier,
Ließen's unnerärdsch liechen, nur de Hehler sind noch hier.«

Menü des Monats

Brotsuppe mit Leberwurst
Schweinebauchrouladen mit Detschern
Geschnittene Hosen

DIE KÜCHE

Sie ist durchaus frühlingstauglich, und ihr Bratenduft weckt die Sinne – gemeint ist die Fleisches-Lust auf Lamm, aufs köstlichste gepaart mit zarten Lauchzwiebeln. Zum (Gaumen-) Glück kann aber auch ein nach Kräutern duftendes Frühlingshörnchen gehören – oder darf es etwas Pikantes von Goethes Abendbrottisch sein?

Im März

Schön sieht es aus – das Erbstück der Altvorderen! Die Zutaten für eine Speise wiegt eine thüringische Köchin jedoch selten ab. Da genügen Augenmaß, Erfahrung und das Wissen, das von einer Generation an die nächste weitergegeben wird.

Was es im März

Lauchzwiebeln

Was wäre ein Frühlingssalat ohne die weiße, zarte, aromatische Lauchzwiebel? Sie gehört zur großen Familie der Liliengewächse und ist mit Zwiebel, Schalotte, Knoblauch und Bärlauch verwandt. Die Lauchzwiebel umschmeichelt nicht nur den Gaumen, sondern steckt auch voller Wunderkräfte. Wer reichlich Lauchzwiebeln ißt, soll – so heißt es – gegen Kopfweh und Nasenbluten gefeit sein. Darüber hinaus ist sie reich an Vitamin C und somit auch noch sehr gesund.

Öl

Beim Anbraten ist man in Thüringen geteilter Meinung: Die einen bevorzugen Sonnenblumen- oder Leinöl (es wird aus den Samen der Pflanzen gewonnen und verfügt über einen hohen Anteil an essentiellen Fettsäuren), weil das heiße Öl sofort die Poren des Garguts schließt und dadurch der natürliche Saft erhalten bleibt. Die anderen lassen sich dadurch aber nicht beirren und schon gar nicht von ihren überlieferten Gewohnheiten abbringen – sie bleiben beim Anbraten bei »ihrer« Butter und schwören darauf, daß der Braten (oder vielmehr die Sauce) nur so den gewünschten Geschmack erhält.

Lamm

Für den Lammbraten wird in der Regel ein Schaf geschlachtet, das nicht älter als vier bis sechs Monate ist. Das Fleisch ist zart, hell und sehr bekömmlich. Fleisch von Schafen, die älter als ein Jahr sind, erkennt man an der dunkelroten Farbe und dem gelblich-weißen Fett. Lammfleisch eignet sich zum Grillen, Kochen, Schmoren und Braten. Es ist ein wichtiger Eiweißträger, reich an Mineralstoffen wie Kalium und Magnesium und an Spurenelementen wie Zink und Eisen.

Alles Gutes gibt...

Kräuter

Schnittlauch, Petersilie und Dill stehen immer im Gewürzgarten. Und weil die Küche in Thüringen deftig ist, wird auch beizeiten an die Aussaat von Majoran, Bohnenkraut, Liebstöckel und Beifuß gedacht. Jetzt im März kann man sein Gewürzbeet im Gewächshaus oder auf dem Fensterbrett in der Küche anlegen. Im Mai – nach den Eisheiligen – können die Pflänzchen dann ins Freie umziehen.

Vanillezucker

Vanillezucker steht bei süßen Speisen hoch im Kurs. Die Thüringer mögen ihn in Milch- und Fruchtsuppen, in Salaten und Eierkuchen, in Cremes und Quarkspeisen und besonders gern im Kuchen, denn er verleiht nicht nur einen exzellenten Geschmack, sondern besticht obendrein durch seinen verführerischen Duft. Vanillezucker enthält mindestens fünf Prozent zerkleinerte Vanilleschoten, die getrockneten Früchte einer tropischen Kletterpflanze. Vanillinzucker dagegen besteht aus Zucker und Vanillin, einem künstlich hergestellten vanilleähnlichen Backaroma.

Typisch für den März

Frühlingssalat

Für 4 Personen
Ganz einfach

4 Eier
1 Bund Lauchzwiebeln
1 Zitrone, 4 EL Sonnenblumenöl
6 EL Schmand, Zucker, Salz
frisch gemahlener weißer Pfeffer
1 Bund Schnittlauch

1

Die Eier hart kochen. Die Lauchzwiebeln waschen, gut abtropfen lassen und mit dem Grün in feine Stücke schneiden. Die Zitrone auspressen.

2

In einer Schüssel Zitronensaft, Öl, Schmand und je eine kräftige Prise Zucker, Salz und Pfeffer verrühren. Die Lauchzwiebeln zugeben und alles gut miteinander vermischen.

3

Die Eier pellen und fein hacken. Den Schnittlauch waschen, trockentupfen und in kleine Röllchen schneiden. Eier und Schnittlauchröllchen über dem Salat verteilen.

Die Zwerge von Gräfenroda

Warum die thüringischen Gärtnerinnen und Gärtner nie um eine gute Ernte bangen? Ganz einfach: Sie haben ihre kleinen bunten Zwerge! Die beenden jetzt ihren Winterschlaf und wandern wieder buntbemalt und aufgeputzt in die Gärten, um ihr Reich zu bewachen. Ihr Geburtsort ist Gräfenroda, und wer hierher kommt, geht ganz gewiß nicht ohne einen der drolligen Gartenzwerge von dannen – meistens gehen sogar mehrere mit, denn die Zwerge sind sehr gesellig.

Leberröllchen

Für 4 Personen
Geht schnell

4 Scheiben Rinderleber à 200 g
4 Scheiben durchwachsener Speck, 4 Zwiebeln
50 g Butter, 1/4 l Fleischbrühe, Salz
frisch gemahlener weißer Pfeffer
2 EL Zitronensaft
4 EL Schmand

1

Die Leberscheiben häuten, mit den Speckscheiben belegen, aufrollen und mit Rouladennadeln oder Küchengarn fixieren. Die Zwiebeln schälen und in Ringe schneiden.

2

In einer Pfanne die Butter erhitzen, die Leberröllchen ringsum anbraten, herausnehmen und warm stellen. Die Zwiebelringe in die Pfanne geben und 5 Minuten in der Butter andünsten.

3

Die Leberröllchen wieder in die Pfanne geben, die Brühe angießen, mit Salz, Pfeffer und Zitronensaft würzen und alles 10 Minuten köcheln lassen.

4

Die Röllchen herausnehmen und auf vorgewärmte Teller legen. Die Sauce mit dem Schmand verrühren und über das Fleisch gießen. Dazu Petersilienkartoffeln servieren.

Eingelegte Bratheringe

Für 4 Personen
Läßt sich vorbereiten

8 küchenfertige Heringe
(entgrätet, ohne Kopf und Schwanz)
1 Bund Dill, 2 EL Mehl, 2 EL Semmelbrösel
1/2 TL Salz, 2 EL Sonnenblumenöl
Für die Marinade:
4 Zwiebeln, 1/4 l Weinessig, 1 EL Salz
4 EL Zucker, 8 Gewürzkörner
4 Pfefferkörner

1

Die Heringe waschen und trockentupfen. Den Dill waschen, kleinschneiden und auf der Innenseite der Fische verteilen. Mehl, Semmelbrösel und Salz vermischen und die Heringe darin wälzen.

2

In einer Pfanne das Öl erhitzen und die Heringe darin auf beiden Seiten knusprig braten. Den Fisch herausnehmen und auskühlen lassen.

3

Für die Marinade die Zwiebeln schälen und in Scheiben schneiden. In einem Topf 1/4 Liter Wasser zusammen mit Essig, Zwiebelscheiben, Salz und Zucker erhitzen, kurz aufkochen und anschließend abkühlen lassen.

4

Die Bratheringe in eine Schüssel legen. Die Gewürz- und Pfefferkörner zerdrücken und zufügen. Die Marinade darübergießen und die Heringe zugedeckt an einem kühlen Platz 1 bis 2 Tage ziehen lassen.

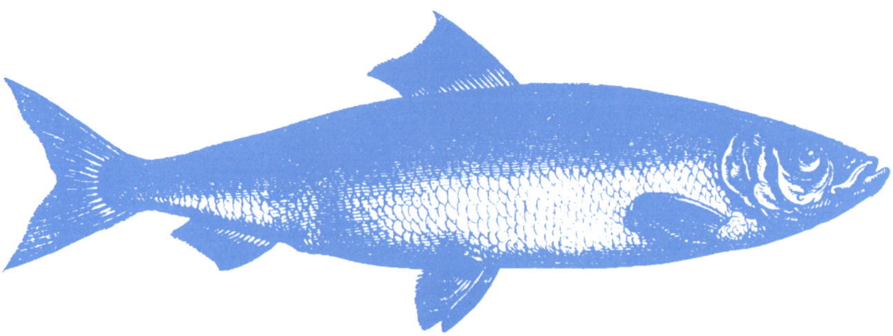

Kartoffel-Herings-Auflauf

Für 4 Personen
Braucht etwas Zeit

1 kg Kartoffeln, 8 Heringsfilets
50 g Butter, 4 Eier, 250 g saure Sahne
Salz, frisch gemahlener schwarzer Pfeffer
2 EL Schnittlauchröllchen

1

Die Kartoffeln in der Schale kochen, pellen, etwas abkühlen lassen und in Scheiben schneiden. Die Heringsfilets in einer Schüssel 2 Stunden wässern, herausnehmen, trockentupfen und in Streifen schneiden.

2

Eine Auflaufform mit der Butter ausstreichen, die Kartoffelscheiben und den Hering abwechselnd schichtweise hineingeben. Die Eier mit der sauren Sahne verquirlen, mit Salz und Pfeffer würzen und darübergießen.

3

Den Auflauf im vorgeheizten Backofen bei 200 Grad (Umluft 180 Grad, Gas Stufe 3 bis 4) etwa 25 Minuten garen, herausnehmen, mit den Schnittlauchröllchen garnieren und sofort servieren.

Gärtnerfreuden

Wer ein Gärtchen hinter dem Haus hat, bereitet sich jetzt auf die Gemüse- und Kräuteraussaat vor. Auch der große Dichterfürst Goethe ließ sich dieses Vergnügen nicht nehmen, das er in folgendem Gedicht beschrieb:

»Weit und schön ist die Welt, doch o wie dank ich dem Himmel,
Daß ein Gärtchen beschränkt, zierlich mein eigen gehört.
Bringet mich wieder nach Hause! Was hat ein Gärtner zu reisen?
Ehre bringt's ihm und Glück, wenn er sein Gärtchen versorgt.«

Lammkoteletts mit Lauchzwiebeln

Für 4 Personen
Läßt sich vorbereiten

4 Lammkoteletts à 200 g (aus der Keule)
4 EL Sonnenblumenöl, Salz, frisch gemahlener schwarzer Pfeffer
1 TL Thymian, 4 EL Zitronensaft, 300 g Lauchzwiebeln
2 Eier, 100 g Butter, 2 EL Schmand

1

Die Lammkoteletts auf beiden Seiten mit Öl bestreichen und mit Salz, Pfeffer und Thymian würzen. Den Zitronensaft darüberträufeln und das Fleisch 1 Stunde ziehen lassen. Inzwischen die Lauchzwiebeln waschen und mit dem Grün in feine Streifen schneiden. Die Eier hart kochen.

2

In einer Pfanne die Butter erhitzen, die Koteletts auf beiden Seiten knusprig braten, herausnehmen und warm stellen. Die Lauchzwiebeln in die Pfanne geben und im Bratfett weichdünsten.

3

Die Eier pellen, fein hacken, mit dem Schmand verrühren und zum Lauch in die Pfanne geben. Die Mischung mit Salz und Pfeffer abschmecken und über den Koteletts verteilen.

Dazu schmeckt frisches Landbrot und Rapünzchensalat (Feldsalat) oder Knoetsch (Kartoffelbrei, Seite 312).

Lauchzwiebeltopf mit Lammbrust

Für 4 Personen
Ganz einfach

750 g Lammschulter
500 g Lauchzwiebeln, 50 g Butter
Salz, frisch gemahlener schwarzer Pfeffer
1 Prise Zucker, 500 g Kartoffeln
2 EL Schmand, 3 EL saure Sahne
2 EL gehackte Petersilie

1

Das Fleisch in gulaschgroße Würfel schneiden. Die Lauchzwiebeln waschen, abtropfen lassen und mit dem Grün in Streifen schneiden. In einem Suppentopf die Butter erhitzen, das Fleisch und die Lauchzwiebeln kurz darin anrösten und mit Salz, Pfeffer und Zucker würzen. Den Topf mit soviel Wasser auffüllen, daß alles bedeckt ist, das Wasser zum Kochen bringen und Lamm und Gemüse 35 Minuten garen.

2

Die Kartoffeln schälen, waschen, in Scheiben schneiden, zum Fleisch geben und weitere 25 Minuten garen. Den Topf vom Herd nehmen. Den Schmand und die saure Sahne einrühren, die Petersilie darüberstreuen und den Lammtopf auf vorgewärmten Tellern anrichten. Dazu schmeckt frisches, deftiges Landbrot.

Nicht vergessen: Am Gründonnerstag muß man etwas Grünes mit Eiern essen! Und das gilt für die Jäger: Wer stets treffsicher sein will, muß am Karfreitag vor Sonnenaufgang drei Hasennorbeln suchen und sie eingenäht am Jägerhut tragen.

Lammkoteletts mit Rosmarin

Für 4 Personen
Raffiniert

4 Lammkoteletts à 200 g
(aus der Keule), Salz
frisch gemahlener schwarzer Pfeffer
4 EL Zitronensaft, 2 Zwiebeln
2 Möhren, 80 g Butter
2 Rosmarinzweige
3 Basilikumzweige
1 Eigelb, 4 EL Schmand
2 EL saure Sahne

1

Die Lammkoteletts mit Salz und Pfeffer einreiben, mit Zitronensaft beträufeln und einige Minuten ziehen lassen. Die Zwiebeln schälen und fein hacken, die Möhren putzen und reiben.

2

Die Butter in einer Pfanne erhitzen, das Fleisch darin anbraten und die Zwiebelstückchen, Möhren und Rosmarinzweige zugeben. Die Koteletts und das Gemüse zugedeckt 20 Minuten köcheln lassen.

3

Das Fleisch herausnehmen und warm stellen. Die Sauce durch ein Sieb geben und mit Salz und Pfeffer abschmecken. Das Basilikum waschen, die Blättchen von den Stielen zupfen, fein hacken und zufügen. Eigelb, Schmand und saure Sahne verrühren und die Sauce damit legieren.

Dazu schmecken gebackene Kartoffeln (Seite 101).

Schweinekammbraten

Für 4 Personen
Läßt sich vorbereiten, raffiniert

4 Scheiben Schweinekamm à 200 g
Salz, frisch gemahlener schwarzer Pfeffer
4 Zwiebeln, 12 Wacholderbeeren
2 Nelken, 1 Lorbeerblatt
1/4 l Rotwein, 1/8 l Weinessig
1 TL Zucker, 2 EL Mehl
50 g Butter, 100 g Schmand
4 EL saure Sahne

1

Das Fleisch mit Salz und Pfeffer einreiben. Die Zwiebeln schälen, in Scheiben schneiden und in eine Schüssel legen. Die Wacholderbeeren zerdrücken und mit den Nelken und dem Lorbeerblatt dazugeben. Rotwein und Essig angießen und den Zucker einrühren. Das Fleisch einlegen und 3 Tage an einem kühlen Platz durchziehen lassen.

2

Das marinierte Fleisch trockentupfen und in Mehl wenden. In einer hohen Pfanne die Butter erhitzen, das Fleisch auf beiden Seiten knusprig anbraten, die marinierten Zwiebeln und etwas Marinade zugeben und alles zugedeckt etwa 45 Minuten garen.

3

Das Fleisch herausnehmen und auf vorgewärmten Tellern anrichten. Die Sauce mit Schmand und saurer Sahne verfeinern und angießen. Mit Petersilienkartoffeln oder pikanten Klößen (Seite 74) servieren.

Pikante Klösse

Für 4 Personen
Ganz einfach

***1 kg Kartoffeln, 100 g Mehl, 2 Eier, Salz
Pfeffer, 125 g Schinkenspeck, 100 g Schweinehackfleisch
150 g Rinderhackfleisch, 2 EL Semmelbrösel***

1

Die Kartoffeln in der Schale kochen, pellen und durch die Kartoffelpresse geben. Die zerdrückten Kartoffeln in einer Schüssel mit Mehl und Eiern vermischen und mit Salz und Pfeffer würzen.

2

Den Speck in Würfel schneiden, in einer zweiten Schüssel mit dem Hackfleisch und den Semmelbröseln vermischen und mit Salz und Pfeffer würzen.

3

Den Kartoffelteig in 8 Portionen teilen. Jede Teigportion flachdrücken, etwas Fleischfüllung daraufgeben und zu einem Kloß formen. In einem Kloßtopf Salzwasser zum Kochen bringen und die Klöße im siedenden Wasser 20 Minuten gar ziehen lassen.

Kulinarische Wünsche

Was man so im Goethehaus am Mittagstisch bevorzugte, macht ein Brief Christianes vom 8. März 1797 deutlich. Darin schreibt sie an ihren »Schatz« in Jena: »Ich habe jetzt eine geräucherte Gans erhalten. Die 6 kannst Du brauchen vor diesen Preis; sobald sie ankommen, will ich Dir schreiben. Ich dächte, wegen der Jahreszeit ließ sich immer noch was von Zungen und Rindfleisch transportiren, besonders wenn Du noch einige solche Spick-Aale kriegen kannst.« Überhaupt wurden Waren munter hin- und hergeschickt, und auch Goethe hatte des öfteren Wünsche an seine Christiane: »Chocolade schicke mir auch. Grüße das Bübchen und schicke es fleißig zur Frau von Stein.« Als Christiane ihren »Besten« in Jena besuchen soll, bittet er: »Bringe aber einiges mit, als sechs Flaschen rothen Wein, ein paar Fläschchen Bischofsessenz, etwa Servelatwurst und für den Abend etwas Kaltes zu essen. Auch einige Stücke Wachslicht«. Bei ihrer Ankunft servierte Christiane etwas »Kaltes« vom Truthahn (Seite 76).

Von den geliebten Klößen gibt es zahlreiche Varianten. Hier werden sie aus gekochten Kartoffeln bereitet und anstelle von knusprigen »Bröckchen« mit Fleisch gefüllt.

Kalter Truthahn

Für 4 Personen
Braucht etwas Zeit

1 küchenfertiger Truthahn (etwa 4 kg)
Salz, 250 g Champignons, 150 g Schinkenspeck
3 Zwiebeln, 100 g Butter, 1 TL Thymian
4 EL Semmelbrösel

1

Den Truthahn waschen, trocknen und von innen mit Salz einreiben. Die Champignons putzen und in Scheiben schneiden, den Schinkenspeck in kleine Würfel schneiden, die Zwiebeln schälen und fein hacken.

2

In einer Pfanne die Butter zerlassen, die Zwiebelwürfel 5 Minuten darin dünsten, mit Salz und Thymian würzen und die Semmelbrösel einrühren. Die Zwiebelmasse mit dem Schinkenspeck und den Champignons vermischen und den Truthahn damit füllen.

3

Den Truthahn mit Küchengarn zunähen, mit Alufolie umhüllen und im vorgeheizten Backofen bei 240 Grad (Umluft 220 Grad, Gas Stufe 5 bis 6) etwa 2 1/4 Stunden garen. Die Folie öffnen und den Truthahn weitere 20 Minuten bräunen lassen.

4

Den Truthahn herausnehmen, auskühlen lassen, aufschneiden und auf einer Platte anrichten. Mit einem Salat und kräftigem Landbrot oder mit Frühlingshörnchen zu Tisch bringen.

Frühlingshörnchen

Für 8 Stück
Braucht etwas Zeit

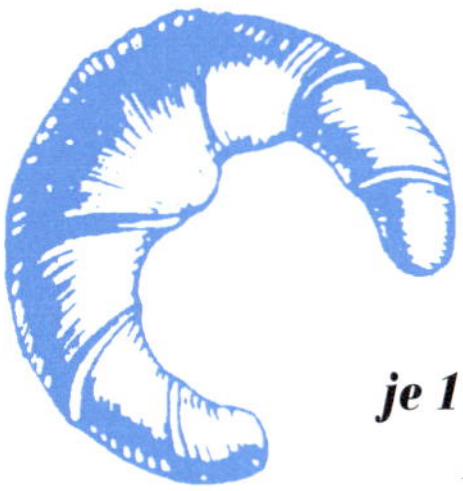

500 g Mehl
30 g Hefe
1 TL Zucker
1/4 l Milch, 2 Zwiebeln
100 g Schinkenspeck
2 EL Sonnenblumenöl
je 1 Bund Petersilie und Schnittlauch
1 TL Salz, 100 g weiche Butter
Mehl für die Arbeitsfläche
Butter für das Blech
1 Eigelb zum Bestreichen
Salz zum Bestreuen

1

Das Mehl in eine Schüssel sieben, in die Mitte eine Vertiefung drücken. Die Hefe mit dem Zucker in etwas lauwarmer Milch verquirlen, in die Vertiefung gießen und leicht mit Mehl bestäuben. Den Vorteig zugedeckt an einem warmen Platz 30 Minuten gehen lassen.

2

Die Zwiebeln schälen und fein hacken. Den Schinkenspeck in kleine Würfel schneiden. In einer Pfanne das Öl erhitzen, die Zwiebeln und den Speck darin 5 Minuten anbräunen und auskühlen lassen. Petersilie und Schnittlauch waschen, abtropfen lassen und sehr fein hacken.

3

Den Vorteig von der Mitte her zusammen mit der restlichen Milch, der Speck-Zwiebel-Mischung, den Kräutern, dem Salz und der Butter zu einem glatten Teig verkneten. Den Teig auf einer bemehlten Arbeitsfläche ausrollen, 8 längliche Dreiecke ausrädeln und zu Hörnchen formen.

4

Ein Backblech ausbuttern, die Hörnchen darauflegen und weitere 10 Minuten gehen lassen. Die Hörnchen mit Eigelb bestreichen, mit Salz bestreuen und im vorgeheizten Backofen bei 220 Grad (Umluft 200 Grad, Gas Stufe 4 bis 5) etwa 35 Minuten backen.

Brezeln und Hörnchen gegen Fieber

Eine thüringische Gesundheitsregel lautet, daß derjenige, der am Karfreitag oder vorsichtshalber schon am Gründonnerstag Brezeln oder Hörnchen ißt, das ganze Jahr über vom Fieber verschont bleiben wird... Andere raten, am Karfreitag zu backen, denn Karfreitagbrot und -brezeln sind heilig, und dem, der davon ißt, ist ein Platz im Himmel gewiß. Wer außerdem noch gesund bleiben und Glück haben will, genießt reichlich Rapünzchensalat (Feldsalat) dazu. Überhaupt spielt das »Glück« in manchen Ortschaften eine ebenso große Rolle wie die »Vorsicht«. So ist es beispielsweise in Wasungen Brauch, den Kindern zum Schulanfang ein gebackenes Hufeisen in die Hand zu drücken, denn dann kann nichts schiefgehen!

Natürlich darf man nie sein Bett in der Karwoche frisch beziehen, sonst droht Krankheit. Und – darauf achten die Sondershäuser am Karfreitag ganz besonders – an der Kleidung darf kein Riß oder Schmutzfleck sein und schon gar nichts Geflicktes, denn sonst zieht man die bösen Geister an, und die bringen Leid und Not. Die Kinder machen sich darüber keinen Kopf und singen heute wie damals:

»Im Garten, glaubt mir das,
die Eier legt der Has'.
Die Mutter ist der Färbemann,
sie bringt die Eier in die Pfann'
und von der Pfann' ins Gras,
das Suchen macht uns Spaß!«

Auch das sollte man sich merken: Am 1. April lieben die Thüringer ein ganz besonderes Backwerk. Es kann passieren – meine Schwiegermama hat daran noch heute ihre helle Freude –, daß man als ahnungsloser Besucher zum Bäcker geschickt wird und 20 Stück bestellte (!) Mückenkuchen abholen soll. Und weil man gerade auf dem Weg ist, soll man aus der Apotheke gleich noch Schnackenfett und gedörrten Schnee und vom Fleischer eine Tüte voll Hühnergräten mitbringen.

Herzhafte Brezeln

Für 8 Stück
Läßt sich vorbereiten

300 g Mehl
3 EL Stärkemehl, 3 gestrichene TL Backpulver
150 g Reibekäse, 1 Msp. Pfeffer
1/2 TL Salz, 2 Eier, 2 EL Milch
200 g kalte Butter
1 Eigelb zum Bestreichen
Kümmel, grobes Salz
oder Mohn zum Bestreuen
Butter für das Blech

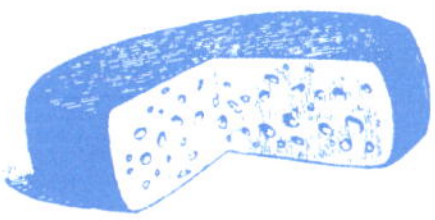

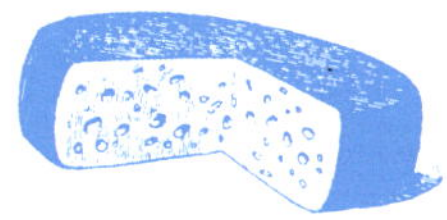

1

Mehl, Stärkemehl und Backpulver vermischen und in eine Schüssel sieben. Reibekäse, Pfeffer, Salz, Eier und Milch zugeben und mit einem Teil des Mehls zu einem dicken Brei verrühren.

2

Die kalte Butter in Stücke schneiden, zugeben, mit Mehl bedecken und alles schnell zu einem glatten Teig verarbeiten. Den Teig 30 Minuten kalt stellen.

3

Aus dem Teig bleistiftdünne Röllchen drehen. Die Röllchen in etwa 15 Zentimeter lange Stücke schneiden und zu Brezeln legen. Das Eigelb verquirlen, die Brezeln damit bestreichen und Kümmel, grobes Salz oder Mohn darüberstreuen.

4

Ein Backblech ausbuttern, die Brezeln darauflegen und im vorgeheizten Backofen bei 180 Grad (Umluft 160 Grad, Gas Stufe 2 bis 3) etwa 10 Minuten backen.

SÜSSE BREZELN

Für 10 Stück
Ganz einfach

500 g Mehl, 30 g Hefe
100 g Zucker, 1/4 l Milch
125 g Butter, 1 Päckchen Vanillezucker
1 Ei, 1/2 TL abgeriebene unbehandelte Zitronenschale
1 kräftige Prise Salz, Butter für das Blech
125 g flüssige Butter zum Bestreichen
100 g Puderzucker zum Bestreuen

1

Das Mehl in eine Schüssel sieben, in die Mitte eine Vertiefung drücken. Die Hefe mit 1 Teelöffel Zucker in etwas lauwarmer Milch verrühren, in die Vertiefung gießen und leicht mit Mehl bestäuben. Den restlichen Zucker, die Butter in Flöckchen, Vanillezucker, Ei, Zitronenschale und Salz auf dem Mehlrand verteilen und den Vorteig zugedeckt an einem warmen Platz 15 Minuten gehen lassen.

2

Den Vorteig von der Mitte her zu einem glatten Teig verkneten, dabei die restliche Milch zugeben. Den Teig zugedeckt an einem warmen Platz 1 Stunde gehen lassen, zusammenstoßen und erneut durchkneten. Aus dem Teig 20 bis 25 Zentimeter lange Rollen drehen und zu Brezeln formen.

3

Ein Backblech ausbuttern, die Brezeln darauflegen und bei 200 Grad (Umluft 180 Grad, Gas Stufe 3 bis 4) in etwa 20 Minuten goldgelb backen. Das Gebäck herausnehmen, mit zerlassener Butter bestreichen und mit Puderzucker bestreuen.

VARIANTE: Die Brezeln sehen auch sehr appetitlich aus, wenn sie vor dem Backen mit verquirltem Eigelb bestrichen werden.

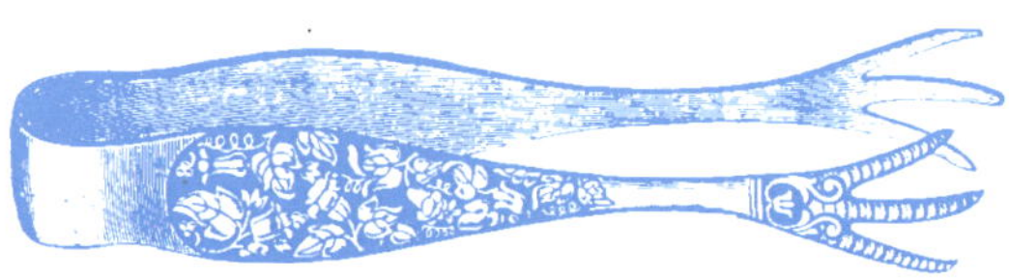

Der hohle Berg von Sondershausen

Oben auf dem Frauenberg bei Sondershausen regierte dereinst im heiligen Hain die Göttin Jecha. Die Einwohner dieses kleinen, zauberhaften Städtchens verehrten ihre liebe Frau sehr und hielten sie mit Wildbret und Geflügel bei guter Laune. Vor allem zum Osterfest wallfahrteten sie zu Jecha und brachten ihr leckere Dinge, und auch heute noch – oder wieder, denn zu DDR-Zeiten hatte die Armee dort einen Stützpunkt errichtet –, gehen jung und alt auf den Frauenberg, egal, ob es regnet oder schneit. Allerdings nicht der Göttin wegen, sondern wegen des göttlichen Ausblicks, den man von dort über Stadt und Wälder hat. Und wer weiß, wie lange das noch möglich ist, denn – so wissen es einige Sondershäuser ganz genau – der Berg ist hohl. Man erzählt sich, daß in ihm ein tiefer See schlummert, über den sich ein Sternenhimmel spannt, und daß auf diesem ruhigen See, in dem sich die Sterne spiegeln, ein strahlend weißer Schwan mit einer güldenen Krone munter seine Bahnen zieht. Dieser Schwan ist ein Prinz, den Frau Holle verzaubert hat, weil er bei Tische zu mäkelig war, doch könnte eine brave Bäckersjungfer ihn mit einem Kuß erlösen … so sagt man. Manch eine hat sich schon auf den Weg gemacht, aber keine hat bisher den Einstieg in den Berg gefunden. Denn da gibt es eine Bedingung: Die Schöne muß den besten, lockersten gebrannten Zuckerkoch backen können. Derweil kommt einmal im Monat – jeweils am 13. – eine liebliche Fee und bringt diese Köstlichkeit, damit der Prinzen-Schwan bei Kräften bleibt. Aber wehe, er läßt auch nur einen Krümel davon aus seinem Schnabel in die Tiefe des Sees fallen – dann würde sich der Berg öffnen, die Erde beben und das Ende der Welt wäre gekommen …

Gebrannter Zuckerkoch

Für etwa 8 Stücke
Besonders typisch

5 EL Zucker
5 EL Mehl, 1 1/4 kg süße Sahne
50 g Butter, 6 Eier
Butter für die Form

1

In einem Topf den Zucker mit 2 Eßlöffel Wasser vermischen und unter kräftigem Rühren goldbraun karamelisieren. Zuerst das Mehl, danach die Sahne einrühren und alles kurz aufkochen lassen. Die Masse kalt stellen, dabei hin und wieder umrühren.

2

In einer Schüssel die Butter schaumig rühren. Die Eier trennen. Die Eigelbe unter die Butter rühren und den Sahnebrei kräftig unterschlagen. Die Eiweiße zu steifem Schnee schlagen und vorsichtig unter den Teig heben.

3

Eine kleine Kastenform von 18 Zentimeter Länge ausbuttern, den Teig einfüllen und den Kuchen im vorgeheizten Backofen bei 200 Grad (Umluft 180 Grad, Gas Stufe 3 bis 4) etwa 40 Minuten backen.

Die unentbehrlichen Eier verfeinern Kuchen, Saucen, Suppen, Aufläufe oder Salate und sind das I-Tüpfelchen auf Zwiebelkuchen, Kloßscheiben und geschmorten Tomaten.

WEINSCHAUMSUPPE

Für 4 Personen
Ganz einfach

1 l Weißwein, 4 EL Zitronensaft
100 g Zucker, 1 Päckchen Vanillezucker
4 Eier, 1 EL Stärkemehl

1

Alle Zutaten in einem Topf mit dem Schneebesen gut verrühren. Den Topf ins Wasserbad stellen und die Suppe unter ständigem Schlagen erhitzen, aber nicht kochen lassen.

2

Sobald die Flüssigkeit gebunden ist, den Topf vom Herd nehmen und die Suppe sofort heiß zu Rahmhüllerle (Seite 301) oder Huckelkuchen (Seite 30) servieren.

WEINBOUTILLEN VOM ALLERBESTEN SCHATZ

»Lieber, bester Schatz« oder »Lieber, allerbester, einziggeliebter Schatz« – so beginnen einige Briefe von Christiane Vulpius an ihren Johann Wolfgang Goethe. Darin berichtet sie über ihren Alltag, wenn der »Beste« gerade mal wieder auf einer seiner vielen Reisen war. Am 27. März 1799 erzählt sie, daß sie auf der Redoute war, »... wo ich wieder einen sehr schönen Tänzer habe kennen lernen. Mit dem habe ich so viel getanzet, daß ich ein paar ganze neue Schuhe habe durchgetanzt, habe aber auch einen kleinen Thaler gewonnen, und es war sehr schön ... Nur als ich nach Hause kam, fehlte mir mein lieber Schatz. Da küßte ich den Gustel (August, der gemeinsame Sohn) und schlief ein.« Um den Trennungsschmerz zu mildern, sandte Goethe den Daheimgebliebenen Süßigkeiten, Feigen, Birnen und einige Boutillen Wein. Und als Christiane ihn dann endlich in die Arme schließen konnte, verwöhnte sie ihn mit einer allzeit willkommenen Weinschaumsuppe. Danach gab es Truthahn und anderes Geflügel, denn das mochte der Hausherr besonders gern. Das Dessert bestand aus verschiedenerlei Käse, zu dem Rotwein gereicht wurde.

Erfurter Schnee-Eier

Für 4 Personen
Ganz einfach

4 Eier, 1/2 l Milch
1/2 Päckchen Vanillepudddingpulver
2 EL Zucker, 1 kräftige Prise Salz
100 g geraspelte Schokolade

1

Die Eier trennen und die Eiweiße zu steifem Schnee schlagen. 6 Eßlöffel Milch in eine Tasse füllen und beiseite stellen. Die übrige Milch in einem Topf erhitzen.

2

Von der Eischneemasse mit einem Eßlöffel Schnee-Eier abstechen und in der heißen, aber nicht kochenden Milch 3 Minuten schwimmen lassen. Die Schnee-Eier herausnehmen und auskühlen lassen.

3

Das Puddingpulver in der zurückbehaltenen Milch glattrühren und mit Zucker und Salz in die heiße Milch einrühren. Die Milch kurz aufkochen lassen, vom Herd nehmen und auskühlen lassen. Dabei immer wieder umrühren, damit sich keine Haut bildet.

4

Die Vanillesauce in eine Glasschüssel füllen, die Schnee-Eier darauf anordnen und alles dick mit Schokoladenraspeln bestreuen.

Ob ein »weißes« Osterfest – es kam schon oft vor, daß die Kinder ihre Ostereier im Schnee suchen mußten – oder das zu Schnee geschlagene Eiweiß dieser Süßspeise den Namen gab, ist umstritten.

Thüringer Osterkranz

Für 12 Stück
Läßt sich vorbereiten

Für den Teig:
150 g Butter, 4 Eier
150 g Zucker, 250 g Kartoffelmehl
Saft und abgeriebene Schale von 1 unbehandelten Zitrone
2 EL Arrak, Salz, 1 gestrichener TL Backpulver
Butter für die Form
1 EL Semmelbrösel für die Form
Für die Füllung:
200 g Butter, 100 g Puderzucker
1 Päckchen Vanillezucker
Zum Bestreuen:
3 EL gehackte Mandeln, 1 TL Zucker
1 TL Butter

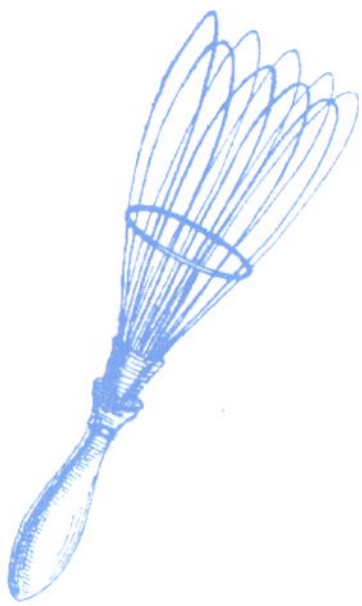
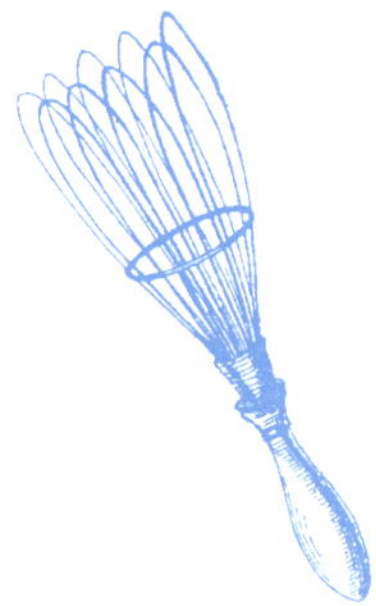

1

Die Butter schaumig rühren. Die Eier trennen. Nach und nach die Eigelbe, den Zucker und löffelweise das Kartoffelmehl zur Butter geben und den Teig mindestens 30 Minuten gleichmäßig rühren. Zitrone, Arrak, eine kräftige Prise Salz und Backpulver einrühren. Die Eiweiße steif schlagen und vorsichtig unterheben.

2

Eine Kranzform von 26 Zentimeter Durchmesser ausbuttern und mit Semmelbröseln ausstreuen. Den Teig einfüllen und im vorgeheizten Backofen bei 180 Grad (Umluft 160 Grad, Gas Stufe 2 bis 3) etwa 45 Minuten backen. Den Kuchen auskühlen lassen und stürzen.

3

Die Butter schaumig rühren und nach und nach Puderzucker und Vanillezucker einrühren. Den Kranz in der Mitte durchschneiden, die Hälfte der Füllung auf eine Kranzhälfte streichen, die andere Kranzhälfte aufsetzen und die restliche Buttermasse obenauf verteilen. Mandeln und Zucker in einem Pfännchen in der Butter rösten und darüberstreuen.

Salz sollte bei jedem Backwerk dabei sein, denn es hebt den süßen Geschmack des Kuchens hervor. Als Faustregel gilt: 5 Gramm Salz auf 500 Gramm Mehl.

Buttermilchkuchen

Für 20 Stück
Besonders typisch, läßt sich vorbereiten

6 Eier, 300 g Zucker
1 Päckchen Vanillezucker
1 kräftige Prise Salz, 1/4 l Buttermilch
400 g Mehl, 3 EL Stärkemehl
1 Päckchen Backpulver
Butter für das Blech, 250 g Kokosraspel
200 g flüssige Butter zum Bestreichen

1

Die Eier mit 150 Gramm Zucker gut verrühren und Vanillezucker, Salz und Buttermilch zugeben. Mehl, Stärkemehl und Backpulver vermischen, sieben und nach und nach in die Eiermasse einrühren. Ein Backblech ausbuttern und den Teig daraufstreichen.

2

Den restlichen Zucker mit den Kokosraspeln in einer zweiten Schüssel vermischen, auf dem Teig verteilen und im vorgeheizten Backofen bei 200 Grad (Umluft 180 Grad, Gas Stufe 3 bis 4) etwa 40 Minuten backen. Den Kuchen herausnehmen und noch heiß mit der zerlassenen Butter bestreichen.

Als Flüssigkeit für den Kuchenteig nimmt man hier anstelle von Milch Buttermilch, weil sie die Wirkung des Treibmittels unterstützt.

Nur wenn man diesen Kuchen per Hand und mit Geduld und Liebe gleichmäßig rührt, wird er zur wahren Gaumenfreude, behaupten Heldrunger Bäuerinnen.

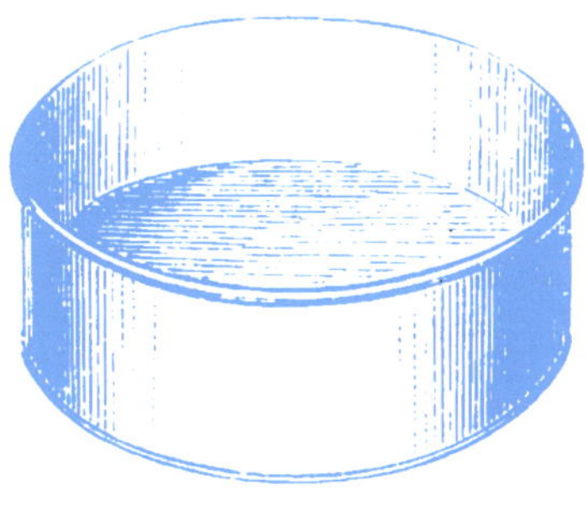

Gefüllter Bienenstich

Für 20 Stücke
Braucht etwas Zeit

Für den Teig:
500 g Mehl, 30 g Hefe
80 g Zucker, 1/4 l Milch
125 g weiche Butter, 1 Prise Salz
Mehl für die Arbeitsfläche
Butter für das Blech, 2 EL Sonnenblumenöl
Für den Belag:
150 g Butter, 150 g Zucker
125 g süße Sahne, 250 g gehackte Mandeln
Für die Creme:
1 Päckchen Vanillepuddingpulver
knapp 1/2 l Milch, 3 EL Zucker
1 Prise Salz, 50 g Kokosfett
200 g Butter

1

Das Mehl in eine Schüssel sieben, in die Mitte eine Vertiefung drücken. Die Hefe mit 1 Teelöffel Zucker in etwas lauwarmer Milch verrühren, in die Vertiefung gießen und leicht mit Mehl bestäuben. Den Vorteig zugedeckt an einem warmen Platz 15 Minuten gehen lassen.

2

Den Vorteig von der Mitte her zusammen mit der restlichen Milch, dem restlichen Zucker, der Butter und dem Salz zu einem glatten Teig verkneten und zugedeckt an einem warmen Platz 1 Stunde gehen lassen. Auf einer bemehlten Arbeitsfläche zwei Teigböden ausrollen. Ein Backblech ausbuttern, einen Teigboden darauflegen und 15 Minuten gehen lassen.

3

Für den Belag die Butter in einem Topf zerlassen, den Zucker darin auflösen, Sahne und Mandeln zugeben, alles kurz aufkochen und abkühlen lassen. Den Teig auf dem Backblech mit Öl bestreichen, den zweiten Boden daraufsetzen, mit dem Mandelbelag bestreichen und im vorgeheizten Backofen bei 180 Grad (Umluft 160 Grad, Gas Stufe 2 bis 3) etwa 20 Minuten backen. Den Kuchen herausnehmen und die obere Kuchenplatte mit dem Mandelbelag abheben.

4

Für die Creme das Puddingpulver in etwas kalter Milch zusammen mit dem Zucker und dem Salz verrühren. Die übrige Milch zum Kochen bringen, die Pudding-Milch-Mischung einrühren und alles kurz aufkochen lassen. Das Kokosfett zugeben und den Pudding auskühlen lassen.

5

Die Butter schaumig rühren und den erkalteten Pudding eßlöffelweise einrühren, dabei darauf achten, daß Butter und Pudding nicht zu kalt sind, damit die Creme nicht gerinnt. Die Creme auf der unteren Teigplatte verteilen und den zweiten Boden mit dem Mandelbelag daraufsetzen.

Menü des Monats

Weinschaumsuppe

Lammkoteletts mit Lauchzwiebeln

Gebrannter Zuckerkoch

DIE KÜCHE

Im Gemüse steckt die Milde des jungen Jahres. Sanft und zart ist das Grün von Kräutern und Rhabarber – und will so gar nicht zu den Frühlingsstürmen passen, die der April nun mal mit sich bringt. Mit von der Partie in diesem Monat sind Forellen und würzige, frühlingshafte Blechkuchen.

IM APRIL

Diese aromatischen Forellen, die zu den Lachsen gehören, gedeihen gut in den kalten einheimischen Gewässern. In Thüringen heißt es, müssen sie dreimal schwimmen, ehe sie Gnade vor dem Gaumen finden: im Wasser, im Schmalz und im Bier.

Was es im April

Brunnenkresse

Sie gedeiht in sauberen fließenden Gewässern und gehört zu Erfurt wie der Blumenkohl und die Puffbohne, denn dort mag man ihren würzigen, an Meerrettich erinnernden Geschmack in Suppen und Salaten ganz besonders. Brunnenkresse sollte so frisch wie möglich verarbeitet werden.

Sahne

Mal süß, mal sauer ist die Sahne fast immer dabei. Mit ihr verfeinert die Thüringerin Backwerk und Speisen in verschwenderischer Fülle, wobei besonders die Saucen – auf die versteht man sich im Kloßland bestens – eine tüchtige Portion abbekommen. Oftmals mit von der Partie ist auch noch Schmand, der löffelfeste Sauerrahm.

Zitrone

Meist glatt, manchmal bucklig präsentiert sich die Zitrone länglich-oval oder rundlich in sattem Gelb oder Grüngelb. Die Thüringer schätzen zum einen ihren hohen Vitamin-C-Gehalt, zum anderen die unübertreffliche Würzkraft von Schale (sie enthält sehr aromatische Öle) und Saft, durch die Kuchen, Suppen und Getränke das gewisse Etwas bekommen.

ALLES GUTES GIBT...

RHABARBER

Rhabarber ist ein Stielgemüse, das zwischen Ende April und Anfang Juni geerntet wird. Er liefert gesunden Saft, köstliches Kompott und ist ein hervorragender Kuchenbelag. Auch in der Suppe mag man ihn. Allerdings muß er immer gegart werden, denn roh von der Hand in den Mund schmeckt er gar nicht. Rhabarber verträgt sich mit Vanille, Zitronenschale, Zimt, Nelken, Ingwer, Wein – und ganz besonders gut mit Zucker.

MOHN

Mohn wird aus dem Samen einer Ölfrucht gewonnen und ist eine beliebte Backzutat. Man kann ihn gemahlen kaufen oder selbst in einer Hand- oder Schlagmühle zerkleinern, die dann allerdings ausschließlich diesem Zweck vorbehalten sein sollte. Ungemahlen verfeinert und ziert der Mohn Brot, Semmeln und Gebäck. Dick belegte Mohnkuchen, veredelt mit Rosinen, Mandeln, Milch und Sahne, gehören zu den Meisterstücken thüringischer Backkunst.

TYPISCH FÜR DEN APRIL

Erfurter Brunnenkressesuppe

Für 4 Personen
Raffiniert

500 g Kartoffeln
2 Zwiebeln, 2 Bund Brunnenkresse
100 g Butter, 1 l Fleischbrühe, Salz
2 Eier, 125 g süße Sahne
200 g Weißbrot

1

Kartoffeln und Zwiebeln schälen. Die Zwiebeln in kleine Würfel schneiden, die Kartoffeln waschen und grob zerkleinern. Die Brunnenkresse waschen, die Wurzeln abschneiden und die Blätter abzupfen.

2

In einem Topf 50 Gramm Butter zerlassen und die Zwiebeln und die Stiele der Brunnenkresse kurz darin andünsten. Kartoffeln und Brühe zugeben und alles zum Kochen bringen. Die Suppe mit Salz würzen, 25 Minuten köcheln lassen und durch ein Sieb streichen.

3

Die Eier mit der Sahne verquirlen, zur Suppe geben und kurz erwärmen, aber nicht mehr kochen lassen. Das Weißbrot in kleine Würfel schneiden und in einer Pfanne in der restlichen Butter goldgelb rösten. Die Suppe in vorgewärmte Teller füllen, die Brunnenkresseblättchen darübergeben und die Weißbrotwürfel darüber verteilen.

W U R S C H E R

Für 4 Personen
Preiswert

8 Kartoffeln
200 g fetter Räucherspeck
Salz, 1/2 EL gerebelter Majoran

1

Die Kartoffeln in der Schale kochen, pellen und zerstampfen. Den Speck in Würfel schneiden und knusprig braten.

2

Den Speck zusammen mit dem Speckfett unter die Kartoffelmasse mischen und mit Salz und Majoran würzen.

VARIANTE: Anstelle von Speck wird in manchen Orten auch Schmer (Schweineflomen) verwendet.

Leier, Leier, Läffelstäl,
arme Leite hunn nöch väl,
reiche Leite äss'n Späck,
arme Leite hunn ä Dräck.
Mäller, Mäller, Maler,
hat'n Sack vull Taler,
hat'n Sack nöch zugebong'n,
sönn se alle furtgesprong'n.

Volksmund

Forelle in saurer Sahne

Für 4 Personen
Raffiniert

4 Forellen, Salz
frisch gemahlener weißer Pfeffer
6 EL Zitronensaft, 2 EL Mehl, 100 g Butter
4 Zwiebeln, 100 g durchwachsener Speck
300 g Champignons, 8 EL gehackte Petersilie
1/8 l Fleischbrühe, 200 g saure Sahne
1 TL Stärkemehl, 2 EL Schmand

1

Die Forellen ausnehmen, die Kiemen entfernen, unter fließendem Wasser waschen und trockentupfen. Die Fische innen und außen salzen und pfeffern, mit der Hälfte des Zitronensafts beträufeln, 15 Minuten ziehen lassen und in Mehl wenden.

2

Die Butter in einer Pfanne erhitzen, die Forellen auf jeder Seite etwa 4 Minuten goldgelb braten, herausnehmen und warm stellen. Die Zwiebeln schälen. Zwiebeln und Speck in feine Würfel schneiden, die Champignons waschen und grob hacken.

3

Zwiebeln, Speck und Champignons in die Bratbutter geben, 5 Minuten garen und mit dem restlichen Zitronensaft, Salz und Pfeffer abschmecken. Petersilie und Brühe zugeben und alles aufkochen lassen.

4

Die saure Sahne mit dem Stärkemehl verquirlen und unterrühren, den Schmand ebenfalls einrühren. Die Forellen auf vorgewärmte Teller verteilen und mit der Sauce übergießen. Mit Petersilienkartoffeln und knackigem Feldsalat zu Tisch bringen.

Forelle mit Mandeln

Für 4 Personen
Raffiniert

4 Forellen
2 Zitronen, Salz
30 g Mehl, 125 g Butter
125 g Mandelblättchen
Petersiliensträußchen zum Garnieren

1

Die Forellen ausnehmen, die Kiemen entfernen, unter fließendem Wasser waschen und trockentupfen. Eine Zitrone auspressen und die Forellen mit der Hälfte des Saftes innen und außen beträufeln. Den Fisch mit etwas Salz würzen, 10 Minuten ziehen lassen und in Mehl wenden.

2

Die Hälfte der Butter in einer Pfanne erhitzen und die Forellen darin anbraten. Die Mandeln zugeben, die Forellen auf jeder Seite noch weitere 5 Minuten braten und dabei in den Mandeln wenden. Den Fisch auf vorgewärmten Tellern anrichten und mit den Mandeln bedecken.

3

Die restliche Butter in einem Pfännchen goldbraun zerlassen und über die Forellen gießen. Die zweite Zitrone in Scheiben schneiden. Den Fisch mit den Zitronenscheiben und Petersiliensträußchen garnieren und mit Petersilienkartoffeln zu Tisch bringen.

Fisch will dreimal schwimmen – in Wasser, Schmalz und Bier.

Volksweisheit aus Südthüringen

Gebackene Forelle

Für 4 Personen
Ganz einfach

4 Forellen, Salz, frisch gemahlener weißer Pfeffer
4 EL Zitronensaft, 1 Bund Petersilie, 4 EL Mehl, 4 Eier
8 EL süße Sahne, 100 g Butter

1

Die Forellen ausnehmen, die Kiemen entfernen, unter fließendem Wasser waschen und trockentupfen. Die Fische innen und außen salzen und pfeffern und mit dem Zitronensaft beträufeln. In die Bauchhöhle jeweils 2 Petersilienstengel legen und die Forellen in Mehl wenden.

2

Eier und Sahne mit etwas Salz in einer Schüssel verquirlen und die Forellen hineinlegen. Die Butter in einer Pfanne erhitzen und die Forellen darin auf beiden Seiten goldbraun braten.

Dazu reicht man Petersilienkartoffeln und eine würzige Sauce: 300 Gramm Schmand, 1 Teelöffel Senf, 1 hartgekochtes, fein gehacktes Ei, 1 Eßlöffel Zwiebelwürfel und je 1 Eßlöffel gehackten Dill und gehackte Petersilie vermischen und mit Salz und frisch gemahlenem weißem Pfeffer würzen.

FORELLE IN DER FOLIE

Für 4 Personen
Ganz einfach

4 Forellen
1 Zitrone, Salz
3 Bund frische Kräuter
(Zitronenmelisse, Petersilie, Schnittlauch,
Estragon, Pimpinelle, Dill)
einige Brunnenkresseblättchen
frisch gemahlener weißer Pfeffer
Butter zum Einfetten

1

Die Forellen ausnehmen, die Kiemen entfernen, unter fließendem Wasser waschen und trockentupfen. Die Zitrone auspressen. Die Fische innen und außen mit Salz einreiben und mit dem Zitronensaft beträufeln.

2

Die Kräuter waschen und fein schneiden. Die Butter in einer Schüssel kräftig schlagen und dabei die Kräuter und Brunnenkresseblättchen einrühren. Die Kräuterbutter mit Salz und Pfeffer würzen und die Forellen damit füllen.

3

4 Lagen Alufolie auf ein Backblech legen und mit Butter bestreichen. Die Forellen darauflegen, mit der Folie umwickeln und im vorgeheizten Backofen bei 180 Grad (Umluft 160 Grad, Gas Stufe 2 bis 3) etwa 25 Minuten garen. Die Fische herausnehmen und auf vorgewärmten Tellern anrichten.

Dazu schmecken Petersilienkartoffeln und ein frischer Salat.

Um sich vor Wassermenschen zu schützen, die Kinder stehlen, bindet man in Schmalkalden die Türen mit blauen Schürzenbändern zu …

Lied vom Hütes

Vor langen Jahren schritt einmal/Frau Holle durch das Werrathal,/Um Segen mit den Götterhänden/Der jungen Wintersaat zu spenden./Am Schwabenberg im Schank zur Gans,/Der Lieblingsschenke unsrer Alten./Dort thät Frau Holle Einkehr halten./Dienstfertig vor die Göttin trug/Der Gastwirth einen großen Krug./Doch wie der Strom zu Thale lief,/Zog sich ihr Mund bedenklich schief./Ihr war's, als ob die Kehle kratze/Der Hassfurt allerwildste Katze./Sie hob sich eiligst von der Bank,/Bezahlte stumm den Schlehentrank./Und von der Herberg schied im Grolle/Die schwer gekränkte Göttin Holle./Ob sie daheim ihr grimmes Weh/Gelindert durch Kamillenthee,/Ich weiß es nicht. Doch weiß ich eines:/Vorbei war's mit der Zucht des Weines./Es hat der Frost in einer Nacht/Die Reben alle umgebracht./'Ihr Leute, laßt das Klagen sein/und jammert nicht um euren Wein./Der ist auf allezeit dahin,/Allein es ist nicht Schad' um ihn./Was bessres weiß ich euch zu geben/Da nehmt und pflanzt das statt der Reben.'/Und aus der Schürze zog Frau Holle/Die mehlige Kartoffelknolle./Wo sonst der Winzer heiß sich mühte/Um Wein von zweifelhafter Güte,/Entstieg den braunen Furchen bald/Grün ein Kartoffelkräuterwald./Mit hoher Freude sah Frau Holle/Den Segen der Kartoffelknolle/Wenn sie mit leisem Geistertritt/Unsichtbar durch die Häuser schritt./Sie sah, wie sich die Hausfrau mühte,/Die Erdfrucht röstete und brühte,/Wie sie mit Butter oder Schmalz,/Mit Kümmel oder scharfem Salz/Mitunter auch durch einen Harung/Gab Würze der Kartoffelnahrung./'Noch habt ihr leider nicht entdeckt,/Was hinter der Kartoffel steckt/und was die kund'ge Hand für Werke/Kann schaffen aus Kartoffelstärke.'/Am Herde fand er (der Bürgermeister) stehn Frau Holle,/Und der geschwärzten Casserolle,/ Entstieg soeben riesengroß/Ein dampfender Kartoffelkloß./Die Göttin aber lichtumflossen/Von rothem Schimmer übergossen/Nach Art der überird'schen Geister/Stand blendend vor dem Bürgermeister/Und sprach: 'Nun hab' ich euch gelehrt,/ Wie man die Frucht, die ich bescheert,/Den Apfel aus der Erde Schooße/Gestaltet zum Kartoffelkloße,/Wie man das Mark zerquetscht geschickt/Und wie man's rundet, wie man's spickt/Mit Bröcklein zart gebräunter Wecken./Langt fröhlich zu und laßt's euch schmecken./Du aber, Haupt des Magistrates,/Du leuchtend Licht des weisen Rathes,/Du Sohn uralten Stadtgeblütes,/Hier hast du das Receptum. – Hüt'es!/
Frau Holle sprach's, da war sie fort,/Ihr Werk, der Kloß, blieb aber dort.

Rudolf Baumbach (1840-1905)

Gebackene Kartoffeln

Für 4 Personen
Preiswert

8 große Kartoffeln
100 g Butter, 6 EL Schmand
4 EL Schnittlauchröllchen, Salz
frisch gemahlener schwarzer Pfeffer
1 Msp. geriebene Muskatnuß
100 g Reibekäse

1

Die Kartoffeln waschen und in der Schale auf dem Backblech im vorgeheizten Backofen bei 180 Grad (Umluft 160 Grad, Gas Stufe 2 bis 3) 25 Minuten backen. Die Kartoffeln herausnehmen und jeweils einen flachen Deckel abschneiden.

2

Das Innere der Kartoffeln mit einem Löffel herausschaben und in einer Schüssel mit einer Gabel zerdrücken. Den Kartoffelbrei mit Butter, Schmand und Schnittlauchröllchen vermischen und mit Salz, Pfeffer und Muskat würzen.

3

Die Masse in die ausgehöhlten Kartoffeln füllen und mit dem Reibekäse bestreuen. Jede Kartoffel in Alufolie wickeln, dabei die Öffnung frei lassen, und im Backofen bei 200 Grad (Umluft 180 Grad, Gas Stufe 3 bis 4) in 8 bis 10 Minuten goldgelb backen.

Thüringer Klebchen

Für 4 Personen
Ganz einfach

1 Bund Suppengrün
2 Eisbeine, 1 Nelke
2 Gewürzkörner
40 g Butter
2 EL Mehl, Salz
1 Zitrone

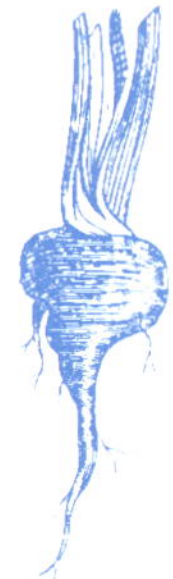

1

Das Suppengrün putzen, waschen und grob zerkleinern. Das Fleisch waschen, mit dem Suppengrün, der Nelke und den Gewürzkörnern in einen Topf geben und so viel Wasser auffüllen, daß alles bedeckt ist. Fleisch und Gemüse zum Kochen bringen und 1 Stunde garen.

2

Das Fleisch herausnehmen, von den Knochen lösen und in Würfel schneiden. Die Brühe durch ein Sieb gießen. Die Butter in einem zweiten Topf zerlassen, das Mehl darin bräunen und die Brühe unter Rühren zugießen.

3

Die Fleischwürfel in die Sauce geben und alles nochmals 15 Minuten köcheln lassen, dabei hin und wieder umrühren. Die Zitrone auspressen, Fleisch und Sauce mit Salz und Zitronensaft abschmecken und mit Petersilienkartoffeln oder Thüringer Klößen (Seite 20) zu Tisch bringen.

Vorsicht: Im Thüringer Wald, wo er am dichtesten ist, gibt es alte Männer und Frauen. Sie kaufen schwarze Beeren, bezahlen aber mit Geld, das keiner kennt.

***S**uppengrün gibt Brühen, Saucen, Suppen,
Braten und Marinaden ein wunderbares
Aroma. Es besteht aus einer Möhre, einem
Stück Sellerieknolle und Petersilienwurzel.*

Löffelnocken

Für 4 Personen
Ganz einfach

1 Zwiebel, 4 Sardellenfilets
150 g durchwachsener Speck, 600 g Rinderhackfleisch
2 Eier, 2 EL gehackte Kräuter (Petersilie, Basilikum, Estragon)
2 EL Weißwein, 1 TL abgeriebene unbehandelte Zitronenschale
2 EL Semmelbrösel, Salz, frisch gemahlener schwarzer Pfeffer
50 g Butter, 1/2 l Fleischbrühe, 4 EL Schmand

1

Die Zwiebel schälen und in kleine Würfel schneiden. Die Sardellenfilets fein hacken. Den Speck durch den Fleischwolf drehen oder sehr fein schneiden.

2

Das Hackfleisch in eine Schüssel geben und zusammen mit Zwiebelwürfeln, Sardellen, Speck, Eiern, Kräutern, Weißwein, Zitronenschale, Semmelbröseln, 1/2 Teelöffel Salz und 1 Messerspitze Pfeffer gut verkneten.

3

In einer Pfanne die Butter erhitzen. Mit einem Eßlöffel Nocken von dem Fleisch abstechen und in der Butter ringsum anbraten. Die Brühe angießen, 15 Minuten köcheln lassen und den Schmand einrühren. Fleisch und Sauce mit Salz und Pfeffer abschmecken und mit frischem Landbrot oder heißem Kartoffelsalat zu Tisch bringen.

Stets hübsch sachte essen

Rat eines thüringischen Eheweibs: »Öß stets höbsch sachtchen, mei lieber Mann, de gloobst nech, was me da verdröcke kann!«
Rat einer thüringischen Mutter: »Wer nischt erheirat't un nischt ererbt, der bleibt ä armes Luder, bis e stärbt«. Und: »Frei keene eenzge Tochter un keenen eenzgen Sohn, denn die hunn ähren Kopp fär sich un sin fast stets verzo'n«.

HEISSER KARTOFFELSALAT

Für 4 Personen
Preiswert

12 mittelgroße Kartoffeln
2 Zwiebeln, 150 g Speck, 4 EL Öl
1 EL Kartoffelmehl, 2 EL Essig, Salz
frisch gemahlener weißer Pfeffer

1

Die Kartoffeln in der Schale kochen, pellen, sofort in Scheiben schneiden und in einer Schüssel warm stellen. Die Zwiebeln schälen, in kleine Würfel schneiden und zu den Kartoffelscheiben geben.

2

Den Speck kleinschneiden. Das Öl in einer Pfanne erhitzen und die Speckwürfel darin knusprig braten. Das Kartoffelmehl darüberstäuben und gut verrühren.

3

Die Speck-Mehl-Mischung über die Kartoffelscheiben gießen. Den Essig und etwas Salz und Pfeffer zufügen und alles vorsichtig vermengen. Den heißen Kartoffelsalat sofort servieren.

VARIANTE: In manchen Orten gibt man an die knusprigen Speckwürfel noch 1 Tasse Milch.

Zwiebelkuchen

Für 16 Stücke
Braucht etwas Zeit

Für den Teig:
500 g Mehl, 30 g Hefe
1/4 l Milch, 80 g Butter, 1 TL Salz
1 Ei, Butter für das Blech
Für den Belag:
150 g Speck, 750 g Zwiebeln
100 ml Sonnenblumenöl, 250 g Schmand
4 Eier, 1 EL Stärkemehl
1 EL Kümmel, 1 TL Salz
1 Msp. frisch gemahlener schwarzer Pfeffer

1

Das Mehl in eine Schüssel sieben, in die Mitte eine Vertiefung drücken. Die Hefe in etwas lauwarmer Milch verrühren, in die Vertiefung gießen und leicht mit Mehl bestäuben. Die Butter in Flöckchen und das Salz auf dem Mehlrand verteilen und den Vorteig zugedeckt an einem warmen Platz 30 Minuten gehen lassen.

2

Den Vorteig von der Mitte her zu einem glatten Teig verkneten, dabei die restliche Milch und das Ei zugeben. Den Teig zugedeckt an einem warmen Platz 1 Stunde gehen lassen.

3

Den Speck in kleine Würfel schneiden. Die Zwiebeln schälen und in feine Ringe schneiden. Das Öl in einer Pfanne erhitzen, die Speckwürfel und Zwiebelringe darin 5 Minuten dünsten und etwas auskühlen lassen. Schmand, Eier und Stärkemehl in einer Schüssel gut verrühren und Kümmel, Salz und Pfeffer zufügen.

4

Den Teig zusammenstoßen und erneut gut durchkneten. Ein Backblech ausbuttern. Den Teig darauf ausrollen, einen Rand hochziehen und nochmals 10 Minuten gehen lassen.

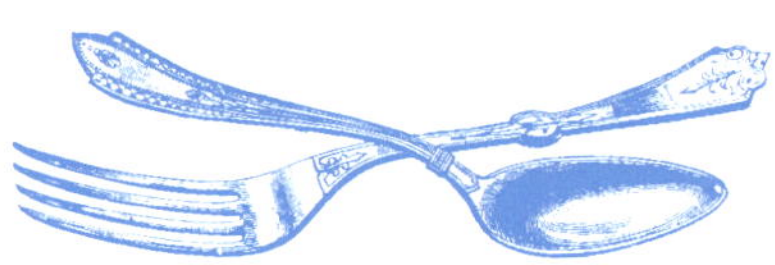

5

Die Speck-Zwiebel-Mischung auf den Teigboden streichen und die Schmand-Eier-Masse darüber verteilen. Den Zwiebelkuchen im vorgeheizten Backofen bei 220 Grad (Umluft 200 Grad, Gas Stufe 4 bis 5) 35 bis 40 Minuten backen und sofort servieren. Nach Belieben einen Klecks Schmand danebensetzen und Schnittlauchröllchen darüberstreuen.

***VARIANTEN:** Auch auf einfachere Art, nur mit Zwiebelringen, Speck- und Schinkenwürfeln belegt, schmeckt der Kuchen köstlich. Keinesfalls aber fehlen dürfen die Gewürze: Salz, Pfeffer und vor allem reichlich Kümmel.*

Köstlich schmeckt auch Grieß unter der Zwiebelmasse. Dafür kocht man aus 80 Gramm Grieß, 1 Liter Milch und 1/2 Teelöffel Salz einen Brei und streicht ihn, sobald er etwas ausgekühlt ist, auf den Hefeteig. Darüber gibt man die Speck-Zwiebel-Mischung, die zusätzlich mit einer Mischung aus 1/8 Liter Milch, 1 Ei, Kümmel und Salz verfeinert werden kann.

GLÜCKLICHE BERTHA

Es ist schon eine Weile her, da liebte ein Graf ein Edelfräulein aus Triptis. Bertha hieß das hübschgerundete Ding. Bertha war arm, der Graf von Arnshangk aber war reich, weshalb seine Familie die Heirat verbot. So trafen sich die Liebenden heimlich unter einem Baum auf einer Wiese. Dort tranken sie Wein aus silbernen Bechern und aßen würzigen Kuchen von silbernen Tellern. Da, plötzlich, versank der Baum. Nur mit allergrößter Mühe rettete der Graf seine Bertha. Und wenn man heute danach sucht, findet man die Stelle, wo noch immer ein paar Äste des versunkenen Baumes in die Höhe ragen. »In Triptis auf der Breite, hängt die Pfütze über der Weide« sagen die Triptiser dazu. Und was wurde aus Bertha? Der Graf ließ sie nie wieder los, und bald darauf gab auch seine Familie den Hochzeitssegen.

Schnittlauchkuchen

Für 16 Stücke
Preiswert

Für den Teig:
500 g Mehl, 30 g Hefe
8 EL Milch, 250 g saure Sahne
2 Eier, 1 TL Salz, Butter für das Blech
Für den Belag:
6 Bund Schnittlauch, 200 g Schinkenspeck
250 g Schmand, 5 Eier, 1 EL Kümmel, 1/2 TL Salz
1 Msp. frisch gemahlener schwarzer Pfeffer

1

Das Mehl in eine Schüssel sieben, in die Mitte eine Vertiefung drücken. Die Hefe in der lauwarmen Milch verrühren, in die Vertiefung gießen und leicht mit Mehl bestäuben. Den Vorteig zugedeckt an einem warmen Platz 30 Minuten gehen lassen.

2

Den Vorteig von der Mitte her zu einem glatten Teig verkneten, dabei die saure Sahne, die Eier und das Salz zugeben. Den Teig zugedeckt an einem warmen Platz 1 Stunde gehen lassen.

3

Den Schnittlauch waschen, abtropfen lassen und in kleine Röllchen schneiden. Den Schinkenspeck in kleine Würfel schneiden. Den Schmand mit Eiern, Kümmel, Salz und Pfeffer verrühren.

4

Den Teig zusammenstoßen und erneut gut durchkneten. Ein Backblech ausbuttern, den Teig darauf ausrollen und einen Rand hochziehen. Den Teig nochmals 10 Minuten gehen lassen.

5

Schnittlauchröllchen und Schinkenwürfel auf dem Teig verteilen und den Guß darübergeben. Den Schnittlauchkuchen im vorgeheizten Backofen bei 220 Grad (Umluft 200 Grad, Gas Stufe 4 bis 5) etwa 40 Minuten backen und sofort servieren.

Die herzhaften Kuchen vertragen sich prächtig mit Bier. Manch einer bevorzugt auch Bohnenkaffee oder Malzkaffee mit viel Milch dazu.

VARIANTE: Anstelle des Schnittlauchs kann auch gehackte, kurz in Butter angeschwitzte Petersilie verwendet werden. Mit von der Partie sind Schinkenwürfel oder auch feingeschnittene Knackwurstscheiben, und dem Guß wird noch ein Hauch geriebene Muskatnuß zugegeben. Wenn dann neben dem »Pettersleskuche« (Petersilienkuchen) noch ein Schwarzbier steht, ist der Genuß perfekt.

Als ob das Zeig im Tischkasten wächst

Der Schriftsteller Ernst Heinecke muß vom weiblichen Geschlecht sehr verwöhnt worden sein. Würde er sonst ein solches Loblied auf die Thüringerin gesungen haben? »Sie spart un macht uns dobei zu Lackermäulern. Die eenfachsten Assen weeß se schmackhaft un begahrlich zu mache. Kunstfette un Margarine kummen natürlich nich in ihre Küche, wo's danach riecht, da is mer nich meh in Thüringen oder die Leite sin zugezogen. Ihr Standpunkt is: Ganz gleich was ich koche, zur Butter muß' immer reeche. Was macht sie nich alles aus Kartuffeln! Die verschiedensten Klussorten. Aus übrig gebliebenen Arbern macht se abends Rihrentätscher, Plätze, Suppe, Bratkartuffeln, derzu gibts Worscht. Gute Laber- un Blutworscht, Servelatworscht, die in die fernsten Länder geschickt werd. Wenn uns unsere Mutter ä Stück Worscht abschneid't, da is es werklich ä Stück un nich su eene Scheibe, wie mersche in Berlin uffgeklabt kriegt, die su dicke is, daß mer dorch photographiere kann. Un eene Soose kann se mache, da spielt die reene Butter un saure un süße Sahne eene Rolle. Un wie weeß se mit d'n Gewärze Bescheid, mit Lorbeerblättern, Pfaffer, Muskat, Zimt, Saffran, dazu bringt se, als ob das Zeig im Tischkasten wächst: Champinions, Steinpilze, Morcheln, Trüffeln, Kapern – mer muß sich fro'he, wu se das olles har weeß. Und wenn eene Frau gute Soosen mache kann, da kann so och gut koche, denn die Soose is die Kunst beim Kochen.«

Rhabarbersuppe

Für 4 Personen
Ganz einfach

500 g junger, zarter Rhabarber
4 EL Zucker, 1 Msp. Zimt
2 EL Zitronensaft
1 EL Stärkemehl
2 Semmeln
50 g Butter

1

Den Rhabarber waschen, schälen und in 3 Zentimeter lange Stücke schneiden. Die Rhabarberstücke mit Zucker, Zimt und Zitronensaft in einen Topf geben, 1 Liter Wasser angießen und zugedeckt etwa 10 Minuten köcheln lassen.

2

Die Suppe durch ein Sieb streichen. Das Stärkemehl in etwas kaltem Wasser anrühren und die Suppe damit binden. Die Semmeln in kleine Würfel schneiden und in einer Pfanne in der Butter goldgelb rösten. Die Suppe auf Teller verteilen und die Semmelwürfel darüberstreuen.

Was immer funktioniert: Ein Stück Zucker unter dem Arm getragen und dann einem Mädchen ins Getränk getan – bewirkt Gegenliebe!

Seine Säure verlangt nach viel Zucker! Er schmeckt köstlich auf Kuchen, im Pudding oder in aromatischen Suppen. Als Rhabarberhonig kommt er sogar aufs Frühstücksbrot.

Jenaer Wattekuchen

Für 32 Stücke
Ganz einfach, läßt sich vorbereiten

Für den Teig:
6 Eier, 250 g Zucker
1 Päckchen Vanillezucker
250 g Mehl, 2 gestrichene TL Backpulver
Für den Guß:
250 g Puderzucker
4 EL Kakao, 50 g weiche Butter
100 g grob geraspelte Schokolade

1
Die Eier mit dem Zucker und Vanillezucker in einer Schüssel schaumig rühren. Das Mehl sieben, mit dem Backpulver vermischen und unter kräftigem Rühren nach und nach zur Eiermasse geben. Den Teig in zwei Portionen teilen.

2
Zwei Backbleche mit Backpapier belegen. Je eine Teighälfte daraufstreichen, im vorgeheizten Backofen bei 200 Grad (Umluft 180 Grad, Gas Stufe 3 bis 4) etwa 12 Minuten backen und herausnehmen. Das Papier sofort abziehen und die Kuchen auskühlen lassen.

3
Den Puderzucker und den Kakao vermischen. 3 Eßlöffel heißes Wasser und die weiche Butter unterrühren. Die beiden Wattekuchen mit dem Guß bestreichen und mit den Schokoladenraspeln garnieren.

Dieser Kuchen ist auch bei Kindergeburtstagen sehr beliebt. Dann bekommt er zusätzlich noch viele bunte Zuckerstreusel.

Apoldaer Festtagskuchen

Für 20 Stücke
Läßt sich vorbereiten

Für den Teig:
150 g Butter, 250 g Zucker
4 Eier, 250 g Mehl, 2 gestrichene TL Backpulver
Butter für das Blech
Für die Streusel:
300 g Mehl, 250 g Zucker
1 Päckchen Vanillezucker, 250 g Butter
Für den Guß:
250 g süße Sahne, 1 EL Zucker

1

Die Butter in einer Schüssel schaumig rühren und den Zucker und die Eier einrühren. Das Mehl mit dem Backpulver vermischen, sieben und unter Rühren nach und nach zugeben, so daß ein glatter Teig entsteht. Ein Backblech ausbuttern und den Teig darauf verteilen.

2

Für die Streusel das Mehl in eine Schüssel sieben und mit Zucker und Vanillezucker vermischen. Die Butter in kleinen Flöckchen dazugeben und alles mit zwei Gabeln oder mit den Händen zu Streuseln vermengen. Die Streusel gleichmäßig auf dem Teig verteilen.

3

Den Kuchen im vorgeheizten Backofen bei 200 Grad (Umluft 180 Grad, Gas Stufe 3 bis 4) etwa 25 Minuten backen, herausnehmen und etwas auskühlen lassen. Die Sahne ungeschlagen mit dem Zucker verrühren und den Kuchen damit übergießen.

Wenn man das Mehl vor der Teigbereitung siebt, wird der Teig schön locker. Viele Thüringer ersetzen ein Viertel des Mehls durch Stärkemehl, denn das macht den Kuchen leicht und locker.

Apoldaer Mohnkuchen

Für 20 Stücke
Braucht etwas Zeit

Für den Teig:
300 g Mehl, 20 g Hefe
100 g Zucker, 1/8 l Milch
150 g Butter, 1 Ei, 1 kräftige Prise Salz
Mehl für die Arbeitsfläche
Butter für das Blech
Für den Belag:
1/2 l Milch, 125 g Butter
200 g Zucker, 2 EL Grieß, 1 Prise Salz
500 g gemahlener Mohn, 125 g Sultaninen
125 g gehackte Mandeln
Für den Guß:
1/2 Päckchen Vanillepuddingpulver
1/4 l Milch, 50 g Butter
3 EL Zucker, 3 Eier

1

Das Mehl in eine Schüssel sieben, in die Mitte eine Vertiefung drücken. Die Hefe mit 1 Teelöffel Zucker in etwas lauwarmer Milch verrühren, in die Vertiefung gießen und leicht mit Mehl bestäuben. Auf dem Mehlrand den restlichen Zucker und die Butter in Flöckchen verteilen und den Vorteig zugedeckt an einem warmen Platz 15 Minuten gehen lassen.

2

Den Vorteig zusammen mit der restlichen Milch, dem Ei und dem Salz von der Mitte her zu einem glatten Teig verkneten und zugedeckt an einem warmen Platz 1 Stunde gehen lassen. Den Teig zusammenstoßen, erneut durchkneten und auf einer bemehlten Arbeitsfläche ausrollen. Ein Backblech ausbuttern und den Teig darauflegen.

3

Für den Belag in einem Topf die Milch mit der Butter und dem Zucker erhitzen. Grieß, Salz und Mohn zugeben und alles einige Minuten ausquellen lassen. Die Sultaninen waschen, abtropfen lassen und zusammen mit den Mandeln in den Mohnbrei einrühren. Die Mohnmasse auf dem Teig verteilen und den Teig 10 Minuten gehen lassen.

4

Für den Guß das Puddingpulver in etwas kalter Milch anrühren. Die restliche Milch mit Butter und Zucker in einem Topf zum Kochen bringen, das Puddingpulver einrühren und aufkochen lassen. Den Topf vom Herd nehmen und die Vanillesauce auskühlen lassen, dabei ab und zu umrühren, damit sich keine Haut bildet.

5

Die Eier trennen und die Eigelbe unter die Puddingmasse rühren. Das Eiweiß steif schlagen und vorsichtig unterheben. Die Masse auf den Mohnbrei streichen und den Teig im vorgeheizten Backofen bei 200 Grad (Umluft 180 Grad, Gas Stufe 3 bis 4) etwa 45 Minuten backen. Darauf achten, daß die Decke nicht zu dunkel wird, eventuell mit Alufolie abdecken.

VARIANTEN: Für den Belag nimmt man in einigen Ortschaften anstatt Grieß Semmelbrösel. Und anstelle des Vanillegusses können Sie auch eine weiße Zuckerglasur zubereiten: 250 Gramm Puderzucker mit 1 Eiweiß, 4 Eßlöffel Zitronensaft und 50 Gramm weicher Butter verrühren. Diesen Guß nach dem Backen auf dem ausgekühlten Mohnkuchen verteilen.

GRUNDERWERB ANNO 1062

Im Jahre 1062 erbaute Graf Ludwig von Thüringen die Wartburg. Wie es dazu kam? Die Jagd trieb ihn zu dem Berg, wo heute die Wartburg steht. Dieser Berg gefiel ihm so gut, daß er beschloß, dort zu wohnen. Rasch befahl er seinen 12 Rittern, etwas Erde herbeizuschaffen. Dann steckten sie das Schwert in den Erdhaufen und schworen: Dieses Land gehört Graf Ludwig. So einfach war es damals, Grund und Boden für ein Schloß zu erwerben.

Weidaer Glatterkuchen

Für 16 Stücke
Besonders typisch

Für den Teig:
400 g Mehl
25 g Hefe, 200 ml Milch
100 g Zucker, 125 g Butter
1 Ei, 1/2 TL Salz
1/2 TL geriebene unbehandelte Zitronenschale
1 Msp. geriebene Muskatnuß
Mehl für die Arbeitsfläche
Butter für das Blech
Für den Belag:
100 g Butter, 125 g Zucker
etwas Zimt

1

Das Mehl in eine Schüssel sieben, in die Mitte eine Vertiefung drücken. Die Hefe mit 1 Teelöffel Zucker in etwas lauwarmer Milch verrühren, in die Vertiefung gießen und leicht mit Mehl bestäuben. Auf dem Mehlrand den restlichen Zucker, die Butter in Flöckchen, Ei, Salz, Zitronenschale und Muskat verteilen und den Vorteig zugedeckt an einem warmen Platz 15 Minuten gehen lassen.

2

Den Vorteig zusammen mit der restlichen Milch von der Mitte her zu einem glatten Teig verkneten und zugedeckt an einem warmen Platz 1 Stunde gehen lassen. Den Teig zusammenstoßen, erneut durchkneten und auf einer bemehlten Arbeitsfläche ausrollen.

3

Ein Backblech ausbuttern, den Teig darauflegen und mit einer Gabel mehrmals einstechen. Die Butter in kleinen Flöckchen auf dem Teig verteilen. Zucker und Zimt vermischen, darüberstreuen und den Kuchen im vorgeheizten Backofen bei 200 Grad (Umluft 180 Grad, Gas Stufe 3 bis 4) etwa 25 bis 30 Minuten backen.

VARIANTE: Den Teig gut mit zerlassener Butter bestreichen, 100 Gramm Zucker mit 1 Päckchen Vanillezucker, 1 Messerspitze Zimt und 100 Gramm gemahlenen Mandeln vermischen und darüberstreuen. Zuletzt 125 Gramm saure Sahne darauf verteilen und den Kuchen in den Backofen geben.

Gustels Zuckerbrod

Der Zuckerkuchen hat in Thüringen mehrere Namen: Die Weidaer tauften ihn »Glatterkuchen«, die Sangerhäuser »Schäferkuchen« und die Wechmarer und Gothaer nennen ihn »trockenen Kuchen« (wenn er so trocken ist, daß er beim Abbrechen staubt, heißt er »furztrockner Kuchen« – das gibt es aber ganz selten); man kennt ihn aber auch als »Armeleutekuchen« oder »dürrer Kuchen«. Zur Goethezeit nannten ihn die Erfurter und Weimaraner »Zuckerbrod«. Verbürgt ist, daß Goethes Sohn Gustel dieses Zuckerbrod sehr geliebt hat, denn am 11. August 1797 schrieb der Siebenjährige: »Lieber Vater! Ich bin glücklich nach Weimar gekommen und habe unter meine Kinder Zuckerbrod ausgetheilt, das ich in Erfurt gekauft habe.« Diese Vorliebe hat sich sein Vater gemerkt und ihm des öfteren welches geschickt. Einmal lag der Kleine noch im Bett, als die Riesenschachtel mit den »schönen Sachen« ankam. Am 16. Juni 1798 schrieb er: »Diese machte mir so viel Freude, daß ich mehrmals im Bette hoch aufsprang.« Man kann sich vorstellen, wie eifrig er aus der Zuckerbrotschachtel genascht hat …

Menü des Monats

Rhabarbersuppe
Forelle mit Mandeln
Apoldaer Mohnkuchen

DIE KÜCHE

Der Mai ist der Wonnemonat für den Garten, für die Gefühle, für den Genuß. Er bringt herrlich zartes Frühlingsgemüse, frische Kräuter, die ersten Erdbeeren und zarten Spargel. Und wer gescheit ist, denkt mehr als sonst daran, daß die Liebe allzeit durch den Magen geht …

IM MAI

Wegen der prächtigen Wälder, anmutigen Täler und saftigen Wiesen nennt man Thüringen, das Land der Mitte, auch das »grüne Herz« Deutschlands. Vielfach besungen und bedichtet, kann sich kaum ein Besucher seinem Reiz entziehen.

WAS ES IM MAI

MUSKAT

Die Muskatnuß ist längst zum unentbehrlichen Gewürz geworden und in vielen Kuchen, Fleisch- und Gemüsegerichten das »Tüpfelchen auf dem I«. Der Muskatnußbaum braucht viel Wärme und gedeiht deshalb nur in den Tropen, vor allem im Regenwald. Seine pfirsischähnlichen Früchte enthalten den steinharten Samenkern, die Muskatnuß, die von einem roten Samenmantel umhüllt wird, den wir getrocknet als Muskatblüte (Macis) verwenden. Sowohl Kern als auch Samenhülle enthalten ätherische Öle, die für die starke Würzkraft verantwortlich sind, weshalb das Gewürz immer sparsam verwendet werden sollte. Die Thüringer haben darin Übung, denn sie lieben das »Nüßchen«.

SPARGEL

Wohl dem, der ein eigenes Spargelbeet hat, denn Spargel sollte so frisch wie möglich verarbeitet werden. Erkennungsmerkmale für seine Frische sind pralle Stangen, geschlossene Köpfe und noch feuchte Schnittflächen. Egal, welche Sorte man wählt – den vornehmen blassen mit dem hellen oder violetten Köpfchen oder den grünen mit seinem intensiven Geschmack –, mit Spargel lassen sich köstliche Gerichte zubereiten, die seine Spitzenstellung unter den feinen Gemüsen unter Beweis stellen.

BASILIKUM

Das Basilikum mit seinen dekorativen rötlich-weißen Blüten stammt wahrscheinlich aus Vorderasien und ist eine vorzügliche Würzpflanze für Salate, Eierspeisen, Quark, Fisch und Fleisch. Basilikum behält sein intensives Aroma am besten, wenn es möglichst frisch verwendet wird und nicht gehackt, sondern nur fein geschnitten wird.

Alles Gutes gibt...

Kohlrabi

Obwohl er vom Aussehen her kaum daran erinnert, gehört der Kohlrabi zur großen Kohlfamilie. Heller Kohlrabi ist meist zarter im Geschmack als der mit der violetten Färbung. Frischer Kohlrabi läßt sich an den noch frischen, grünen Blättern erkennen; von aufgeplatzten Kohlrabiköpfen sollte man dagegen die Finger lassen, sie sind in der Regel holzig. Kohlrabi schmeckt roh und gekocht und paßt gut zu Möhren, Blumenkohl, Sellerie und Porree. Gesund ist er obendrein, denn er enthält Kalzium, Eisen und einen beachtlichen Anteil an Vitamin C und A.

Estragon

Dieses Kraut ist im Geschmack dezent und schmeckt am besten ganz frisch vom Beet weg. Estragon veredelt Blatt-, Gurken-, Tomaten- und Kartoffelsalate und liebt die Gemeinschaft von Fisch oder Fleisch. Sein eigenwilliges Aroma paßt hervorragend zu Essig, und ein Estragonessig gibt jedem Salat das gewisse Etwas. Es geht ganz einfach: Weinessig in eine gut verschließbare Flasche füllen, ein paar Stengel frischen Estragon hineinstecken – und nach drei Wochen ist der Essig fertig.

Typisch für den Mai

Riebelebrüh

Für 4 Personen
Preiswert

1 1/4 l Rinderbrühe
125 g Mehl, 3 Eier
1 EL Butter, 1/2 TL Salz
1 Msp. geriebene Muskatnuß
2 EL gehackte Petersilie

1

Die Brühe in einem Topf zum Kochen bringen. Das Mehl in eine Schüssel geben, in die Mitte eine Vertiefung drücken und Eier, Butter, Salz und Muskatnuß zugeben. Von der Mitte aus alles zu Krümeln verarbeiten.

2

Die Riebeles in die kochende Brühe geben und 10 Minuten darin ziehen lassen. Die Brühe auf vorgewärmte Teller verteilen und mit gehackter Petersilie bestreuen.

Die Suppe heißt Riebelebrüh, weil man die Zutaten für die Suppeneinlage tüchtig zwischen den Fingern »riebeln« (reiben) muß.

Walpurgisnacht

Auf Walpurgis, der Nacht vom 30. April auf den 1. Mai, macht man in Thüringen drei Kreuze an die Türen des Hauses und der Viehställe, damit die Hexen nicht hereinkommen können. Außerdem darf man montags und freitags niemals etwas verborgen, denn sonst bekommen die Hexen Macht über einen.

Spargelcremesuppe

Für 4 Personen
Ganz einfach

400 g grüner Spargel
Salz, 1/2 TL Zucker
1 Msp. geriebene Muskatnuß
2 Eier, 50 g Butter, 40 g Mehl
100 g süße Sahne
2 EL gehackte Petersilie

1

Den Spargel schälen und die holzigen Enden abschneiden. In einem großen Topf 1 Liter Wasser zusammen mit Salz, Zucker und Muskat zum Kochen bringen und den Spargel 12 Minuten darin garen. Die Stangen herausnehmen und durch ein Sieb streichen, das Spargelwasser beiseitestellen.

2

Die Eier hart kochen, pellen und fein hacken. Die Butter in einem Topf erhitzen, das Mehl darin anschwitzen und das Spargelwasser nach und nach unter ständigem Rühren angießen. Die Suppe einmal aufkochen lassen und die Sahne einrühren.

3

Die Suppe in vorgewärmte Teller füllen, die gehackten Eier und die Petersilie darüberstreuen und mit Frühlingshörnchen (Seite 77) zu Tisch bringen.

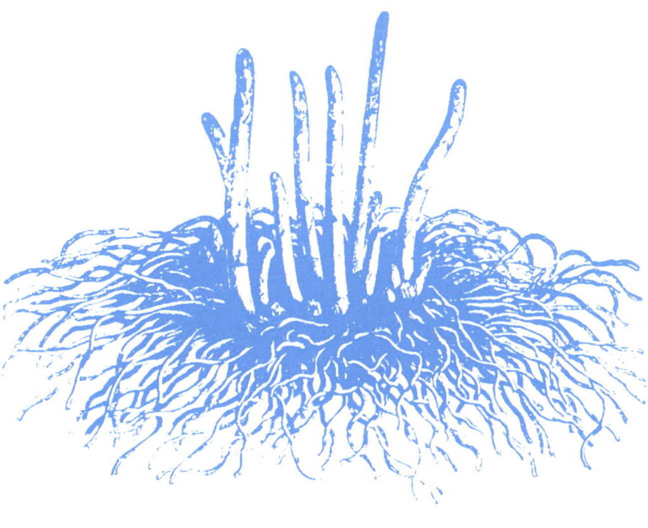

Grüne Suppe

Für 4 Personen
Preiswert

2 mittelgroße Zwiebeln
3 Bund Petersilie, 100 g Butter
3 EL Grieß, 1 1/4 l Fleischbrühe
Salz, frisch gemahlener weißer Pfeffer
1 Msp. geriebene Muskatnuß, 1 kräftige Prise Zucker
4 EL Schmand

1

Die Zwiebel schälen und in sehr feine Würfel schneiden. Die Petersilie waschen, abtropfen lassen und fein hacken.

2

In einem Topf die Butter erhitzen und die Zwiebelwürfel 5 Minuten darin dünsten. Den Grieß unter kräftigem Rühren einstreuen, die Fleischbrühe angießen und alles unter Rühren zum Kochen bringen.

3

Die Suppe mit Salz, Pfeffer, Muskatnuß und Zucker würzen und 5 Minuten köcheln lassen. Den Schmand einrühren, die Suppe auf vorgewärmten Tellern anrichten und sofort servieren. Dazu schmecken Speckbrötchen (Seite 39).

Kräutervorrat für den Winter

Damit man auch in der kalten Jahreszeit immer einen kleinen Vorrat an frischen Kräutern besitzt, sollte man im Frühjahr beizeiten daran denken, die frischen Kräuter einzufrieren. Das geht ganz einfach: Die Kräuter zuerst gründlich abbrausen, trockentupfen und fein hacken. Dann die Kräuter einzeln oder gemischt in kleine, gut verschließbare Plastikbehälter geben und rasch einfrieren. Eine andere Möglichkeit ist es, die Kräuter im ganzen in Plastikbeuteln einzufrieren und anschließend mit einem Nudelholz darüberzugehen. Dadurch zerbrechen die gefrorenen Kräuter in kleine Stückchen, und man erspart sich das mühsame Kleinschneiden.

Lebercremesuppe mit Porree

Für 4 Personen
Ganz einfach

300 g Rinderleber
500 g Porree, 1 Möhre
1 Petersilienwurzel
100 g Butter, 1 l Fleischbrühe
2 EL Mehl, Salz
250 g süße Sahne
2 Eigelb

1

Die Leber häuten, waschen und in kleine Würfel schneiden. Den Porree, die Möhre und die Petersilienwurzel putzen, waschen und kleinschneiden.

2

50 Gramm Butter in einem Topf erhitzen und Fleisch und Gemüse kurz darin anrösten. 1/2 Liter Fleischbrühe zugießen, alles auf kleiner Flamme in gut 20 Minuten weich dünsten und die Suppe durch ein Sieb pürieren.

3

Das Mehl in einem zweiten Topf in der restlichen Butter anschwitzen, die restliche Brühe angießen und einrühren. Die Mehlschwitze aufkochen lassen und ebenfalls durch ein Sieb streichen.

4

Das Leberpüree unterrühren, alles einmal aufkochen lassen und die Suppe mit Salz abschmecken. Den Topf vom Herd nehmen. Sahne und Eigelbe verrühren und die Suppe damit legieren.

Spargelsalat

Für 4 Personen
Ganz einfach

500 g gekochter weißer Spargel
4 EL Sonnenblumenöl, 2 EL Zitronensaft
1 EL Weinessig, 1/2 TL Zucker
1 EL gehackter Dill, Salz
frisch gemahlener weißer Pfeffer
einige Brunnenkresseblättchen
zum Garnieren

1

Die gekochten Spargelstangen schräg in 3 Zentimeter lange Stücke schneiden, in eine Salatschüssel geben und die Spargelspitzen obenauf anordnen.

2

Aus Öl, Zitronensaft, Essig, Zucker, Dill, Salz und Pfeffer eine Marinade bereiten und über dem Spargel verteilen. Den Salat mit den Brunnenkresseblättchen garnieren.

Essig mit besonderer Note

Essig ist in der Küche unentbehrlich – was wäre eine Linsensuppe, ein Salat oder eine Sülze ohne seine Würze? Noch besser schmeckt normaler Weinessig, wenn er zusätzlich veredelt wird: 3 Senfkörner, 2 Pfefferkörner, 1 Messerspitze geriebene Muskatnuß, 1 kleine geschälte, halbierte Zwiebel und etwas Salz in 1 Liter Weinessig geben und die Flasche verschlossen 3 Wochen an einen sonnigen Platz stellen.

Kartoffel-Spargel-Salat

Für 4 Personen
Läßt sich vorbereiten

500 g Kartoffeln
1 kg weißer Spargel, Salz
1/2 TL Zucker, 2 Zweige Dill
200 g saure Sahne, 2 EL Schmand
1 Eigelb, 1 TL Senf
2 EL Zitronensaft

1

Die Kartoffeln in der Schale kochen, pellen, in Scheiben schneiden und in eine Schüssel geben. Den Spargel schälen, die holzigen Enden abschneiden und die Stangen schräg in 2 Zentimeter lange Stücke schneiden.

2

In einem Topf etwas Wasser zusammen mit Salz und Zucker zum Kochen bringen. Die Spargelstücke 5 Minuten darin garen, herausnehmen, abtropfen lassen und ausgekühlt zu den Kartoffeln geben.

3

Die Dillblättchen von den Stengeln zupfen. Die saure Sahne mit Schmand, Eigelb, Senf, Zitronensaft und etwas Salz verrühren und darübergießen. Alles vorsichtig miteinander verrühren und mit dem Dill bestreuen.

SPARGELPOST

Goethe war nicht nur ein großer Spargelverehrer, er baute ihn sogar selbst an. Allerdings konnte er ihn nicht immer eigenhändig ernten, wie etwa im Jahr 1797, als er in Jena sehr beschäftigt war. Dann schickte ihm seine Christiane, die ja seine Gaumengelüste bestens kannte, zum Trost fast täglich frischen Spargel rüber. Nur am 27. Mai klappte es nicht, denn da bekam er anstelle der leckeren Stangen lediglich ein paar Zeilen: »Spargel schick ich Dir heut nicht, die Frau von Stein hat sich erkundigen lassen, weil Du nicht da wärst, ob sie nicht etwas Spargel kriegen könnte. Da habe ich heute 2 Pfund hingeschickt durch das Bübechen (gemeint ist ihr Sohn August). Er wird immer größer und schmeckt gar vortrefflich.«

Es kam sogar vor, daß Goethe gar nichts vom Spargel abbekam, weil seine Reiseziele zu weit von Weimar entfernt lagen. Dann mußte Christiane zusehen, wie sie mit dem Gemüse »fertig« wurde. Am 3. Mai im Jahre 1800 schreibt sie: »Es betrübt mich der schöne Spargel, den ich alle Tage, da Du nicht da bist, verkaufen muß. Leb wohl und komm bald wieder.«

Es berührte Goethe schmerzlich, wenn seine »Kleine« betrübt war, weshalb er sie ab und an zu sich kommen ließ. So schreibt er ihr am 5. Mai 1800, daß sie zu ihm nach Leipzig reisen soll: »Ich überlasse Dir, ob Du unseren Wagen nehmen willst oder den Wagen des Kutschers, von dem Du die Pferde nimmst. Doch wäre es gut, wenn die Equipage ein bißchen artig aussähe, denn man fährt doch spazieren, und da mag man gern ein bißchen geputzt erscheinen. Bringe nichts als weiße Kleider mit, man sieht fast nichts Anderes. Ein Hütchen kannst Du gleich hier kaufen. Nimm einen mittlern Koffer, damit meine Sachen auch hineingehen.« In seinem Reisetagebuch kann man lesen, was sie so alles unternommen haben. »Nachmittags (am 10. Mai) kamen die Meinigen. Abends spazieren und im Garten gegessen.« Am 11. Mai: »Früh durch die Stadt gegangen; in der Nikolaikirche. In Auerbachs Keller. Nach Tische um die Stadt gefahren. Nach Gaschwitz und Connewitz… Abends noch durch die Buden, verschiedne Waaren aufgesucht.« Christiane bekam »4 Hüte, 31 Ellen Kattun, 2 Sonnenschirmchen, 10 Ellen Musselin, 1 Fächer zum Aufziehen, 4 Salzfässerchen, Augustchen nach und nach 12 Groschen«. In Auerbachs Keller lernte Christiane auch die von Goethe allzeit favorisierte grüne Suppe (Seite 124) und die grüne Kräutersauce kennen, welche fortan im Frühling im Weimarer Haus am Frauenplan häufig auf den Tisch kamen.

Grüne Kräutersauce

Für 4 Personen
Besonders typisch

4 Bund Petersilie
1 kleine Zwiebel, 50 g Speck
50 g Butter, 1/4 l Fleischbrühe, Salz
frisch gemahlener weißer Pfeffer
1 Msp. geriebene Muskatnuß
2-3 EL Schmand
4 EL fein gehackte Basilikumblättchen

1

Die Petersilie waschen, abtropfen lassen und sehr fein hacken. Die Zwiebel pellen und in feine Würfel schneiden. Den Speck in kleine Würfel schneiden.

2

Die Butter in einem Topf erhitzen und die Zwiebel- und Speckwürfel 5 Minuten darin anrösten. Die Petersilie zufügen und unter Rühren 2 Minuten mitdünsten. Die Brühe angießen und alles kurz aufkochen lassen.

3

Die Sauce mit Salz, Pfeffer und Muskatnuß abschmecken, den Schmand und das Basilikum einrühren und mit Petersilienkartoffeln und weichgekochten, gepellten Eiern oder Forelle (Seite 99) zu Tisch bringen.

GEFÜLLTE KOHLRABI

Für 4 Personen
Ganz einfach

8 mittelgroße Kohlrabi
Salz, 4 EL Sonnenblumenöl
1 EL Mehl, 1/2 l Fleischbrühe
2 EL Zitronensaft
Für die Füllung:
400 g Hackfleisch (halb Rind, halb Schwein)
1 Semmel, 1/8 l Milch, 1 Zwiebel, Salz
frisch gemahlener weißer Pfeffer, 1 Ei
1 Msp. geriebene Muskatnuß

1

Die Kohlrabi schälen und waschen. In einem Topf Salzwasser zum Kochen bringen und das Gemüse im ganzen 10 Minuten darin garen. Die Kohlrabi herausnehmen, auskühlen lassen, jeweils einen Deckel abschneiden und aushöhlen.

2

Das ausgehöhlte Kohlrabiinnere mit dem Fleisch vermischen. Die Semmel in der Milch einweichen. Die Zwiebel schälen, fein hacken und zusammen mit Salz, Pfeffer, Ei, Muskatnuß und ausgedrückter Semmel zum Fleisch geben und alles gut verkneten. Die Kohlrabi mit der Hackfleischmasse füllen und den Deckel fest aufdrücken.

3

In einer Auflaufform das Öl erhitzen, die Kohlrabi hineinsetzen und das Mehl darüberstäuben. Die Brühe angießen und alles im vorgeheizten Backofen bei 180 Grad (Umluft 160 Grad, Gas Stufe 2 bis 3) etwa 35 Minuten garen. Den Kohlrabi herausnehmen und warm stellen. Die Sauce durch ein Sieb geben, mit Salz und Zitronensaft abschmecken und über die Kohlrabi gießen.

Dazu schmecken Petersilienkartoffeln.

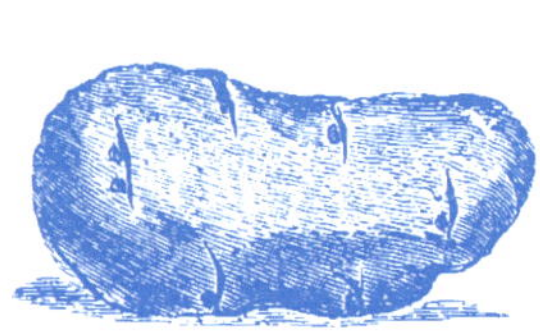

Er schmeckt roh oder gekocht und verträgt sich gut mit Möhren. Mitunter präsentiert er sich auch raffiniert: als frischer Salat oder mit einer Füllung aus würzigem Fleisch.

Kartoffel-Spinat-Auflauf

Für 4 Personen
Braucht etwas Zeit

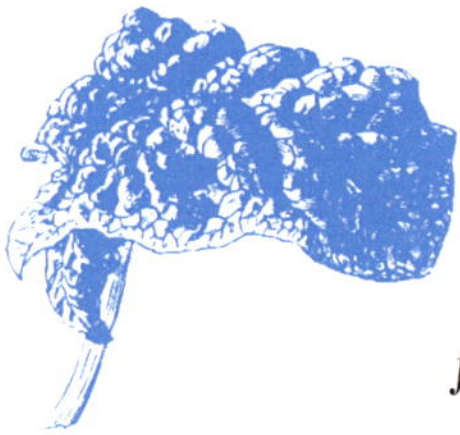

1 kg Kartoffeln
1 l Fleischbrühe
2 kg frischer Spinat, Salz
1 Msp. geriebene Muskatnuß
frisch gemahlener weißer Pfeffer
4 Eier, 3 Zwiebeln, 50 g Butter
400 g Hackfleisch (halb Rind, halb Schwein)
4 EL süße Sahne
Butter für die Form
100 g Reibekäse

1

Die Kartoffeln schälen, waschen und in dünne Scheiben schneiden. Die Fleischbrühe in einem Topf zusammen mit den Kartoffelscheiben erhitzen und alles 5 Minuten köcheln lassen.

2

Vom Spinat die Stiele abschneiden und die Blätter gründlich waschen. In einem großen Topf Salzwasser zum Kochen bringen, den Spinat hineingeben, zusammenfallen lassen, herausnehmen und abtropfen lassen. Das Gemüse mit Muskat und etwas Salz und Pfeffer würzen und auskühlen lassen.

3

Die Eier verquirlen und zum Spinat geben. Die Zwiebeln schälen und fein hacken. In einer Pfanne die Butter erhitzen und die Zwiebelwürfel darin anbraten. Das Hackfleisch zugeben und ebenfalls ringsum anbraten. Die Sahne unterrühren und alles mit Salz und Pfeffer würzen.

4

Eine Auflaufform ausbuttern und die Hälfte der Kartoffelscheiben hineinschichten. Zuerst den Spinat, dann das Hackfleisch und zum Schluß die restlichen Kartoffelscheiben daraufgeben. Den Reibekäse darüberstreuen und den Auflauf im vorgeheizten Backofen bei 200 Grad (Umluft 180 Grad, Gas Stufe 3 bis 4) etwa 40 Minuten überbacken.

Kartoffelschipper

Für 4 Personen
Ganz einfach

8 gleich große neue Kartoffeln
100 ml Öl, Salz, 2 EL Kümmel, 6 Zwiebeln
1 EL Mehl

1

Die Kartoffeln mit einer Bürste unter fließendem Wasser waschen, ungeschält längs halbieren und die Schnittflächen mit Öl bestreichen. Die Kartoffelhälften mit Salz und Kümmel bestreuen, auf ein Backblech setzen und im vorgeheizten Backofen bei 200 Grad (Umluft 180 Grad, Gas Stufe 3 bis 4) 25 Minuten garen.

2

Die Zwiebeln schälen, in feine Ringe schneiden und mit Mehl bestäuben. Das restliche Öl in einer Pfanne erhitzen und die Zwiebelringe darin goldbraun rösten. Jeweils 4 Kartoffelhälften auf vorgewärmten Tellern anrichten und die knusprigen Zwiebelringe darübergeben.

Zu den Kartoffelschippern gehört unbedingt ein gut gekühltes Pils.

Spruchweisheit aus Thüringen

»'S ös kee Töppchen ze kromm,
's stieht ä Deckel bereit.
's ös kee Mächen su domm,
daß se kee' Borschen kreit.«

SECHS-KRÄUTLEIN-SALAT

Für 4 Personen
Preiswert

2 Kopfsalat, 2 EL Weinessig
1/2 TL Salz, 1/2 TL Zucker, 1 Eigelb
125 g saure Sahne, 4 EL Sonnenblumenöl
2 EL gehackte frische Kräuter (Petersilie, Schnittlauch, Kresse, Estragon, Borretsch, Dill)

1

Den Salat putzen, waschen, trockenschleudern und in mundgerechte Stücke teilen. Den Essig in eine Salatschüssel geben und mit Salz und Zucker verrühren. Das Eigelb mit der sauren Sahne verquirlen und ebenfalls untermengen.

2

Die Salatblätter in die Schüssel geben und mit dem Öl beträufeln. Die Kräuter darüber verteilen, alles vorsichtig vermischen und den Salat sofort anrichten.

VARIANTEN: Dieser Salat schmeckt auch köstlich, wenn man anstelle des Kopfsalats Rapünzchen (Feldsalat), Eisbergsalat oder grüne Gurken nimmt.

FRISCHE KRESSE

Kresse läßt sich ganz leicht das ganze Jahr über an jedem beliebigen hellen Standort, zum Beispiel am Fensterbrett, ziehen: Den Samen sehr dicht auf sandige Komposterde streuen und täglich gießen, denn die Kresse liebt Feuchtigkeit. Bereits nach 10 Tagen kann geerntet werden.
Kresse veredelt Salate, Suppen, Saucen und ist ein köstlicher Farbtupfer auf dem Butterbrot oder im Quark. Hohe Temperaturen mag sie allerdings nicht, deshalb niemals mitkochen!

Grüner Zelot nach Suhler Art

Für 4 Personen
Ganz einfach

2 Kopfsalat
125 g saure Sahne
1 EL Essig, 1 TL Zucker
1 kräftige Prise Salz, 100 g Speck
2 EL gehackter Schnittlauch,
1 EL gehackte Schalotten
1 TL frische Dillblättchen

1

Den Salat putzen, waschen, trockenschleudern und in mundgerechte Stücke teilen. Die saure Sahne in einer Salatschüssel mit Essig, Zucker und Salz verrühren.

2

Den Speck in kleine Würfel schneiden, in einer Pfanne kroß ausbraten und etwas auskühlen lassen. Den Salat in die Schüssel geben und vorsichtig mit der Sauce vermischen.

3

Die ausgekühlten Speckwürfel, den Schnittlauch, die Schalotten und den Dill untermischen und den Salat sofort servieren.

Dazu mögen die Suhler Pellkartoffeln und Rühreier oder Hefeklöße (Seite 219).

Brotsuppe mit Rhabarber

Für 4 Personen
Preiswert

500 g Rhabarber
200 g Schwarzbrot ohne Rinde
2 Nelken, 1 Stück Zimtrinde
100 g Zucker, 1 Eigelb
125 g saure Sahne

1

Den Rhabarber waschen, die Haut abziehen und in 4 Zentimeter lange Stücke schneiden. Das Brot in Würfel schneiden. In einem Topf 1 1/4 Liter Wasser zum Kochen bringen und Rhabarber, Brot, Nelken und Zimtrinde zufügen. Den Zucker einrühren und alles 10 Minuten köcheln lassen.

2

Die Suppe vom Herd nehmen und Nelken und Zimtrinde entfernen. Das Eigelb mit der sauren Sahne verquirlen und unter kräftigem Rühren in die Suppe gießen. Die Suppe auf vorgewärmte Teller verteilen und sofort servieren.

Brotsuppe war ein beliebtes Essen zur Taufe. Wichtig war, daß der Pate bei der Taufe von jedem aufgetragenen Gericht essen mußte, um zu verhindern, daß das Kind ein Schiefmaul bekommt.

Katharinas unfreiwilliges Bad

Welch eine Entdeckung machten die Landesherren von Schwarzburg-Rudolstadt im Jahre 1529! Noch heute zollt man ihnen Lob, Dank und Anerkennung, denn sie entdeckten beim Jagen im Flurteil Ehrlich einen sprudelnden Quell und beschlossen, sofort eine Wasserleitung zum Schloß zu legen. Natürlich nicht sie selbst, denn für die Frondienste waren die Bauern und Waldarbeiter zuständig, die die Gräben ausheben und – weil die Wasserleitung aus Holz gebaut wurde – die Baumstämme sägen, durchbohren und schwefeln mußten. Das taten sie so perfekt, daß die Leitung noch heute funktioniert! Als sie fertig waren, mußten von nun an die Mörlaer – weit vor den Toren des Residenzstädtchens Rudolstadt zu Hause – Zuleitung und Quelle warten und behüten. Dafür bekamen sie einmal im Jahr Brot, Bier und Wein und die Erlaubnis, Holz für den Eigenbedarf zu schlagen. Letzteres nutzten sie reichlich, sehr reichlich sogar, denn mit dem Verkauf von Brennholz ließ es sich üppiger leben als zuvor. Davon wiederum hörte Gräfin Katharina, die Heldenmütige, die ihren Mörlaern daraufhin die Leviten lesen und die Waldgänge verbieten wollte. Am 3. November des Jahres 1563 machte sie sich mit ihrer Leibgarde also auf den Weg, aber die waghalsigen Mörlaer waren auch nicht faul. Sie versteckten sich im Dunkel des Waldes, und als Katharina nah genug herangeritten war, rissen sie die Holde vom Pferd und warfen sie – schwupp – in den Teich (wenig angenehm im November!).

Seither feiert man jedes Jahr am Pfingstmontag in Mörla den Sieg über die Obrigkeit. Daß bei dem »Butzelmannfest« – Butz heißt Wicht, Kobold, Zwerg, Puppe – ein Mörlaer hochkantig in den Dorfteich fliegen muß, gehört selbstverständlich dazu, und natürlich auch Bier, Wein, Bratwürste und jede Menge Kuchen. Und dabei wird sicher manch einer auch über die Läm'nsweisheet nachsinnen: De Gescheit'n läm'n vun'n Domm'n, on de Domm'n vun dr Arweet.

Rudolstädter Rhabarberhonig

Für 4 Gläser
Ganz einfach

1 kg junger Rhabarber
1 kg Zucker

1
Den Rhabarber waschen, abziehen und in 1 Zentimeter lange Stücke schneiden. Die Rhabarberstücke in einen Topf geben, den Zucker zufügen, alles gut vermischen und 10 Minuten ziehen lassen.

2
Rhabarber und Zucker unter ständigem Rühren zum Kochen bringen und so lange weiterrühren, bis die Masse goldfarben wird und eindickt. Den Topf vom Herd nehmen und den Honig in saubere, heiß ausgespülte Halblitergläser mit Schraubverschluß füllen.

Die Thüringer »Backs«

Blechkuchen sind die berühmten Thüringer Kuchen, die aus Hefe- oder Backpulverteig in den »Backs« – den Backhäusern – auf runden Backblechen gebacken wurden, die so groß wie Wagenräder waren. Etliche dieser Backhäuser sind auch heute noch in Betrieb und einige werden wieder restauriert, denn sie gehören zum Thüringer Land wie die Rostbratwurst und die Klöße.
Welch eine überwältigende Backlust setzte ein, wenn früher eine Hochzeit oder ein Geburtstag bevorstand, denn selbstverständlich brachte jeder Gast einen Riesenkuchen mit. Diese Backlust gibt es auch heute noch, nur daß die Blechkuchen inzwischen kleiner ausfallen, weil sie im kücheneigenen Herd gebacken werden. Dennoch enthalten sie alles, was dazu gehört: Früchte unter einem dicken Sahneguß, Quark, Mohn, Nüsse, Mandeln, Streusel, oder sie sind als deftige Kuchen dick mit Zwiebeln und/oder Speck belegt …

Apoldaer Wespenstich

Für 16 Stücke
Braucht etwas Zeit

Für den Teig:
250 g Mehl, 1/2 Päckchen Backpulver
125 g Zucker, 1 Päckchen Vanillezucker
2 Eier, 125 g kalte Butter, Butter für das Blech
Mehl für die Arbeitsfläche
Für den Belag:
250 g tiefgefrorener Blätterteig
500 g Aprikosenkonfitüre
1 kg Aprikosen aus dem Glas
250 g Butter, 250 g Zucker
250 g gehackte Mandeln
2 EL Honig, 2 Eier, 2 EL Milch

1

Mehl und Backpulver vermischen und auf ein Backbrett sieben. In die Mitte eine Vertiefung drücken, Zucker, Vanillezucker und Eier hineingeben und mit einem Teil des Mehls zu einem dicken Brei verarbeiten.

2

Die kalte Butter in Stücken auf den Brei geben und mit Mehl bedecken. Von der Mitte her alles schnell zu einem glatten Teig verkneten und den Teig 30 Minuten kalt stellen.

3

Ein Backblech ausbuttern. Den Teig zu einer Rolle formen, auf einer bemehlten Arbeitsfläche ausrollen und auf das Backblech legen. Den Teigboden mit einer Gabel mehrmals einstechen. Die Aprikosenkonfitüre auf den Teig streichen. Die Aprikosen abtropfen lassen, in Spalten schneiden und darüber anordnen. Den aufgetauten Blätterteig ausrollen und darauflegen.

4

Die Butter in einem Topf mit dem Zucker erhitzen, die Mandeln und den Honig einrühren und alles kurz aufwallen lassen. Den Topf vom Herd nehmen und etwas auskühlen lassen. Die Eier und die kalte Milch einrühren und die Masse auf den Blätterteig streichen. Den Kuchen im vorgeheizten Backofen bei 200 Grad (Umluft 180 Grad, Gas Stufe 3 bis 4) etwa 45 Minuten backen.

Apoldaer Zitronenkuchen

Für 16 Stücke
Ganz einfach

Für den Teig:
350 g Butter, 350 g Zucker, 6 Eier
2 TL abgeriebene unbehandelte Zitronenschale
4 EL Zitronensaft, 350 g Mehl, 2 TL Backpulver
50 ml Milch, Butter für das Blech
Für den Guß:
2-3 Zitronen, 150 g Puderzucker
bunter Streuzucker zum Verzieren

1

Die Butter schaumig rühren. Nach und nach den Zucker, die Eier sowie Zitronenschale und -saft zufügen. Das Mehl mit dem Backpulver vermischen, sieben und abwechselnd mit der Milch einrühren, bis ein glatter Teig entsteht.

2

Ein Backblech ausbuttern, den Teig daraufgeben und im vorgeheizten Backofen bei 200 Grad (Umluft 180 Grad, Gas Stufe 3 bis 4) etwa 30 Minuten backen. Den Kuchen herausnehmen und etwas auskühlen lassen.

3

Die Zitronen auspressen und Zitronensaft und Puderzucker verrühren. Mit einem Holzspieß Löcher in den Kuchen stechen, den Guß auf dem Kuchen verteilen und mit buntem Streuzucker verzieren.

VARIANTE: Dieser bunte Kuchen ist besonders bei Kindern beliebt. Er schmeckt auch köstlich, wenn er nach dem Backen einfach nur mit reichlich Puderzucker übersiebt wird.

Weidaer Quarkkuchen

Für 16 Stücke
Braucht etwas Zeit

Für den Teig:
400 g Mehl, 25 g Hefe
100 g Zucker, 200 ml Milch
100 g Butter, 1 kräftige Prise Salz
Mehl für die Arbeitsfläche, Butter für das Blech
Für den Belag:
600 g Quark, 1 EL Stärkemehl, 1 EL Mehl
100 g Zucker, 1/8 Milch, 50 g Butter
2 Eier, 125 g Rosinen
150 g gehackte Mandeln

1

Das Mehl in eine Schüssel sieben, in die Mitte eine Vertiefung drücken. Die Hefe mit 1 Teelöffel Zucker in etwas lauwarmer Milch verrühren, in die Vertiefung gießen und leicht mit Mehl bestäuben. Den restlichen Zucker, die Butter in Flöckchen und das Salz auf dem Mehlrand verteilen und den Vorteig zugedeckt an einem warmen Platz 15 Minuten gehen lassen.

2

Den Vorteig von der Mitte aus zusammen mit der restlichen Milch zu einem glatten Teig verkneten und zugedeckt an einem warmen Platz 1 Stunde gehen lassen. Den Teig zusammenstoßen, erneut durchkneten und auf einer bemehlten Arbeitsfläche ausrollen. Ein Backblech ausbuttern, den Teig daraufgeben und mehrmals mit einer Gabel einstechen.

3

Für den Belag den Quark mit Stärkemehl, Mehl und Zucker in einer Schüssel schaumig rühren, dabei die Milch und die weiche Butter zugeben. Die Eier trennen. Die Eigelbe in den Quark rühren, die Eiweiße steif schlagen und vorsichtig unterheben.

4

Die Rosinen waschen und trockentupfen. Den Quark auf den Teig streichen und die Rosinen und Mandeln daraufstreuen. Den Kuchen im vorgeheizten Backofen bei 200 Grad (Umluft 180 Grad, Gas Stufe 3 bis 4) etwa 45 Minuten backen.

ERDBEERDESSERT

Für 4 Personen
Ganz einfach

500 g frische Erdbeeren
4 Eigelb, 3 EL Zucker, 4 EL Zitronensaft
1/2 TL abgeriebene unbehandelte Zitronenschale
2 EL Weinbrand, 250 g süße Sahne
einige Blättchen Zitronenmelisse
zum Garnieren

1

Die Erdbeeren waschen, putzen und halbieren. Die Eigelbe in einer Schüssel mit dem Zucker schaumig schlagen. Zitronensaft und -schale und den Weinbrand zufügen.

2

Die Sahne steif schlagen und vorsichtig unterheben. Die Erdbeeren in Dessertschalen verteilen, die Creme darübergießen und mit den Melissenblättchen garnieren.

PÄCKCHEN FÜR GUSTEL

Goethe hat, wenn er auswärts war, seinem Sohn August häufig frisches Obst geschickt, wofür sich »Gustel« jedesmal recht artig bedankte. Am 7. Juni 1797 schrieb er: »Ich danke Ihnen für die Erdbeeren, die Sie mir heute früh geschickt haben, und die mir recht gut geschmecket haben, ich habe sie diesen Morgen nur halb gegessen, und Nachmittag will ich mir die übrigen zum Nachessen auch gut schmecken lassen. Leben Sie wohl und behalten Sie mich lieb. August Göthe.« Ein andermal schrieb er (und unterschied sich damit kaum von anderen Kindern): »Lieber Vater, ich bedauere recht sehr, daß Sie nicht bald wiederkommen, aber Sie werden mir schon was mitbringen. Ihr lieber August.« Christiane, die die Hauswirtschaft liebte und gern kochte und brutzelte, verwöhnte ihren Sohn ab und an mit einem Dessert. Dafür nahm sie meist Obst aus eigener Ernte, denn daran hatte sie als »Gärtnerin« keinen Mangel.

Mit ihrem Duft und ihrer verführerischen Süße betören sie die Sinne. Aus ihnen lassen sich wunderbare kulinarische Genüsse zaubern: Desserts, Kuchen, Torten, Bowlen.

Sondershäuser Deckelplätzchen

Für etwa 60 Stück
Besonders typisch

8 Eier, 500 g Zucker
500 g Mehl, Butter für das Blech

1

Die Eier 1 Stunde lang dickschaumig rühren, dabei nach und nach den Zucker zugeben. Das Mehl sieben und löffelweise in die Eier-Zucker-Masse einrühren. Ein Backblech dünn einbuttern.

2

Mit der Spitze eines Teelöffels in Abständen kleine Teighäufchen auf ein Backblech setzen. Dabei müssen die Häufchen allmählich zu Plätzchen zerfließen.

3

Die Plätzchen bei Zimmertemperatur etwa 20 Stunden zugedeckt ruhen lassen, danach im vorgeheizten Backofen bei 80 Grad (Umluft 70 Grad, Gas Stufe 1) 30 Minuten mehr trocknen als backen. Wenn die Plätzchen ein weißes Häubchen über einem gelben Füßchen haben, sind sie fertig.

Schwiegermutters Lieblingsgebäck

In Schwiegermamas Kochbuch ist dick und rot unterstrichen: »Die Bleche im warmen Raum bereithalten, auch im warmen Raum trocknen lassen!« Es ist ihr Lieblingsgebäck, weshalb sie in ihrem langen Leben schon Tausende von Blechen voller Deckelplätzchen in den Ofen geschoben hat. Und nie waren es genug, denn wenn man mit dem Naschen erst einmal angefangen hat, kann man nicht mehr aufhören. Für Elise kein Problem: Sie bäckt neue – wieder und wieder, bis man sie vielleicht irgendwann satt bekommt (aber das schafft sie nie!).

Rhabarberdessert

Für 4 Personen
Ganz einfach

750 g Rhabarber
1/8 l Apfelsaft, 120 g Zucker
50 g Sago, 250 g Erdbeeren
250 g süße Sahne
einige Blättchen Zitronenmelisse

1

Den Rhabarber waschen, die Haut abziehen und die Stangen in 4 Zentimeter lange Stücke schneiden. In einem Topf Apfelsaft, Rhabarber und 100 Gramm Zucker zum Kochen bringen, den Sago einstreuen und alles 20 Minuten köcheln lassen, bis der Sago glasig ist.

2

Die Erdbeeren waschen, halbieren und in Dessertschalen anrichten. Den Rhabarber darübergießen und das Dessert kalt stellen. Die Sahne steif schlagen und dabei den restlichen Zucker einrieseln lassen. Die Schlagsahne über dem Rhabarber verteilen und mit Zitronenmelisse garnieren.

Menü des Monats

Riebelebrüh
Kartoffel-Spinat-Auflauf
Rhabarberdessert mit Sondershäuser Deckelplätzchen

Die Küche

Im Juni werden die Teller immer bunter und vielfältiger – farbenfroh wandern die Früchte der Sonne in die Küchen und werden zu schmackhaften Schnippelsuppen, knackigen Salaten und leckeren Desserts verarbeitet. Im Juni sind den Küchenphantasien keine Grenzen gesetzt, Neues in Hülle und Fülle auszuprobieren.

IM JUNI

Jetzt ist die Zeit gekommen – für einen saftigen Stachelbeerkuchen mit zartweißer Decke oder für ein aromatisches Dessert. Die vollreifen Beeren sind allerdings druckempfindlich und sollten immer rasch verbraucht werden.

Was es im Juni

Blumenkohl

Der Blumenkohl ist ein sehr bekömmliches Gemüse, das viele Vitamine und Mineralstoffe enthält. Man schätzt ihn als schmackhafte, dekorative Gemüsebeilage und als Zierde und Veredelung von Suppen und Salaten. Beim Einkauf sollte man darauf achten, daß die Röschen fest, weiß und fleckenlos sind – die beste Garantie dafür, daß der Blumenkohl wirklich frisch ist.

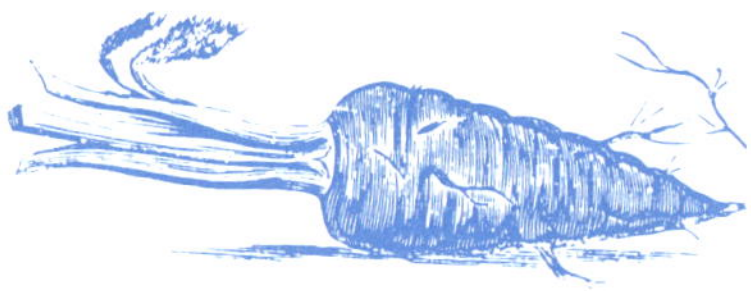

Möhre

Die Möhre, auch Karotte oder gelbe Rübe genannt, ist ein Wurzelgemüse, das neben Zucker reichlich Karotin, Kalium und andere Mineralstoffe sowie ätherisches Öl und Apfelsäure enthält. Ihre wertvollen Inhaltstoffe konzentrieren sich besonders unter der Schale, weshalb man sie nur hauchdünn schälen oder schaben sollte (junge Möhren am besten sogar nur abbürsten). Die Möhre schmeckt gut zu Erbsen, Kohlrabi, Blumenkohl, Kartoffeln und Sellerie; vor allem aber liebt sie Butter und Petersilie.

Puffbohne

Zu den vielen Getreidearten, Gewürzpflanzen, Futter- und Küchengewächsen, die in und um Erfurt angebaut werden, gehört die »Große Erfurter Puffbohne«, auch als »Gemeine große Garten- und Ackerbohne« bekannt. Sie gilt als Rarität unter den Gemüsen und ist auf den Tellern der Erfurter seit langem ein favorisierter Liebling. In kargen Zeiten wurde sie sogar gemahlen und das Getreide zu Brot verarbeitet.

Alles Gutes gibt...

Wirsing

Er schmeckt in der Suppe, im Eintopf und als Gemüsebeilage; auch als Verpackung von Fleisch ist er bestens geeignet. Der Kohl mit den runzeligen Blättern hat zweimal im Jahr Saison – im Frühjahr und im Herbst. Frühlingswirsing kommt in saftigem Grün, Winterwirsing dagegen meist gelb in die Küchen. Sein Herkunftsland ist Frankreich (Welschland), weshalb der Wirsing auch Welschkohl oder Welschkraut genannt wird.

Erdbeeren

Die Erdbeeren gehören zum Frühsommer wie der Spargel und betören jedes Jahr aufs neue durch ihr köstliches Aroma. Sie sind äußerst kalorienarm und enthalten reichlich Vitamin C, B1 und B2, viele Mineralstoffe und Säuren. Die Königin der Beeren bevorzugt schonenden Umgang und sollte so frisch wie möglich verarbeitet werden. Damit das Aroma voll erhalten bleibt, ist es ratsam, die Stiele erst nach dem (behutsamen) Waschen abzuzupfen. Die Erdbeere stammt aus königlicher Familie, denn ihre Verwandten sind Rosen, Himbeeren, Kirschen, Pfirsiche und Mandeln.

Typisch für den Juni

Thüringer Schnippelsuppe

Für 4 Personen
Ganz einfach

1 Zwiebel
1 kleiner Kohlrabi
100 g Sellerie, 6 mittelgroße Kartoffeln
100 g Porree, 2 Möhren, 1 l Fleischbrühe
2 EL frischer gehackter Majoran
100 g durchwachsener Speck, 1 Ei, Salz
frisch gemahlener weißer Pfeffer

1
Zwiebel, Kohlrabi und Sellerie schälen und kleinschneiden. Die Kartoffeln schälen, waschen und in Scheiben schneiden. Den Porree und die Möhren putzen und ebenfalls fein schneiden.

2
Die Brühe in einem Topf zum Kochen bringen und den Majoran und die Möhren-, Sellerie- und Kohlrabistücke zugeben. Nach 5 Minuten die Zwiebelwürfel, Porree- und Kartoffelscheiben zufügen und alles weitere 15 Minuten garen.

3
Den Speck in kleine Würfel schneiden und in einer Pfanne knusprig braten. Den Topf vom Herd nehmen. Das Ei verquirlen, in die Suppe einrühren und alles mit Salz und Pfeffer abschmecken. Zuletzt die Speckwürfel mit dem Speckfett zur Suppe geben und einrühren.

Weil die Thüringer so gerne schnippeln (schneiden), vor allem frisches Gemüse aus dem Garten oder vom Markt, entstand die köstliche und längst berühmte Schnippelsuppe. Sie hat viele Schwestern, von denen jede ihre Eigenart besitzt, wie etwa die schwarze Schnippelsuppe nach Sonneberger Art oder die durchgerührte Erdäpfel-Schnippelsuppe (Seite 152).

Schwarze Schnippelsuppe nach Sonneberger Art

Für 4 Personen
Braucht etwas Zeit

500 g Kartoffeln, Salz
1 Lorbeerblatt, 2 Nelken, 4 Wacholderbeeren
1 Knoblauchzehe, 2 Zwiebeln, 100 g Soßenlebkuchen
2 EL Weinessig, 1 TL Zucker, 1 EL Rübensirup
200 g durchwachsener Speck
4 Scheiben Thüringer Rotwurst à 150 g

1

Die Kartoffeln schälen, kleinschneiden und in einem Topf mit Salzwasser zusammen mit dem Lorbeerblatt, den Nelken und den Wacholderbeeren zum Kochen bringen.

2

Den Knoblauch und die Zwiebeln schälen, fein schneiden, zu den Kartoffeln geben und alles 20 Minuten garen. Den Soßenlebkuchen zerbröckeln, in etwas Wasser glattrühren, zur Schnippelsuppe geben und alles mit Essig, Zucker und Sirup abschmecken.

3

Den Speck in Würfel schneiden, in einer Pfanne kroß ausbraten und ohne das Bratfett zur Suppe geben. Die Rotwurst im Speckbratfett auf beiden Seiten knusprig braten. Die Suppe auf vorgewärmte Teller verteilen und in die Mitte jeweils eine Scheibe Rotwurst legen.

»Holdri, holdra, holdrulla,
meine Heimat ist die Schnett.
Gibts alle Tog Schnippela und Supp'n,
da warn mer im Labn nit fett.«

Durchgerührte Erdäpfel-Schnippelsuppe

Für 4 Personen
Ganz einfach

500 g Kartoffeln, 1 Möhre
100 g Sellerie, 1 kleiner Kohlrabi, 100 g Porree
100 g Spinat, je 4 EL frischer Löwenzahn und Brennesseln
Salz, 250 g durchwachsener Speck
4 EL gehackte Petersilie

1

Die Kartoffeln schälen und kleinschneiden. Möhre, Sellerie, Kohlrabi, Porree, Spinat, Löwenzahn und Brennesseln putzen, waschen und zerkleinern. Alles zusammen in einem Topf mit Salzwasser bedeckt zum Kochen bringen, 20 Minuten garen und durch ein Sieb passieren.

2

Den Speck in kleine Würfel schneiden, in einer Pfanne kroß ausbraten und zusammen mit dem Bratfett zur Suppe geben. Die Suppe auf vorgewärmten Tellern verteilen und mit Petersilie bestreut servieren.

Dazu gehört ein dunkles Bier und für jeden ein Riesenstück ofenwarmer Zwiebelkuchen (Seite 106).

Erfurter Liebeszauber

Eine Erfurter Magd hatte sich in einen Färberknecht verliebt, doch dem Gesell ward's zu viel, und er zog weiter nach Langensalza. Da tat die arme Magd, die sich vor Liebe verzehrte, am Pfingstsonntag Kräutlein in einen Topf – Dill, Petersilie, Majoran und auch etwas Lorbeer – und kochte sie sachte. Dann würzte sie alles mit Heilmitteln, die sie in der Apotheke für eine ungerade Zahl gekauft hatte – Kampfer für 5 Pfennige und Wurmsamen für 7 Pfennige. Diesen Wundertrunk schickte sie nebst einer Kanne »Schnippela« zu dem abtrünnigen Geliebten. Das wirkte. Der Treulose kam schleunigst zurück, und verließ die Magd, die bald darauf seine Frau wurde, nie wieder.

ERFURTER BLUMENKOHLSUPPE

Für 4 Personen
Ganz einfach

1 kleiner Blumenkohl (500 g), 1 Möhre, 1 Sellerieblatt
1 Zwiebel, 200 g Hackfleisch (halb Rind, halb Schwein), 1 Eigelb
2 EL Semmelbrösel, Salz, frisch gemahlener weißer Pfeffer
50 g Butter, 1-2 EL gehackte Petersilie

1

Den Blumenkohlstrunk entfernen, den Kohl in Röschen teilen und waschen. Die Röschen in einen Topf geben und soviel Wasser angießen, bis sie bedeckt sind. Die Möhre putzen und zusammen mit dem Sellerieblatt zum Blumenkohl geben. Alles zum Kochen bringen und 10 Minuten garen.

2

Die Zwiebel schälen und fein hacken. Das Hackfleisch mit den Zwiebelwürfeln, dem Eigelb, den Semmelbröseln und Salz und Pfeffer vermischen, kirschgroße Klößchen daraus formen und in der Suppe 10 Minuten mitgaren. Den Topf vom Herd nehmen, die eiskalte Butter einrühren und die Petersilie darüberstreuen.

OHNE GÜLDENE BÄNDER

Dereinst im 15. Jahrhundert gab es in Erfurt eine Kleiderordnung, die folgendes besagte: »Männer und Weiber sollen weder güldene noch silberne Tücher, Sammet- und seidene Kleider und die Frauen in Allem nur für 4 Mark Silber an allen ihren Kleidern und 8 Loth Perlen tragen. Gestickte und güldene Bänder sollen ab sein. Sie sollen auch keine Krone, Halsband, Haargefäßen, Haarband, Kränze noch Fassungen mehr tragen. Alle Frauen, jung und alt, sollen geschleiert zur Kirche gehen, auch in Schleiern zur Hochzeit kommen. Keine Krämerin oder Dienstmagd soll Perlen zum Kranze oder Haarband tragen; doch dürfen sie ein silbernes Haarband für ein halb Mark haben.«

Ob man sich immer daran gehalten hat?

MÖHRENSALAT

Für 4 Personen
Ganz einfach

500 g Möhren, Salz
1 Zitrone, 2 EL Sonnenblumenöl
frisch gemahlener weißer Pfeffer
1 Prise Zucker, 100 g Schmand, 2 Äpfel
1 EL gehackte Zitronenmelisse

1

Die Möhren putzen, waschen und in einen Topf mit Salzwasser geben. Das Gemüse 10 Minuten darin garen, herausnehmen, auskühlen lassen und in Scheiben schneiden. Die Zitrone auspressen.

2

In einer Schüssel Öl, Zitronensaft, Salz, Pfeffer, Zucker und Schmand zu einer Sauce verrühren. Die Äpfel schälen, entkernen und reiben. Apfelraspel und Zitronenmelisse zur Sauce geben, die Möhrenscheiben zufügen und alles gut vermischen.

Jetzt haben die Bundmöhren Hochsaison und veredeln Salate, Suppen und Eintöpfe. Die jungen, zarten Möhren haben einen Hauch von Süße und sind nicht so herb wie ihre Schwestern, die Wintermöhren. Allerdings muß man sie rasch verarbeiten, damit sie nicht schlaff und schrumpelig werden oder sogar schimmeln.

Erfurter Puffbohnensalat

Für 4 Personen
Besonders typisch

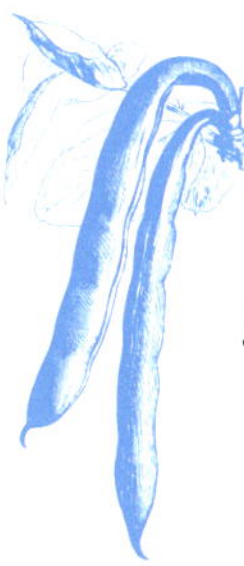

500 g Puffbohnen
Salz, 2 Zwiebeln
4 EL Sonnenblumenöl
4 EL Weinessig
frisch gemahlener schwarzer Pfeffer
1/2 TL Zucker, 1 Ei
100 g Sülzwurst
1 EL gehackte Petersilie

1

Die Puffbohnen in einem Topf mit Salzwasser bedeckt kurz aufkochen. Das Wasser abgießen, die Bohnen mit frischem Wasser übergießen und bei kleiner Flamme in etwa 20 Minuten weich kochen. Das Kochwasser abgießen, die Bohnen kalt abspülen, abtropfen lassen und in eine Salatschüssel geben.

2

Die Zwiebeln schälen, in kleine Würfel schneiden und mit den Puffbohnen vermengen. Aus Öl, Essig, Salz, Pfeffer und Zucker eine Marinade rühren, über die Bohnen gießen und den Salat zugedeckt 2 Stunden ziehen lassen.

3

Das Ei hart kochen, pellen und in kleine Würfel schneiden. Die Wurst in Streifen schneiden. Die Eiwürfel und die Wurststreifen auf den Puffbohnen verteilen und den Salat mit gehackter Petersilie bestreuen.

VARIANTE: Anstelle von Sülzwurst wird auch gern Rotwurst oder ausgebratener Speck verwendet.

Sauerkraut mit Thüringer Bratwurst

Für 4 Personen
Besonders typisch

1 Möhre
1 Zwiebel, 500 g Sauerkraut
2 Gewürzkörner, 2 Wacholderbeeren
2 Pfefferkörner, 1 Nelke, 1/2 Lorbeerblatt
1 TL Kümmel, 1/2 TL Salz, 1/2 TL Zucker
100 g durchwachsener Speck
1 EL Öl, 4 Thüringer Bratwürste

1

Die Möhre putzen, waschen und in Scheiben schneiden, die Zwiebel schälen und würfeln. Das Sauerkraut in einen Topf geben und zusammen mit 1/2 Liter Wasser zum Kochen bringen.

2

Möhre, Zwiebel, Gewürzkörner, Wacholderbeeren, Pfefferkörner, Nelke, Lorbeerblatt, Kümmel, Salz und Zucker zufügen und alles etwa 1 Stunde köcheln lassen, bis das Kochwasser verdampft ist.

3

Den Speck in kleine Würfel schneiden, in einer Pfanne kroß braten und zusammen mit dem Bratfett zum Sauerkraut geben. Das Öl in der Pfanne erhitzen und die Bratwürste darin bei geringer Hitze von allen Seiten knusprig braten.

Dazu schmecken ein frisches Landbrot oder Salzkartoffeln. Außerdem dürfen natürlich mittelscharfer Senf und ein gut gekühltes Pilsner nicht fehlen.

Das Geliebte »Blau-Weisse«

Manch einer nimmt zum Andenken an seinen Besuch in Thüringen die länglichen oder rundgedrehten Thüringer Bratwürste mit nach Hause. Selbst wenn das typische Röstaroma unerreicht bleibt, das die auf Holzkohle gegrillten Würste dort bekommen – ein klein wenig Erinnerung läßt sich damit dennoch herbeizaubern, vor allem, wenn daneben das köstliche Sauerkraut liegt.

Noch kompletter wird der Genuß, wenn Sauerkraut und Wurst auf dem blauweißen Geschirr mit den lustigen Pünktchen angerichtet werden, dem beliebten »Alt Bürgeler blau-weiß« aus dem Töpferstädtchen Bürgel, das östlich des Saaletales bei Jena liegt. In diesem 700jährigen thüringischen Städtchen formen geschickte Hände seit mehr als 300 Jahren auf Töpferscheiben kunstvolle Krüge, Tassen, Teller, Schalen und Kannen und geben ihnen eine wunderbar glänzende Glasur. In der Schauwerkstatt in der Bahnhofstraße 4 kann man zuschauen, wie die schlichten Kunstwerke geformt werden und allmählich Gestalt annehmen, und wer Lust hat, kann es sogar selbst ausprobieren. Und natürlich darf nach Herzenslust gekauft werden. Alljährlich am letzten Juniwochenende erstrahlt der Bürgeler Marktplatz in den sattesten Blautönen, denn dann ist Töpfermarkt-Zeit. Wohin man sieht, steht das schöne Gebrauchsgeschirr, und ein Stück ist schöner als das andere. An die DDR-Zeiten, da das begehrte »Blau-Weiße« zur »Bück-dich-Ware« gehörte, die unter dem Ladentisch an bevorzugte Kunden abgegeben wurde, mag heute keiner mehr denken. Wer Nachholbedarf hat oder seine Liebe dafür entdeckt, schleppt das Geschirr gleich körbeweise davon, denn einen schöneren Küchenschmuck gibt es kaum.

Wirsingrouladen

Für 4 Personen
Braucht etwas Zeit

1 Wirsingkohl, Salz
150 g Waldpilze (Maronen, Rotkappen, Steinpilze, Pfifferlinge), 1 Schalotte
1 EL Öl, 2 EL gehackte Petersilie
1 Scheibe Weißbrot, 1 Tasse Milch
300 g Rinderhackfleisch, 1 Ei
frisch gemahlener schwarzer Pfeffer
1 TL Kümmel, 4 Schweinenetze (vom Metzger)
50 g Butter, 50 ml Weißwein
1/4 Liter Rinderbrühe
2 EL Senf, 6 EL süße Sahne
2 EL Schnittlauchröllchen

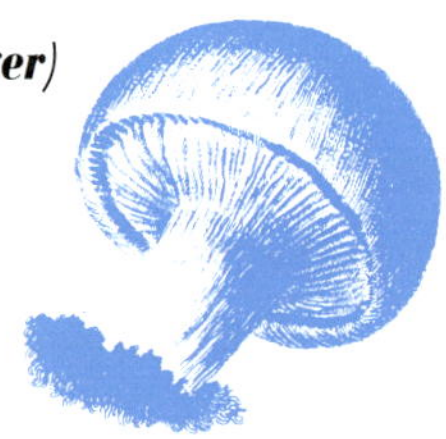

1

Den Strunk aus dem Wirsing herausschneiden. 12 Kohlblätter ablösen und die dicken Rippen herausschneiden. In einem Topf Salzwasser zum Kochen bringen, die Blätter 1 Minute darin blanchieren, unter kaltem Wasser abschrecken und vorsichtig trockentupfen.

2

Die Pilze säubern und fein schneiden. Die Schalotte schälen und fein hacken. Das Öl in einer Pfanne erhitzen und Pilze und Zwiebel darin 8 bis 10 Minuten braten. Die Petersilie unterrühren und die Mischung beiseite stellen.

3

Das Weißbrot in der Milch einweichen und gut ausdrücken. Das Hackfleisch in eine Schüssel geben. Ei, Pfeffer, Kümmel, Weißbrot und die Pilz-Zwiebel-Mischung zufügen und alles gut vermengen.

4

Jeweils 3 Wirsingblätter auf ein mit Salz und Pfeffer bestreutes Küchenbrett legen und 1/4 der Fleischmasse darauf verteilen. Die Blätter seitlich über dem Fleisch etwas einschlagen, behutsam aufrollen und in ein Schweinenetz geben.

5

Die Butter in einem Bräter erhitzen und die Rouladen darin ringsum anbraten. Weißwein und Brühe angießen und alles im vorgeheizten Backofen bei 200 Grad (Umluft 180 Grad, Gas Stufe 3 bis 4) etwa 30 Minuten garen.

6

Die Rouladen herausnehmen und warm stellen. Senf, Sahne und Schnittlauch in den Bratensatz einrühren und mit Salz und Pfeffer abschmecken. Die Rouladen auf vorgewärmten Tellern anrichten, etwas Sauce angießen und mit Salzkartoffeln zu Tisch bringen.

VARIANTE: Mancherorts gibt man zur Fleischfülle noch 100 bis 200 Gramm zerkleinertes Rinderherz hinzu.

Garnierter Blumenkohl

Für 4 Personen
Ganz einfach

1 Blumenkohl
5 EL Milch, 2 Eier
2 EL gehackte Petersilie
125 g Butter, 2-3 EL Semmelbrösel

1

Die Blumenkohlblätter entfernen und den Strunk abschneiden. Den Blumenkohl einige Minuten in Salzwasser legen und in einem Topf mit reichlich Salzwasser und der Milch 20 Minuten garen. Den Kohl herausnehmen, abtropfen lassen und warm stellen.

2

Die Eier hart kochen, pellen, fein hacken, mit der Petersilie vermischen und auf dem Blumenkohl verteilen. Die Butter in einem Pfännchen erhitzen, die Semmelbrösel darin goldbraun rösten und ebenfalls auf dem Blumenkohl anrichten.

Dazu schmecken Petersilienkartoffeln und ein gut gekühltes Bier oder ein leichter Rotwein.

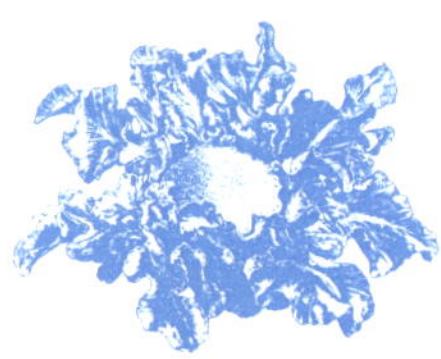

Erfurts Gemüsegärtnereien

»Von hervorragender Bedeutung sind die Blumen- und Gemüsegärtnereien Erfurts. Alle Arten Blumen werden auf 290 Morgen Land, Gemüse auf 450 Morgen Land gezogen. Blumenkohl und Brunnenkresse sind die Haupterzeugnisse«, so liest man in Meyers Reisebüchern aus dem Jahr 1920. Kein Wunder also, daß Blumenkohl schon seinerzeit reichlich und in vielerlei Variationen auf die Erfurter Teller kam.

FRÜHLINGSAUFLAUF

Für 4 Personen
Braucht etwas Zeit

1 kleiner Blumenkohl (500 g)
Salz, 1 kg Spinat, 100 g Butter, 2 EL Mehl
1/4 l Fleischbrühe, 125 g süße Sahne
2 Eigelb, 150 g Reibekäse
Butter für die Form
2 EL Reibekäse zum Bestreuen
50 g Butterflöckchen

1

Den Blumenkohlstrunk abschneiden und den Kopf in Röschen zerteilen. Die Röschen waschen, in einem Topf mit kochendem Salzwasser 3 Minuten blanchieren, herausnehmen und abtropfen lassen. Den Spinat waschen und die Stiele abschneiden. Die Blätter in kochendem Salzwasser ebenfalls 1 Minute blanchieren, herausnehmen und abtropfen lassen.

2

Die Butter in einem Topf erhitzen und das Mehl unter Rühren darin anschwitzen. Die Brühe zugießen und unter Rühren aufwallen lassen. Den Topf vom Herd nehmen, Sahne, Eigelbe und den Reibekäse einrühren und die Sauce mit Salz und Pfeffer abschmecken.

3

Eine Auflaufform ausbuttern, den Spinat hineinschichten und die Blumenkohlröschen daraufgeben. Die Röschen mit der Käsesauce übergießen, den Reibekäse daraufstreuen und die Butterflöckchen darüber verteilen. Den Auflauf im vorgeheizten Backofen bei 200 Grad (Umluft 180 Grad, Gas Stufe 3 bis 4) 35 Minuten überbacken und mit Petersilienkartoffeln servieren.

Garnierter Spargel

Für 4 Personen
Ganz einfach

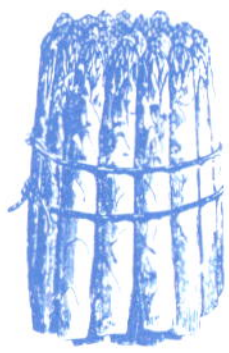

1,5 kg Spargel
Salz, Zucker, 4 Eier
2 EL gehackte Petersilie
frisch gemahlener weißer Pfeffer
100 g Butter

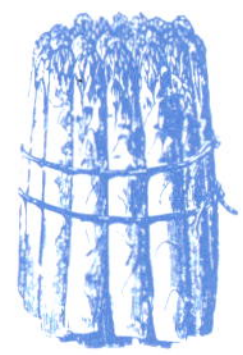

1

Den Spargel von oben nach unten schälen und die holzigen Enden abschneiden. Die Stangen portionsweise mit einer Baumwollschnur bündeln.

2

In einem Topf 2 Liter Wasser mit Salz und Zucker zum Kochen bringen und den Spargel etwa 20 Minuten darin garen. Die Bündel herausnehmen, abtropfen lassen und auf einer vorgewärmten Platte anrichten.

3

Die Eier hart kochen, fein hacken, mit der Petersilie vermischen und etwas salzen und pfeffern. Die Butter zerlassen, über den Spargel gießen und die Eier-Petersilie-Mischung darüber verteilen.

Die Jungfrau vom Rothenstein

Im Rothenstein, einem Porphyrfelsen ganz nahe am Weg zwischen Suhl und Oberhof, wurde einstmals eine wunderschöne, liebliche Jungfrau eingeschlossen. Wer hier vorbeikommt, ist ganz still, denn manchmal kann man sie singen und wahrsagen hören. Einmal kam ein Hochzeitszug vorbei, da rief sie der Braut mit zarter, heller Engelsstimme zu: »Heute rot, über's Jahr tot. Viel Geld gefällt.« Über's Jahr hat die junge Braut ihren Paten beerbt.

Gesund und kalorienarm ist er unbestritten der König der Gemüse! Ob klassisch mit Sauce Hollandaise oder kalt im Salat – Spargel ist immer ein Genuß!

Gärtners Freud und Leid

Goethe und seine Christiane liebten die Gartenarbeit (und vor allem die Ernte). Mitunter mußten die Erträge jedoch hart erkämpft werden, wie im Frühling des Jahres 1810, als Christiane am 6. Juni ihrem »Geheimrath« folgende Botschaft übermittelt: »Du schreibst mir, daß es in Karlsbad Regenwetter gibt; dieß ist aber noch lange nicht so übel als bei uns, wo es drei Nächte hindurch Eis gefroren hat. Ich erfuhr in Jena, daß Bohnen, Gurken bei uns erfroren wären, und kaufte mir da alles wieder frisch. Wie ich ankam, sah ich, daß es doch beinah alles zur Hälfte erfroren war. Ich habe sie gleich eingeweicht und den anderen Tag die erfrorenen herausgezogen und wieder frische gelegt. Ich möchte nur wissen, wie es käme, daß sie nicht alle in einer Reihe erfroren wären, sondern nur einzelne. Dorthe, welche immer die Bedenklichkeit ist, hat in meiner Abwesenheit die Orangenbäume mit Tüchern behängt, und so sind sie gerettet; die aber im Park bei der Frau von Stein sind alle gelb, und in Belvedere hat man sie wieder ins Gewächshaus schaffen müssen. Allen Leuten sind beinahe die Kartoffeln erfroren; doch die meinigen, welche ich heute früh mit Carolinen besucht habe, sind so groß und stehen so schön, daß es würklich eine Freude ist, sie anzuschauen. Doch scheint es, als hätte der Türkische Weizen etwas gelitten… Bedenke aber den 12. Juli, da wollen wir Deine Gesundheit trinken, und Du wirst mit Riemer die meinige trinken. Lebe wohl und behalte mich lieb. C. v. Goethe.«

Am 12. Juli war beider Hochzeitstag, denn ihren »heimlichen Ehebund« hatten sie bereits im Jahre 1788 geschlossen, während sie offiziell erst 1806 geheiratet haben. Im Traubuch der Weimarer Hofkirche ist zu lesen: »Sr. Excellenz, Herr Johann Wolfgang von Göthe, Fürstl. Sächß. Geheimer-Rath allhier, mit Demoiselle Johanna Christiana Sophie geb. Vulpius… sind Dom XX post Trinitatis als den 19. Octobris in allhiesiger Fürst. Hofkirchen-Sacristei von dem Herrn Oberconsistorial-Rath Günther in der Stille copuliret worden.« Die Trauringe trugen jedoch das Datum vom 14. Oktober, wie Goethe seinem Freund Knebel mitteilte.

Goethes Mutter war sehr glücklich über diese Verbindung, denn sie liebte Christiane wie eine Tochter. Am 27. Oktober 1806 schreibt sie ihrem Sohn: »Zu deinem neuen Stand wünsche dir allen Segen … Grüße meine Liebe Tochter herzlich – sage Ihr, daß ich Sie Liebe – schätze – verehre…«. Und im darauffolgenden Jahr am 17. April schreibt sie: »Du kannst Gott danken! So ein Liebes – herrliches unverdorbenes Gottes Geschöpf findet mann sehr selten.«

STACHELBEERDESSERT

Für 4 Personen
Ganz einfach

500 g Stachelbeeren
5 Blatt weiße Gelatine
1/2 Zimtstange, 4 Eier, 220 g Zucker
1/2 TL abgeriebene unbehandelte Zitronenschale
250 g süße Sahne

1

Die Stachelbeeren waschen und Stiele und Blütenansätze entfernen. Die Gelatine in etwas kaltem Wasser auflösen. Die Beeren in einem Topf zusammen mit der Zimtstange in 1/8 Liter Wasser zum Kochen bringen und 10 Minuten köcheln lassen. Den Zimt herausnehmen und die Stachelbeeren durch ein Sieb pürieren.

2

Die Eier trennen. Die Eigelbe mit 200 Gramm Zucker und Zitronenschale schaumig rühren und zur Stachelbeermasse geben. Die Gelatine ebenfalls einrühren. Die Eiweiße steif schlagen und unter die Creme heben.

3

Das Dessert in Glasschalen füllen und 2 Stunden kühl stellen. Die Sahne steif schlagen und dabei den restlichen Zucker einrieseln lassen. Die Schlagsahne auf dem Dessert verteilen und Deckelplätzchen (Seite 144) dazu reichen.

Weidaer Stachelbeerkuchen

Für 16 Stücke
Braucht etwas Zeit

Für den Teig:
400 g Mehl, 25 g Hefe
100 g Zucker, 200 ml Milch, 100 g Butter
1 Ei, 1 Päckchen Vanillezucker, 1 Prise Salz
Butter für das Blech, Mehl für die Arbeitsfläche
Für den Belag:
1 Päckchen Vanillepuddingpulver, 1/2 l Milch
200 g Zucker, 500 g Quark (40%), 150 g gehackte Mandeln
4 EL Weinbrand, 1,5 kg Stachelbeeren
Für den Guß:
5 Eiweiß, 125 g Zucker, 100 ml Stachelbeersaft

1

Das Mehl in eine Schüssel sieben, in die Mitte eine Vertiefung drücken. Die Hefe mit 1 Teelöffel Zucker in etwas lauwarmer Milch verrühren, in die Vertiefung gießen und leicht mit Mehl bestäuben. Den restlichen Zucker, die Butter in Flöckchen, Ei, Vanillezucker und Salz auf dem Mehlrand verteilen und den Vorteig zugedeckt an einem warmen Platz 15 Minuten gehen lassen.

2

Den Vorteig von der Mitte aus zusammen mit der restlichen Milch zu einem glatten Teig verkneten und zugedeckt an einem warmen Platz 1 Stunde gehen lassen. Das Puddingpulver in etwas kalter Milch verrühren. Die restliche Milch mit 3 Eßlöffel Zucker in einem Topf zum Kochen bringen, das Puddingpulver einrühren, aufkochen lassen, vom Herd nehmen und auskühlen lassen. Dabei hin und wieder umrühren, damit sich keine Haut bildet.

3

Den Quark in ein sauberes Tuch geben, auspressen und zusammen mit den Mandeln, dem restlichen Zucker und dem Weinbrand in die Puddingmasse einrühren. Ein Backblech ausbuttern. Den Teig zusammenstoßen, nochmals durchkneten und auf einer bemehlten Arbeitsfläche ausrollen. Den Teig auf das Backblech legen, mit einer Gabel mehrmals einstechen und die Quarkmasse darauf verteilen.

4

Die Stachelbeeren waschen, Stiel und Blütenansätze entfernen. Die Beeren auf die Quarkmasse geben und den Kuchen im vorgeheizten Backofen bei 200 Grad (Umluft 180 Grad, Gas Stufe 3 bis 4) 20 Minuten backen. Für den Guß die Eiweiße steif schlagen, dabei den Zucker einrieseln lassen und zuletzt den Saft zufügen. Den Guß in wellenförmigem Muster auf dem Kuchen verteilen und weitere 10 Minuten backen.

ERDBEEREN MIT HÜTES

Für 4 Personen
Ganz einfach

500 g Erdbeeren, 3 EL Zucker, 4 EL Aprikosenlikör
200 g Quark (40%), 1 Ei, 1 EL weiche Butter
1 EL Semmelbrösel, 1 EL Grieß, einige Blättchen Zitronenmelisse

1

Die Erdbeeren waschen, die Stielansätze entfernen und die Früchte halbieren. In einem Töpfchen 2 Eßlöffel Zucker in 50 Milliliter Wasser 2 Minuten kochen, auskühlen lassen und den Likör zufügen. Die Erdbeeren in eine Schüssel geben und die Mischung darübergießen.

2

Den Quark mit dem Ei, dem restlichen Zucker, Butter, Semmelbröseln und Grieß verrühren und kirschgroße Klößchen daraus formen. In einem Topf 1 Liter Wasser zum Sieden bringen, die Klößchen 8 Minuten darin garen, mit einem Schaumlöffel herausnehmen und auskühlen lassen.

3

Die Erdbeeren in Glasschalen verteilen und die Hütes darüber verteilen. Das Dessert mit den Zitronenmelisseblättchen garnieren und nach Belieben Schlagsahne dazu reichen.

Rupfkuchen

Für 16 Stücke
Besonders typisch

Für den Teig:
400 g Mehl, 25 g Hefe, 80 g Zucker
200 ml Milch, 100 g Butter, 1 kräftige Prise Salz
1 Päckchen Vanillezucker, Butter für das Blech
Mehl für die Arbeitsfläche
Für den Belag:
1 Päckchen Vanillepuddingpulver, 1/2 l Milch
350 g Zucker, 125 g Rosinen, 125 g gehackte Mandeln
1,5 kg Johannisbeeren (oder Stachelbeeren)
250 g Kokosraspel, 100 g Mehl, 1 Ei
125 g Butter, 250 g saure Sahne
Für den Guß:
200 g Puderzucker, 4 EL Kakao, 50 g Kokosfett

1

Das Mehl in eine Schüssel sieben, in die Mitte eine Vertiefung drücken. Die Hefe mit 1 Teelöffel Zucker in etwas lauwarmer Milch verrühren, in die Vertiefung gießen und leicht mit Mehl bestäuben. Den restlichen Zucker, die Butter in Flöckchen, Vanillezucker und Salz auf dem Mehlrand verteilen und den Vorteig zugedeckt an einem warmen Platz 15 Minuten gehen lassen.

2

Den Vorteig von der Mitte aus zusammen mit der restlichen Milch zu einem glatten Teig verkneten und zugedeckt an einem warmen Platz 1 Stunde gehen lassen. Für den Belag das Puddingpulver in etwas kalter Milch verrühren. Die restliche Milch mit 3 Eßlöffel Zucker in einem Topf zum Kochen bringen, das Puddingpulver einrühren, aufkochen lassen, vom Herd nehmen und auskühlen lassen. Dabei hin und wieder umrühren, damit sich keine Haut bildet.

3

Die Rosinen waschen, trockentupfen und zusammen mit den Mandeln in den Pudding rühren. Die Johannisbeeren waschen und von den Stielen streifen. Ein Backblech ausbuttern. Den Teig zusammenstoßen, nochmals durchkneten und auf einer bemehlten Arbeitsfläche ausrollen. Den Teig auf das Backblech legen, mit einer Gabel mehrmals einstechen, den Pudding darauf verteilen und die Beeren darauf anordnen.

4

Die Kokosraspel mit dem restlichen Zucker, Mehl, Ei, Butter und Sahne verrühren. Von dieser Masse mit einem Löffel kleine Fladen abstechen und auf das Obst setzen. Den Kuchen im vorgeheizten Backofen bei 200 Grad (Umluft 180 Grad, Gas Stufe 3 bis 4) etwa 40 Minuten backen, herausnehmen und abkühlen lassen.

5

Den Puderzucker mit dem Kakao vermischen, sieben und mit 3 bis 4 Eßlöffel heißem Wasser zu einer dicklichen Masse verrühren. Das Kokosfett in einem Töpfchen zerlassen und unterrühren. Den Schokoladenguß in spiralförmigen Mustern oder in kleinen Kreisen auf dem Kuchen verteilen.

ROSEN-BRÖTCHEN

Für 3 Stück
Läßt sich vorbereiten

250 stark duftende Rosenblütenblätter
3 Eigelb, 125 g Mehl, 1 Prise Salz, 1 EL Zucker

1

Die Blütenblätter waschen, den bitteren Stielansatz abschneiden und die Blätter fein hacken. Eigelbe, Mehl, Salz und Zucker zusammen mit den Blättern in einer Schüssel zu einem glatten Teig verkneten.

2

Aus dem Teig 3 kleine, dicke Brötchen formen, auf ein Backblech geben und an der Sonne oder im vorgeheizten Backofen bei 80 Grad (Umluft 70 Grad, Gas Stufe 1) ganz hart trocknen lassen. Die Brötchen reiben und als würzige Zutat an Milch- und Sahnesaucen geben.

Rosenbrötchen mit Rosinen

Für 8 Stücke
Ganz einfach

Für den Teig:
500 g Mehl, 30 g Hefe, 100 g Zucker, 1/4 l Milch
100 g Butter, 1 Ei, 1 Prise Salz, Mehl für die Arbeitsfläche
50 g weiche Butter zum Bestreichen, Butter für das Blech
Für die Füllung:
100 g Rosinen, 100 g Zucker, 100 gehackte Mandeln
Für den Guß:
175 g Puderzucker, 4 EL Rosenwasser

1

Das Mehl in eine Schüssel sieben, in die Mitte eine Vertiefung drücken. Die Hefe mit 1 Teelöffel Zucker in etwas lauwarmer Milch verrühren, in die Vertiefung gießen und leicht mit Mehl bestäuben. Den restlichen Zucker, die Butter in Flöckchen, das Ei und das Salz auf dem Mehlrand verteilen und den Vorteig zugedeckt an einem warmen Platz 15 Minuten gehen lassen.

2

Den Vorteig von der Mitte aus zusammen mit der restlichen Milch zu einem glatten Teig verkneten und zugedeckt an einem warmen Platz 1 Stunde gehen lassen. Den Teig durchkneten, auf einer bemehlten Arbeitsfläche zu einem Rechteck ausrollen und mit weicher Butter bestreichen. Die Rosinen waschen und trockentupfen.

3

Rosinen, Zucker und Mandeln auf dem Teig verteilen und den Teig aufrollen. Mit einem scharfen Messer 1 1/2 Zentimeter breite Scheiben abschneiden und etwas flachdrücken. Ein Backblech ausbuttern, die Scheiben darauflegen, im vorgeheizten Backofen bei 200 Grad (Umluft 180 Grad, Gas Stufe 3 bis 4) etwa 20 Minuten backen und etwas auskühlen lassen. Den Puderzucker mit dem Rosenwasser verrühren und die Brötchen damit bestreichen.

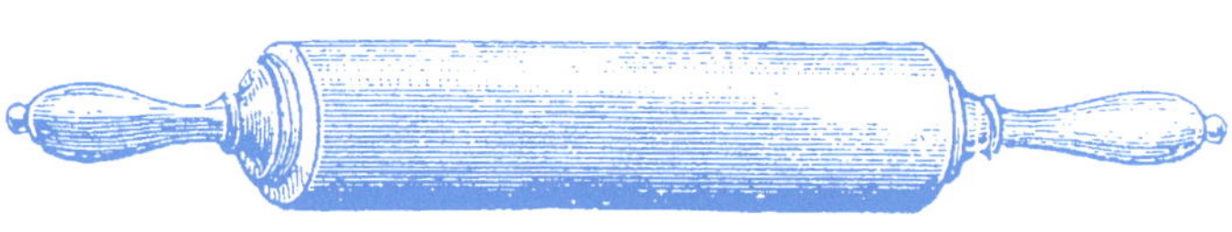

***M**orgenfrisch, wenn der Tau noch auf ihnen perlt, sollten die Blüten gepflückt werden. Erst das Rosenwasser verleiht den Rosenbrötchen ihr einzigartiges Aroma.*

ROSENWASSER

Für 1/2 Liter
Ganz einfach, läßt sich vorbereiten

125 g stark duftende Rosenblütenblätter

1

Die Blütenblätter waschen, den bitteren Stielansatz abschneiden und die Blüten in eine Schüssel geben. 1/2 Liter lauwarmes Wasser darübergießen und die Schüssel zugedeckt 2 Tage stehen lassen.

2

Die Blüten durch ein feines Baumwolltuch pressen, die Flüssigkeit auffangen und in verschließbare Gläser abfüllen.

ERFURTER ROTWEINKUCHEN

Für 8 Stücke
Raffiniert

Für den Teig:
200 g Butter, 200 g Zucker, 4 Eier
1 Päckchen Vanillezucker, 1/2 TL Zimt
2 EL Kakao, 250 g Mehl, 2 gestrichene TL Backpulver
1/8 l Rotwein, Butter für die Form
Für den Guß:
150 g Puderzucker, 3 EL Rotwein
20 g weiche Butter

1

Die Butter in einer Schüssel mit dem Zucker schaumig rühren. Nach und nach die Eier einrühren und Vanillezucker, Zimt und Kakao zufügen. Das Mehl mit dem Backpulver vermischen, sieben und nach und nach zusammen mit dem Rotwein einrühren, so daß ein glatter Teig entsteht. Den Teig noch einige Minuten weiterrühren.

2

Eine Kastenform von 18 Zentimeter Länge ausbuttern, den Teig einfüllen, im vorgeheizten Backofen bei 200 Grad (Umluft 180 Grad, Gas Stufe 3 bis 4) etwa 45 Minuten backen und auskühlen lassen. Den Puderzucker mit dem Rotwein glattrühren, die weiche Butter einrühren und den Kuchen mit dem Guß überziehen.

Erfurter Kirmes

Die Kirmes in Erfurt war immer ein Fest, bei dem der Magen die erste Rolle spielte und zu dem unbedingt der »Branntewein« gehörte. Da kam's dann schon mal vor, daß einer zu tief ins Glas schaute, die rote Nase noch dunkler wurde und die Erde so manchen (unfreiwilligen) Kuß abbekam. Aber auch sonst war immer eine Menge los. Da lockten Feuerfresser oder Geldspucker, und Zauberer holten gar Erbsen aus Auge und Nase oder lasen das Schicksal aus dem Kaffeesatz, der Hand oder dem Traumbuch. Und natürlich lockten auch Würfelbrett, Lottosack und die schönsten Bauernmädchen vom Lande. Die waren gekommen, um Bänder, Schüsseln, Töpfe, Bratenwender, Nadelbüchsen, »Chocolade und Macronen, Zuckerbrezeln, Marcipan, Kuchen und Obst« zu kaufen. Besonders begehrt aber waren Windbeutel und Rotweinkuchen. Ob man dann allerdings noch an die klugen Ratschläge der Mutter dachte, niemals warmen Kuchen zu essen, denn der verursache bei Frauenzimmern manche Krankheit? Oder daß derjenige, der viel Kuchen ißt, blaß und elend wird? Die Artigen hielten wahrscheinlich lieber Ausschau nach Wurst und Schinken, die im eigenen Fett triefend verführerisch auf blanken Brettern lagen. Und daneben standen wannenweise Semmeln, saure Gurken, Bücklinge und Heringe und luden zum Schlemmen ein …

Menü des Monats

Erfurter Puffbohnensalat

Wirsingrouladen

Erdbeeren mit Hütes

Die Küche

Warum in die Ferne schweifen, sieh, das Gute liegt so nah! In Thüringen weiß man das seit eh und je und versteht sich bravourös auf die Kochkunst mit einfachen Mitteln. Jetzt versprechen Beeren, Birnen, Äpfel und Kirschen vielfältige Genüsse. Und wenn die Pilzkörbe mit der eigenen Ernte in die Küchen geschleppt werden, duftet es nach Wald und Erde …

IM JULI

Jetzt verwandeln sich Himbeeren, Johannisbeeren, Erdbeeren, Sauerkirschen, Heidelbeeren zur köstlichen roten Grütze. Als lieblich-süßer Abschluß einer Mahlzeit schmeckt sie mit einer Vanillesauce oder einem Klecks Sahne.

Was es im Juli

Bohnen

Bohnen gibt es in vielerlei Varianten: als grüne Bohnen, dicke Bohnen, Wachsbohnen und andere mehr. Allen gemeinsam ist, daß sie auf keinen Fall roh gegessen werden sollten, da sie giftige Phasine enthalten. Die Zubereitung ist ganz einfach: Man wäscht sie, entfernt Fäden und Stiel und zerkleinert sie (junge, zarte Bohnen können im ganzen gedünstet werden). Und natürlich darf bei der Zubereitung das würzige Bohnenkraut nicht fehlen.

Ingwer

Man kennt ihn kandiert, gemahlen, getrocknet, in Sirup eingelegt und seit geraumer Zeit auch als frische Wurzel. Seine ursprüngliche Heimat sind die pazifischen Inseln, kultiviert wird er jedoch in Indien. Seine würzige Schärfe bekommt Gänse- und Entenbraten ebenso gut wie Schweine-, Lamm- und Rindfleisch. Auch Apfel- und Birnengerichte erhalten durch ihn das »gewisse Etwas«.

Hering

Dieser populäre Seefisch präsentiert sich besonders fett, wenn er im Frühling gefangen wird; hat man ihn im Herbst an der Angel, ist er um vieles aromatischer. Wir kennen den Hering frisch als »Matjes« – das ist der grüne Hering, der noch nicht die Geschlechtsreife erlangt hat – oder geräuchert als »Bückling«. Kauft man im Fischladen einen marinierten Hering, heißt er »Rollmops« oder »Bismarckhering«. Doch ganz gleich, wie der Hering zubereitet wird – an Beliebtheit fehlt es ihm nicht. In Thüringen vereint er sich mit anderen deftigen Zutaten zu einer kulinarischen Besonderheit: der Heringspfanne mit Spinat.

Alles Gutes gibt...

Sauerkirschen

Die Sauerkirschen enthalten weit mehr Fruchtsäure und weniger Zucker als ihre Schwestern, die Süßkirschen. Deshalb nascht man sie auch nicht unbedingt von der Hand in den Mund, sondern veredelt sie vor dem Genuß. Als Kompott, Fruchtsaft, Likör, Grütze oder als Torten- und Kuchenbelag erfreuen sie uns jedes Jahr aufs neue mit ihrem unübertrefflichen Aroma.

Johannisbeeren

Dieses wohlschmeckende Obst mit seinen roten, weißen oder schwarzen Beeren zeichnet sich durch seinen hohen Anteil an Vitaminen und Mineralstoffen aus. Eine Spitzenstellung nimmt dabei die schwarze Johannisbeere ein, die sechsmal soviel Vitamin C enthält wie die rote. Durch ihren hohen Pektingehalt, der für ein rasches Gelieren sorgt, eignen sich Johannisbeeren hervorragend für Gelees und Marmeladen. Damit der Fruchtsaft enthalten bleibt, werden die Beeren vor dem Entstielen gewaschen und erst danach mit einer Gabel von den Rispen gestreift.

Typisch für den Juli

Grüne Bohnensuppe

Für 4 Personen
Ganz einfach

500 g grüne Bohnen
2-3 Stengel Bohnenkraut, Salz
1 Zwiebel, 50 g Butter, 1 EL Mehl
1 TL Weinessig, 1 Msp. geriebene Muskatnuß
frisch gemahlener weißer Pfeffer
100 g süße Sahne

1

Die Bohnen waschen, die Fäden abziehen und die Bohnen kleinschneiden. Das Bohnenkraut waschen und ebenfalls kleinschneiden. Das Gemüse in einem Topf mit 1 1/4 Liter Salzwasser zusammen mit dem Bohnenkraut zum Kochen bringen und 15 Minuten köcheln lassen.

2

Die Zwiebel schälen und fein hacken. Die Butter in einem zweiten Topf erhitzen, das Mehl darin anschwitzen, die Zwiebel zufügen und etwas mitschwitzen lassen. Die Mischung zu den Bohnen geben und aufkochen lassen. Die Suppe mit Essig, Muskat, Salz und Pfeffer abschmecken und die Sahne einrühren.

Bohnen dürfen niemals roh gegessen werden, denn sie enthalten giftige Phasine.

BIRNENSUPPE

Für 4 Personen
Ganz einfach

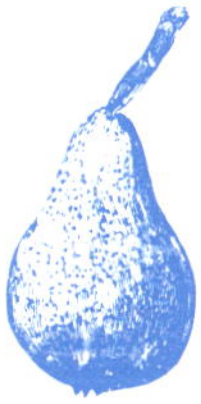

200 g durchwachsener Speck
750 g Birnen, 1 Zitrone, 100 g Rosinen
1 kleines Stück frische Ingwerwurzel
oder 1 Msp. gemahlener Ingwer
2 EL Stärkemehl, 2 EL Zucker
1/2 l Buttermilch

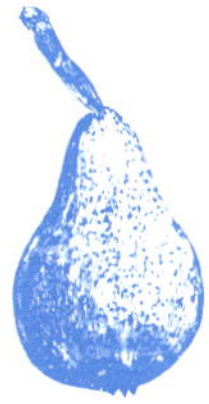

1

Den Speck in kleine Würfel schneiden und in einer Pfanne kroß braten. Die Birnen schälen, vierteln, entkernen und die Viertel nochmals teilen. Die Zitrone auspressen und die Birnenstücke mit dem Zitronensaft marinieren.

2

Die Rosinen verlesen und waschen, die Ingwerwurzel schälen und fein schneiden. In einem Topf 1/2 Liter Wasser zum Kochen bringen, die Birnenstücke, die Rosinen, den Ingwer und die abgetropften Speckwürfel hineingeben und alles 5 Minuten bei milder Hitze ziehen lassen.

3

Stärkemehl und Zucker in etwas kalter Buttermilch verquirlen. Die restliche Buttermilch in einem Topf zum Kochen bringen, das Mehl einrühren und kurz aufwallen lassen. Die Brühe mit den Birnen zugießen und alles nochmals kurz erhitzen.

KOHLRABISALAT

Für 4 Personen
Geht schnell

2 Kohlrabi (ca. 400 g)
1 Bund Basilikum, 2 EL Reibekäse
2 EL Öl, 2 EL Schmand, 2 EL Zitronensaft
Salz, frisch gemahlener weißer Pfeffer

1

Die Kohlrabi schälen, halbieren, in sehr feine Scheiben schneiden und in eine Schüssel geben. Die Basilikumblätter von den Stielen zupfen, kurz abspülen, trockentupfen, in Streifen schneiden und zusammen mit dem Käse zum Kohlrabi geben.

2

Öl, Schmand und Zitronensaft vermischen und mit etwas Salz und Pfeffer würzen. Die Marinade vorsichtig unter den Kohlrabi heben und den Salat einige Minuten zugedeckt ziehen lassen.

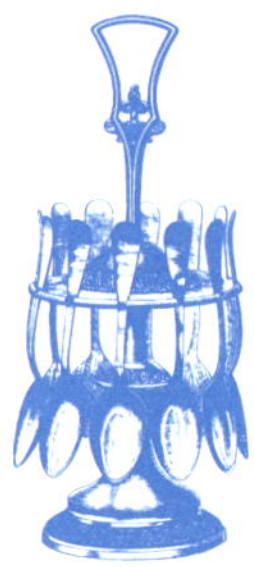

APOLDAS BERÜHMTER NAMENSGEBER

Als Napoleon bei seinem Feldzug im Jahre 1806 von der Leipziger Straße aus – heute ist es die B 87 – auf Apolda blickte, soll er völlig beseelt ausgerufen haben: »Oh, du mein Gramont!« Seitdem hatte das Städtchen Apolda mit seinen vielen Strickmaschinen, in dem die flinksten Nadeln die schönsten Strümpfe und viele andere Textilien herstellten (und weiter herstellen?), seinen Namen weg. Ob der kleine, große Mann allerdings jemals vom Apoldaer Lieblingsgericht, den Backhauskartoffeln mit Birnen, gekostet hat, ist nicht bekannt.

Backhauskartoffeln mit Birnen aus »Gramont«

Für 4 Personen
Besonders typisch

1 Zwiebel
300 g Schweinebauch oder Kammfleisch (ohne Knochen)
1/2 Lorbeerblatt, 4 Gewürzkörner, Salz
6 aromatische Birnen, 6 mittelgroße Kartoffeln
1 EL Kümmel, 80 g Butter

1

Die Zwiebel schälen, grob zerkleinern und zusammen mit dem Fleisch, dem Lorbeerblatt und den Gewürzkörnern in einen Topf geben. Soviel Wasser angießen, daß das Fleisch bedeckt ist, Salz zufügen, alles zum Kochen bringen und 45 Minuten köcheln lassen.

2

Die Birnen waschen, von Stielen und Blütenansätzen entfernen und im ganzen mit der Schale in eine feuerfeste Form legen. Die Kartoffeln schälen, waschen, halbieren und rings um die Birnen anordnen, so daß die Lücken gefüllt sind. Kümmel und Salz darübergeben und die Butter in Flöckchen daraufsetzen.

3

Das Fleisch auf die Birnen legen, die Brühe durch ein Sieb geben und angießen. Den Auflauf im vorgeheizten Backofen bei 220 Grad (Umluft 200 Grad, Gas Stufe 4 bis 5) 1 Stunde garen und sofort servieren.

Thüringens Backhäuser

Welch ein Duft muß aus den Backhäusern geströmt sein, wenn nach dem Brot auch noch dieses köstliche, würzig-aromatische Fleischgericht im Ofenloch verschwand. In riesigen Töpfen und Pfannen wurde es angeschleppt und, wenn es knusprig und gar war, abgeholt und sogleich verspeist. Heute besinnt man sich wieder auf diesen schönen Brauch, und viele der alten Backhäuser werden inzwischen instandgesetzt.

Heringspfanne mit Spinat

Für 4 Personen
Besonders typisch, ganz einfach

8 küchenfertige
kleine grüne Heringe
2 EL Zitronensaft
2 kg Spinat, Salz
100 g durchwachsener Speck
1 Zwiebel, 30 g Butter
125 g süße Sahne
1 Msp. geriebene Muskatnuß
frisch gemahlener weißer Pfeffer
1/2 TL Zucker, 1 Ei
1 EL Mehl, 2 EL Semmelbrösel
4 EL Öl, 4 Petersiliensträußchen
2 Tomaten, Schmand

1

Die Heringe waschen, trockentupfen und mit dem Zitronensaft beträufeln. Den Spinat verlesen, waschen und die groben Stiele entfernen. In einem großen Topf reichlich Salzwasser zum Kochen bringen, die Blätter darin 1 Minute blanchieren, mit eiskaltem Wasser abschrecken und abtropfen lassen.

2

Den Speck in kleine Würfel schneiden, die Zwiebel schälen und fein hacken. Die Butter in einem Topf erhitzen, Speck und Zwiebel darin glasig dünsten, den Spinat zugeben und alles 5 Minuten dünsten. Sahne, Muskatnuß, Pfeffer und Zucker zugeben und den Spinat warm stellen.

3

Die Heringe salzen, das Ei verquirlen und die Fische zuerst in Mehl, danach im Ei und zuletzt in den Semmelbröseln wälzen. Das Öl in einer Pfanne erhitzen und die Heringe auf jeder Seite 5 Minuten braten. Den Spinat auf vorgewärmte Teller geben, jeweils 2 Heringe anlegen und jeweils mit einem Petersiliensträußchen, einer Tomatenhälfte und einem Schmandklecks garnieren.

Dazu schmeckt Knoetsch (Kartoffelbrei, Seite 312) oder Flockzamet (Seite 189).

Sahnegurken

Für 4 Personen
Ganz einfach

2 Salatgurken (etwa 1 kg)
1 Zwiebel, 50 g Butter, 250 g süße Sahne
125 g saure Sahne, Salz
frisch gemahlener weißer Pfeffer
200 g Schinkenspeck, 2 EL Mehl
1 Bund Dill

1

Die Gurken schälen, der Länge nach halbieren, die Kerne mit einem Teelöffel herauskratzen und die Gurken in Stücke schneiden. Die Zwiebel schälen und fein hacken.

2

Die Butter in einem Topf erhitzen und die Zwiebeln darin glasig dünsten. Die Gurkenstücke zufügen und 5 Minuten mitdünsten. Die süße und die saure Sahne einrühren, alles mit Salz und Pfeffer würzen und weitere 10 Minuten garen.

3

Den Schinkenspeck in feine Streifen schneiden. Das Mehl in wenig kaltem Wasser verquirlen, zu den Gurken geben und unter Rühren aufkochen lassen. Die Schinkenstreifen zufügen und alles nochmals kurz erhitzen. Den Dill waschen, fein hacken und über die Sahnegurken streuen.

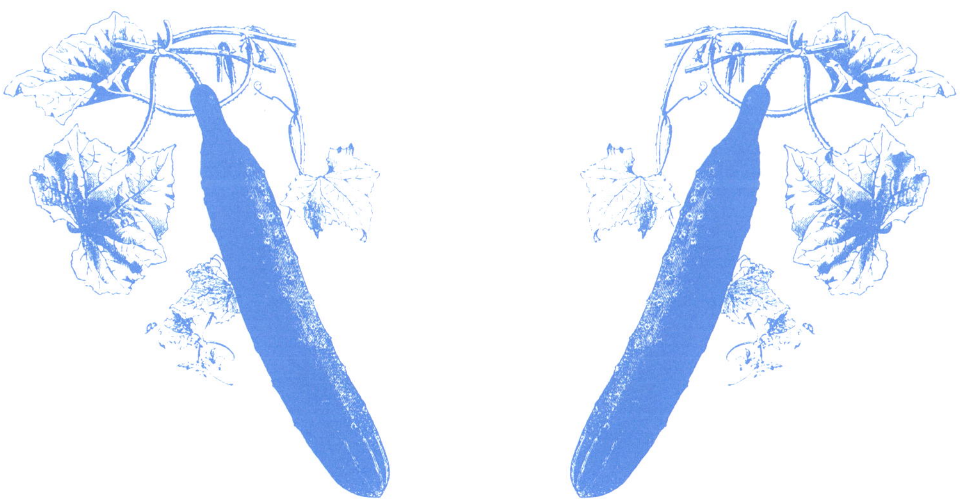

Gemüsetopf

Für 4 Personen
Braucht etwas Zeit

400 g Kartoffeln
2 Möhren, 200 g grüne Bohnen
200 g ausgepalte grüne Erbsen
150 g Pfifferlinge, 2 Tomaten
1/4 l Fleischbrühe, 4 EL Weißwein
2 EL Zitronensaft, Salz, 1/2 TL Zucker
frisch gemahlener weißer Pfeffer, 80 g Butter
2 EL gehackte Petersilie

1

Die Kartoffeln schälen, waschen und in Scheiben schneiden. Die Möhren putzen, waschen und halbieren. Die Bohnen putzen, die Fäden abziehen und die Bohnen in der Mitte durchbrechen. Erbsen und Pfifferlinge waschen und abtropfen lassen. Die Tomaten kurz mit kochendem Wasser überbrühen, häuten und vierteln.

2

Das Gemüse vermischen und in eine feuerfeste Form geben. Die Fleischbrühe mit Weißwein, Zitronensaft, Salz, Zucker und Pfeffer verrühren und über das Gemüse gießen. Die Butter in Flöckchen daraufsetzen und alles zugedeckt im vorgeheizten Backofen bei 180 Grad (Umluft 160 Grad, Gas Stufe 2 bis 3) 25 Minuten garen. Den Gemüsetopf mit Salz und Pfeffer abschmecken und mit Petersilie bestreuen. Dazu schmecken Thüringer Bratwürste.

Die leuchtendgelben Pfifferlinge wachsen in Laub- und Nadelwäldern. Sie verfeinern Saucen und Gemüseeintöpfe und sind eine willkommene Beilage zu Wildgerichten.

PETERSILIENGEMÜSE

Für 4 Personen
Ganz einfach

500 g Petersilienwurzeln
80 g Butter, Salz
1/2 TL Zucker
frisch gemahlener weißer Pfeffer
1 Schalotte
1/2 Tasse Fleischbrühe
4 EL Weißwein
125 g süße Sahne
4 EL gehackte Petersilie

1

Die Petersilienwurzeln putzen und in Viertel schneiden. 40 Gramm Butter in einem Topf erhitzen und die Petersilienwurzeln hineingeben. Salz, Zucker und Pfeffer zufügen, 50 Milliliter Wasser angießen und die Wurzeln 10 Minuten dünsten.

2

Inzwischen die Schalotte putzen und fein hacken. In einer Pfanne die restliche Butter erhitzen und die Schalotte darin andünsten. Brühe, Weißwein und Sahne zugießen, aufkochen lassen und die Petersilie zugeben.

3

Die Schalottensahne mit dem Schneebesen so lange schlagen, bis eine cremige Masse entsteht. Die Sauce über die Petersilienwurzeln geben und vorsichtig verrühren. Das Petersiliengemüse mit Salzkartoffeln und Bratwürsten zu Tisch bringen.

F L O C K Z A M E T

Für 4 Personen
Besonders typisch

1 kg Kartoffeln
Salz, 1 EL Kartoffelmehl
3 EL süße Sahne
100 g Butter

1

Die Kartoffeln schälen, waschen, grob zerkleinern und in einem Topf mit Salzwasser etwa 20 Minuten garen. Das Wasser abgießen, die Kartoffeln zerstampfen und dabei das Kartoffelmehl und die Sahne einarbeiten.

2

Aus dem Kartoffelbrei mit einem Eßlöffel Flocken formen und auf vorgewärmten Tellern anrichten. Die Butter in einem Pfännchen zerlassen, etwas salzen und über das Flockzamet gießen.

VARIANTE: Manch einer liebt auf seinem Flockzamet noch geröstete Speckwürfel und knusprig gebratene Zwiebelscheiben.

Schneewittchenkuchen

Für 16 Stücke
Braucht etwas Zeit

Für den Teig:
300 g Butter, 300 g Zucker
6 Eier, 300 g Mehl, 125 g Stärkemehl
1 Päckchen Backpulver, 3 EL Kakao
Butter für das Blech
Für die Creme:
1 Päckchen Vanillepuddingpulver
1/2 l Milch, 3 EL Zucker, 250 g Butter
Außerdem:
1,5 kg entsteinte Sauerkirschen zum Belegen
150 g geraspelte Schokolade zum Bestreuen

1

Die Butter mit dem Zucker und den Eiern schaumig rühren. Das Mehl mit dem Stärkemehl vermischen, sieben und nach und nach unter die Buttermasse rühren, bei der letzten Portion Mehl das Backpulver mit einrühren. Den Teig in zwei Hälften teilen und eine Teighälfte mit dem Kakao verrühren.

2

Ein Backblech ausbuttern, den dunklen Teig darauf verteilen und den hellen Teig darübergeben. Einen Rand hochziehen und die gut abgetropften Sauerkirschen auf dem Teig verteilen. Den Kuchen im vorgeheizten Backofen bei 180 Grad (Umluft 160 Grad, Gas Stufe 2 bis 3) etwa 45 Minuten backen, herausnehmen und auskühlen lassen.

3

Inzwischen für die Creme das Puddingpulver mit etwas Milch und dem Zucker glattrühren. Die restliche Milch in einem Topf zum Kochen bringen, das angerührte Puddingpulver hineingießen, unter Rühren kurz aufkochen lassen, vom Herd nehmen und erkalten lassen. Dabei mehrfach umrühren, damit sich keine Haut bildet.

4

Die Butter in einer Schüssel schaumig rühren und eßlöffelweise unter den fast erkalteten Pudding schlagen, so daß eine glatte Buttercreme entsteht. Die Buttercreme auf den Kuchen streichen und die geraspelte Schokolade darüberstreuen.

Den Namen erhielt der Schneewittchenkuchen seiner Farben wegen: Schwarz ist der Teig, und rot leuchten die Kirschen unter der weißen Creme. Und diese drei Farben waren, wie man weiß, auch Schneewittchens schönste Zierde.

Landgräfin Elisabeth

Es ist schon viele Jahre her, da war in Thüringen eine Hungersnot ausgebrochen, so daß die Armen nichts mehr als Kräuter, Wurzeln und Wildfrüchte zu essen hatten. Landesmutter Elisabeth versuchte die Not zu lindern und verteilte mit vollen Händen milde Gaben an die Hungrigen. Als ihr Gemahl einmal nach Palermo reiste, ließ sie sogar ein Spital erbauen. Das aber mißfiel den Rittern, und sie zischten dem Landgraf bei seiner Rückkehr ins Ohr, daß seine Gemahlin noch die ganze Wartburg verschenken werde, wenn er nicht schnellstens Einhalt geböte. Als Elisabeth am nächsten Morgen wie immer mit ihren Mägden zur Stadt ging, kam plötzlich der Landgraf des Wegs und forderte Aufklärung über den Inhalt in den großen Körben, die schwer an den Armen der Frauen hingen. Elisabeth trat zu ihm, öffnete den Deckel ihres Korbes und – o Wunder – anstelle des Brotes lagen Rosen darin. Von da an ließ der Landgraf sie ungehindert gewähren, und sie tat weiterhin viel Gutes. Schon vier Jahre nach ihrem Tod wurde die Landgräfin, deren Leben nur kurz währte (1207 – 1231), für ihre große Barmherzigkeit heiliggesprochen.

Rudolstädter Festtagskuchen

Für 16 Stücke
Braucht etwas Zeit

Für den Teig:
125 g Butter, 125 g Zucker, 2 Eier, 250 g Mehl
1/2 Päckchen Backpulver, 1/8 l Milch, Butter für das Blech
Für den Belag:
150 g Butter, 350 g Zucker, 250 g Kokosraspel, 2 Eier
1,5 kg schwarze Johannisbeeren (oder Preiselbeeren)
Für den Guß:
125 g Puderzucker, 4 EL Zitronensaft

1

Die Butter mit dem Zucker und den Eiern schaumig rühren. Das Mehl mit dem Backpulver vermischen, sieben, nach und nach mit der Milch zugeben und alles zu einem glatten Teig verrühren.

2

Für den Belag die Butter in einem Topf zerlassen, 250 Gramm Zucker darin auflösen und die Kokosraspel unterrühren. Die Masse etwas auskühlen lassen und die Eier einrühren.

3

Die Beeren verlesen, waschen und in einem zweiten Topf in wenig Wasser zusammen mit dem restlichen Zucker 5 Minuten dünsten. Die Beeren herausnehmen und abtropfen lassen.

4

Ein Backblech ausbuttern und den Teig daraufstreichen. Im Abstand von 2 Zentimetern mit einem Löffel abwechselnd Beeren und Kokosmasse in schrägen Streifen auf dem Teig verteilen.

5

Den Kuchen im vorgeheizten Backofen bei 200 Grad (Umluft 180 Grad, Gas Stufe 3 bis 4) etwa 30 Minuten backen und auskühlen lassen. Den Puderzucker mit dem Zitronensaft verrühren und den Guß über dem Kuchen verteilen.

Dieser Kuchen kommt in Thüringen bei festlichen Anlässen zu jeder Jahreszeit auf die Kaffeetafel. Wenn es keine frischen Beeren gibt, nimmt man eben die eingeweckten aus der Vorratskammer.

Sandtörtchen

Für 12 Stück
Geht schnell

250 g Butter, 6 Eier
1/2 TL abgeriebene unbehandelte Zitronenschale
250 g Zucker, 250 g Mehl, Butter für die Förmchen

1

Die Butter in einer Schüssel schaumig rühren. Die Eier trennen und die Eigelbe zur Butter geben. Zitronenschale und Zucker zufügen und alles 10 Minuten schlagen. Das Mehl sieben und eßlöffelweise einrühren. Die Eiweiße steif schlagen und unterheben.

2

12 Backförmchen von 8 Zentimeter Durchmesser ausbuttern, den Teig einfüllen und im vorgeheizten Backofen bei 200 Grad (Umluft 180 Grad, Gas Stufe 3 bis 4) in etwa 10 Minuten hellgelb backen.

Sandtörtchen waren bei den »Thee-Gesellschaften« der Goethezeit immer dabei. Dazu gab es gezuckerten und zu Schaum geschlagenen sauren Rahm und starken schwarzen Tee, der mit Milch, Eigelb und Zucker veredelt wurde.

Tüschel

Für etwa 8 Stücke
Ganz einfach

10 Brötchen, 1/4 l Milch, 250 g süße Sahne, 6 Eier, 500 g Sauerkirschen
30 g Butter für die Form, Zimtzucker zum Bestreuen

1

Die Brötchen in Scheiben schneiden und in einer Schüssel mit Milch und Sahne übergießen. Die Eier zugeben und alles miteinander verrühren. Die Kirschen waschen, entsteinen und abtropfen lassen.

2

Eine feuerfeste Form ausbuttern, die Brotmasse einfüllen und die Kirschen darauf verteilen. Den Tüschel im vorgeheizten Backofen bei 200 Grad (Umluft 180 Grad, Gas Stufe 3 bis 4) etwa 25 Minuten backen und sofort mit Zimtzucker bestreut servieren.

Aprikosenkuchen

Für 16 Stücke
Braucht etwas Zeit

Für den Teig:
400 g Mehl, 25 g Hefe, 200 ml Milch, 1 kräftige Prise Salz
80 g weiche Butter, 2 EL Zucker, 2 Eigelb, Butter für das Blech
Für den Belag:
1,5 kg Aprikosen, 3 EL Semmelbrösel, 3 EL gehackte Mandeln, 3 EL Zucker
Für den Guß:
250 g Schmand, 4 Eier, 6 EL süße Sahne, 4 EL Himbeergeist
2 EL Zucker, 2 EL gemahlene Mandeln

1

Das Mehl in eine Schüssel sieben, in die Mitte eine Vertiefung drücken. Die Hefe mit etwas lauwarmer Milch verrühren, in die Vertiefung gießen und leicht mit Mehl bestäuben. Den Vorteig zugedeckt an einem warmen Platz 30 Minuten gehen lassen.

2

Den Vorteig von der Mitte aus verkneten, dabei Salz, die restliche Milch, Butter, Zucker und Eigelbe zugeben. Den Teig so lange schlagen, bis er sich vom Schüsselboden löst, und zugedeckt an einem warmen Platz 1 Stunde gehen lassen.

3

Inzwischen die Aprikosen waschen, halbieren und entsteinen. Den Teig zusammenstoßen und erneut durchkneten. Ein Backblech ausbuttern, den Teig darauf ausrollen, mehrmals mit der Gabel einstechen und einen Rand hochziehen.

4

Semmelbrösel, Mandeln und Zucker vermischen und auf den Teig streuen. Die Aprikosen darauf anordnen. Den Schmand mit Eiern, Sahne, Himbeergeist, Zucker und Mandeln verrühren und über die Aprikosen gießen. Den Kuchen im vorgeheizten Backofen bei 200 Grad (Umluft 180 Grad, Gas Stufe 3 bis 4) etwa 35 Minuten backen.

In Thüringen fallen die Kuchenstückchen auf der Kaffeetafel kleiner aus als etwa in Sachsen, denn auf einem »echt thüringischen« Kaffeetisch stehen sechs, sieben und mehr Kuchensorten, und die muß man alle kosten! Und man soll sich nicht täuschen lassen: Auch wenn der Teig flach ist – der Belag ist immer gehaltvoll!

Erst ganz reif gepflückt sind die Aprikosen saftig und aromatisch. Man schätzt sie als vorzüglichen Kuchenbelag, sie schmecken als Kompott, in Suppen und Konfitüren.

Gedeckter Apfelkuchen

Für 16 Stücke
Braucht etwas Zeit

Für den Teig:
375 g Mehl, 4 gestrichene TL Backpulver
75 g Zucker, 1 Päckchen Vanillezucker, 1 Eiweiß
1 Eigelb, 6 EL Milch, 150 g Butter, Mehl für die Arbeitsfläche
Butter für das Blech
Für die Füllung:
1,5 kg Äpfel, 100 g Rosinen, 150 g Zucker

1

Mehl und Backpulver vermischen und auf ein Backbrett sieben. In die Mitte eine Vertiefung drücken, Zucker, Vanillezucker, Eiweiß, das halbe Eigelb und 5 Eßlöffel Milch hineingeben und mit einem Teil des Mehls zu einem dicken Brei verrühren.

2

Die kalte Butter in Stücke schneiden, daraufgeben und mit Mehl bedecken. Von der Mitte her alle Zutaten rasch zu einem glatten Teig verkneten. Sollte er kleben, noch etwas Mehl zufügen. Die Hälfte des Teiges auf einer bemehlten Arbeitsfläche dünn ausrollen und eine Teigdecke ausschneiden. Ein Backblech ausbuttern. Die andere Teighälfte ausrollen und auf das Blech geben.

3

Die Äpfel schälen, vierteln, entkernen und in einem Topf mit 2 Eßlöffel Zucker und den Rosinen unter Rühren leicht dünsten. Die Mischung auskühlen lassen, den restlichen Zucker zufügen, auf den Teig geben und die Teigdecke darauflegen.

4

Den Rest Eigelb und Milch verrühren und die Teigdecke damit bestreichen. Mehrmals mit einer Gabel in die Teigdecke einstechen und den Kuchen im vorgeheizten Backofen bei 200 Grad (Umluft 180 Grad, Gas Stufe 3 bis 4) etwa 60 Minuten backen.

Hollersuppe

Für 4 Personen
Ganz einfach

500 g Holunderbeeren, 2 Äpfel
1 Stück unbehandelte Zitronenschale
1 Stück Zimtrinde, 2 Nelken, 100 g Zucker
1/4 l Rotwein, 2 EL Stärkemehl
100 g süße Sahne

1

Die Dolden waschen und die Beeren abstreifen. Die Äpfel schälen, vierteln, entkernen und in Achtel schneiden. In einem Topf 1 Liter Wasser zum Kochen bringen, die Früchte mit Zitronenschale, Zimtrinde und Nelken hineingeben und den Zucker einrühren.

2

Die Suppe 10 Minuten köcheln lassen und durch ein Sieb geben. Den Rotwein angießen und erhitzen. Das Stärkemehl in etwas kaltem Wasser verrühren und die Suppe damit binden. Den Topf vom Herd nehmen, die Sahne einrühren und die Suppe sofort servieren.

Das Thüringer Waldweibchen

Im Thüringer Wald kann es leicht geschehen, daß man beim Beerenpflücken einem Waldweibchen begegnet. Einer Bauersfrau ist es so ergangen. Das Waldweibchen hatte sie mit weinerlicher Stimme angefleht, ihr doch ein Brot mitzubacken und auf den Baumstumpf neben dem Hollerbusch zu legen. Der gutmütigen Bauersfrau, der selbst die Armut aus den Augen blickte, tat das kleine Weiblein leid, und sie legte bald darauf ein schönes, knuspriges rundes Brot hin. Als sie einige Tage später wieder an dem Hollerbusch vorbeikam und überlegte, ob das Brot dem kleinen Waldweibchen wohl geschmeckt haben möge, sah sie, daß es noch unversehrt dalag. Na sowas, dachte sie und wunderte sich sehr. Aber als sie es hochnahm, war es sehr schwer, und sie entdeckte darin einen großen Batzen Gold.

Apfelgelee nach Weimarer Art

Für 2 Gläser
Braucht etwas Zeit

20 stark duftende Rosenblütenblätter
1/2 l ungezuckerter Apfelsaft, 250 g Zucker

1
Den bitteren Stielansatz der Rosenblütenblätter abschneiden. Die Blätter mit kochendem Wasser übergießen, in eiskaltem Wasser abschrecken, auf einem Tuch ausbreiten und trocknen lassen.

2
Den Apfelsaft mit dem Zucker in einem Topf zum Kochen bringen, 5 bis 6 Minuten kochen lassen und dabei den Schaum abschöpfen. Die Rosenblütenblätter dazugeben und noch etwa 4 Minuten mitkochen.

3
2 vorgewärmte kleine Gläser auf ein feuchtes Tuch stellen, damit sie nicht platzen. Das Gelee sofort in die Gläser einfüllen, abkühlen lassen und mit Einmachfolie verschließen.

Um auszuprobieren, ob das Gelee fertig ist, gibt man einige Tropfen auf eine gut gekühlte Untertasse. Laufen die Tropfen nicht auseinander, ist das Gelee fertig.

Apfelgelee nach Ottilie von Goethe

Man schneidet unreife Äpfel (die vor der Reife abgefallenen Äpfel sind dazu sehr gut zu gebrauchen) ungeschält in Stücke, übergießt sie in einem Topf soweit mit Wasser, daß sie ganz davon bedeckt sind und kocht sie dann ganz weich, doch dürfen sie nicht zerbrechen. Hierauf läßt man sie eine Nacht stehen, dann gießt man die ganze Masse auf ein Tuch, läßt die Flüssigkeit vollständig ablaufen. Auf ein Nössel nimmt man ein 1/2 Pfund Zucker und kocht alles ziemlich rasch zu Gelee ein.« (1 Nössel entspricht einem knappen halben Liter Flüssigkeit. Das Flüssigkeitsmaß hatte zur damaligen Zeit unterschiedliche Mengenangaben. In Weimar entsprachen 4 Nössel einer Flüssigkeitsmenge von 1,85 Liter).

Sondershäuser Apfelkuchen

Für 16 Stücke
Braucht etwas Zeit

Für den Teig:
400 g Mehl
25 g Hefe, 100 g Zucker
200 ml Milch, 1 kräftige Prise Salz
100 g Butter, 1 Ei
Mehl für die Arbeitsfläche
Butter für das Blech
Für den Belag:
2 kg Äpfel, 1 Zitrone, 100 ml Leinöl
125 g Zucker zum Bestreuen

1

Das Mehl in eine Schüssel sieben, in die Mitte eine Vertiefung drücken. Die Hefe mit 1 Teelöffel Zucker in etwas lauwarmer Milch verrühren, in die Vertiefung gießen und leicht mit Mehl bestäuben. Den restlichen Zucker, das Salz, die Butter in Flöckchen und das Ei auf dem Mehlrand verteilen und den Vorteig zugedeckt an einem warmen Platz 15 Minuten gehen lassen.

2

Den Vorteig von der Mitte aus zusammen mit der restlichen Milch zu einem glatten Teig verkneten und zugedeckt an einem warmen Platz 1 Stunde gehen lassen. Inzwischen die Äpfel schälen, entkernen und in Spalten schneiden. Die Zitrone auspressen und die Äpfel mit dem Saft übergießen.

3

Den Teig zusammenstoßen, nochmals durchkneten und auf einer bemehlten Arbeitsfläche ausrollen. Ein Backblech ausbuttern, den Teig daraufgeben, mehrmals mit einer Gabel einstechen und einen Rand hochziehen.

4

Die Apfelspalten auf dem Teig verteilen, das Leinöl darüberträufeln und den Kuchen im vorgeheizten Backofen bei 200 Grad (Umluft 180 Grad, Gas Stufe 3 bis 4) etwa 30 Minuten backen. Den Apfelkuchen herausnehmen und mit Zucker bestreuen.

Apfel-Möhren-Marmelade

Für 4 Gläser
Braucht etwas Zeit

500 g Äpfel, 1 kg Möhren, 1 Stück unbehandelte Zitronenschale 1 Zitrone, 1 kg Zucker

1

Die Äpfel schälen, entkernen und in Spalten schneiden. Die Möhren putzen, waschen und kleinschneiden. Äpfel und Möhren mit der Zitronenschale in einem großen Topf auf kleiner Flamme so lange köcheln lassen, bis die Masse eindickt.

2

Den Zucker unterrühren und alles weiterköcheln lassen, bis die Mischung zu Marmelade eingedickt ist. Die Zitrone auspressen und den Saft einrühren. Die Marmelade in 4 saubere, heiß ausgespülte Halblitergläser füllen und mit Einmachfolie abdecken.

Der Sommerabend

O sieh, wie ist die Sonne müd',
Sieh, wie sie still nach Hause zieht!
Der Kirsche, die am Baume lacht,
Hat rote Backen sie gemacht.
Und wo im Feld die Ähre schwankt,
Und wo am Pfahl die Rebe rankt,
Gleich kümmert sich die drum,
Hängt ihnen Laub und Blüten um.
Und wirklich wahr: allüberall,
Wo irgend nur die Sens' im Tal
Durch Gras und durch die Halme ging,
Da macht sie Heu. Wie geht das flink!
Es will was sagen, meiner Treu,
Am Morgen Gras, am Abend Heu.

Johann Peter Hebel

Rote Grütze

Für 4 Personen
Ganz einfach

500 g Johannisbeeren
200 g Zucker, 1 Prise Salz
1 EL Stärkemehl
50 g gehackte Mandeln
1 EL kalte Butter

1

Die Johannisbeeren verlesen, waschen und mit einer Gabel von den Rispen streifen. Die Beeren in einem Topf zusammen mit 3/8 Liter Wasser, Zucker und Salz zum Kochen bringen und aufwallen lassen.

2

Das Stärkemehl in etwas kaltem Wasser verquirlen, einrühren und aufkochen lassen. Den Topf vom Herd nehmen, die Mandeln zufügen und die Butter unterschlagen.

3

Die Grütze in eine Schüssel füllen und kalt stellen. Mit gesüßter Schlagsahne zu Tisch bringen.

Menü des Monats

Grüne Bohnensuppe
Heringspfanne mit Spinat
Schneewittchenkuchen

Die Küche

Wenn die Obstbäume voller Früchte hängen und die letzte Sommersonne tanken, wenn die Herbstgemüse allmählich auf den »Küchengang« warten, macht es Spaß, Freunde einzuladen und sie – wie es in Thüringen Brauch ist – mit süßen und deftigen Blechkuchen zu verwöhnen.

IM AUGUST

Saftige Birnen und geräucherter Speck ergeben ein perfektes Paar, wenn sie sich im knusprig gebratenen Pfannkuchen vereinen. Je aromatischer die Birnen, desto größer der Genuß! Dazu schmeckt eine Tasse Kaffee oder ein Glas Bier.

Was es im August

Leber

Ob Geflügel-, Rinder-, Lamm- oder Schweineleber: Von den Innereien ist die Leber der zarteste Teil. Außerdem ist sie äußerst vitaminreich – sie enthält viel Vitamin A –, bekömmlich, sehr schmackhaft und bei der Zubereitung wenig zeitaufwendig. Gewürzt wird immer nach dem Braten, damit sie nicht hart wird.

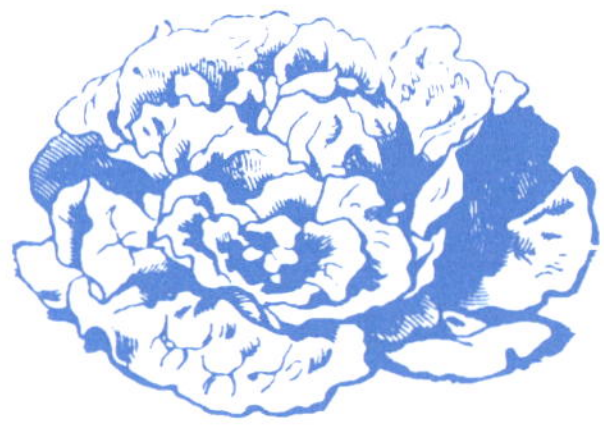

Kopfsalat

Kopfsalat muß immer knackig frisch sein und wird deshalb grundsätzlich erst kurz vor dem Servieren angerichtet. Durch seinen reichlichen Vitamin-A-Gehalt – nicht nur im gelben Herz, sondern auch in den grünen Blättern – ist er sehr gesund. Und er hat noch einen weiteren Vorzug: Man kriegt ihn niemals satt, denn mit verschiedenen Marinaden wird er immer wieder zum Genuß.

Birnen

Wegen ihres lieblichen Aromas und ihrer angenehmen Süße wird die Birne sehr geschätzt. Und doch »verkneift« sie sich manch einer, weil er glaubt, sie mache dick – ein Irrtum. Birnen sind zwar süßer als Äpfel, aber ihr Zuckergehalt entspricht dem eines Apfels, nur ihr Säuregehalt ist geringer. Birnen schmecken pur, gleich von der Hand in den Mund, besonders gut, wenn Käse in Reichweite liegt. Außerdem kann man köstliche Süßspeisen und Kuchen aus ihnen bereiten sowie Herzhaftes veredeln. Gepflückt werden sie, sobald sich der Stiel vom Zweig löst, also noch bevor sie ganz reif sind.

Alles Gutes gibt...

Pfeffer

In der Küche hat der Pfeffer seinen festen Platz. Aber nur wenn er frisch gemahlen aus der Pfeffermühle an die Speisen kommt, belohnt er uns mit seiner umwerfenden Würzkraft. Pfefferkörner sind grün, weiß oder schwarz, wobei die grünen Körner frisch vom Pfefferbaum kommen, während der weiße und der schwarze Pfeffer bereits getrocknet sind. Am feurigsten würzt der schwarze Pfeffer.

Äpfel

Über Rosen läßt sich dichten, in die Äpfel muß man beißen«, erkannte bereits Goethe, und man kann sich vorstellen, wie er genußvoll und krachend in einen rotbackigen Apfel hineingebissen hat. Äpfel gibt es das ganze Jahr über – süße und saure, golden leuchtende, rote, grüne, riesengroße, kleine, harte, mürbe, schrumpelige. Am besten schmecken die frischen, denn sie sind voller Sommersonne, duften nach Sommerwiesen und veredeln Kuchen, Desserts oder Suppen. Wer jeden Abend vor dem Schlafengehen einen Apfel ißt, leidet garantiert nicht unter Schlaflosigkeit und wird obendrein noch vor der Gicht bewahrt.

Typisch für den August

Leber	*Birnen-Leber-Toast*	*Seite 206*
Kopfsalat	*Kopfsalat in saurer Sahne*	*Seite 206*
Birnen	*Pfannkuchen mit Birnen und Speck*	*Seite 207*
Pfeffer	*Thüringer Kachelwurst*	*Seite 209*
Äpfel	*Thüringer Apfelsuppe*	*Seite 228*

Birnen-Leber-Toast

Für 4 Personen
Ganz einfach

400 g Geflügelleber, 1 EL Mehl
4 Scheiben Landbrot, 150 g Butter
8 Kopfsalatblätter, 2 saftige Birnen
Salz, frisch gemahlener weißer Pfeffer
1-2 EL Schmand

1

Die Geflügelleber in Mehl wenden. Die Brotscheiben mit 50 Gramm Butter bestreichen. Die Salatblätter waschen, trockenschleudern und je 2 Blätter auf eine Brotscheibe legen. Die Birnen schälen, halbieren und entkernen.

2

50 Gramm Butter in einer Pfanne erhitzen und die Birnenhälften kurz darin schwenken. Die restliche Butter in einer zweiten Pfanne erhitzen, die Geflügelleber 8 Minuten darin braten, mit Salz und Pfeffer würzen und auf den Salatblättern anrichten. Jeweils eine Birnenhälfte daraufsetzen und mit einem Schmandklecks verzieren.

Kopfsalat in saurer Sahne

Für 4 Personen
Ganz einfach

2 Kopfsalat, 125 g saure Sahne, 2 EL Zitronensaft, 1/2 TL Zucker
1 kräftige Prise Salz, 2 EL fein gehackte Schnittlauchröllchen

1

Den Salat verlesen, in mundgerechte Stücke teilen, waschen, trockenschleudern und locker in einer Schüssel anrichten.

2

Saure Sahne, Zitronensaft, Zucker und Salz verrühren und vorsichtig mit dem Salat vermischen. Die Schnittlauchröllchen darüberstreuen und den Salat sofort servieren.

Pfannkuchen mit Birnen und Speck

Für 4 Personen
Ganz einfach

4 Birnen, 4 EL Obstgeist
8 Eier, 1/8 l Milch, 125 g süße Sahne
je 1 kräftige Prise Salz und Zucker
250 g Mehl, 1/2 TL Backpulver
500 g Schinkenspeck
2 EL Öl

1

Die Birnen schälen, entkernen, in Spalten schneiden und mit dem Obstgeist marinieren. Die Eier mit Milch, Sahne, Salz und Zucker verquirlen, dabei nach und nach das Mehl und das Backpulver einrühren, und den Teig 30 Minuten quellen lassen.

2

Den Schinkenspeck in dünne Scheiben schneiden. In einer Pfanne 1/2 Eßlöffel Öl erhitzen, den Schinkenspeck darin knusprig braten, herausnehmen und warm stellen.

3

1/4 des Teiges in die Pfanne gießen. 1/4 der Birnenspalten hineindrücken und so lange backen, bis der Pfannkuchen sich wenden läßt. Die Rückseite goldbraun backen, den Pfannkuchen herausnehmen, mit Schinkenspeck belegen und warm stellen. Auf die gleiche Weise 3 weitere Pfannkuchen backen, vorher jeweils 1/2 Eßlöffel Öl in die Pfanne geben.

Nackensteak nach Altthüringer Art

Für 4 Personen
Braucht etwas Zeit

2 mittelgroße Kartoffeln, 1 Ei
1 EL Stärkemehl, Salz, Öl, 4 Schweinenackensteaks à 200 g
frisch gemahlener schwarzer Pfeffer
250 g frische Waldpilze (Maronen, Pfifferlinge, Rotkappen, Steinpilze)
2 kleine Zwiebeln, 50 g Butter, 1 Bund Petersilie
4 EL Schmand

1

Die Kartoffeln schälen, waschen und in eine Schüssel reiben. Ei, Stärkemehl und Salz zugeben, alles miteinander vermengen und 4 handtellergroße Puffer daraus formen. Die Puffer in einer Pfanne in heißem Öl auf beiden Seiten goldbraun braten und warm stellen.

2

Die Steaks waschen, trockentupfen, salzen und pfeffern. Das Fleisch in einer Pfanne in heißem Öl auf beiden Seiten knusprig braten und warm stellen.

3

Die Pilze säubern, putzen und kleinschneiden. Die Zwiebeln pellen und fein hacken. Die Butter in einer Pfanne zerlassen und die Pilze mit den Zwiebeln darin knusprig braten. Die Petersilie abbrausen, trockentupfen und bis auf 4 kleine Sträußchen fein hacken.

4

Jeweils einen Puffer auf die vorgewärmten Teller geben, je ein Steak darauflegen und die Pilze zusammen mit der gehackten Petersilie darüber verteilen. Jede Portion mit einem Klecks Schmand und einem Petersiliensträußchen garnieren.

Dazu schmeckt ein kühles Bier und hinterher ein Kräuterschnaps.

VARIANTE: Weil die Fleischportionen früher selten reichlich ausfielen, streute die fürsorgliche Hausfrau meist noch in Schmalz oder Speck geröstete Schwarzbrotwürfel obenauf, so daß die Portion riesengroß wirkte und jeder von vornherein das Gefühl hatte, satt zu werden. Es lohnt sich, diese Variante auszuprobieren!

Thüringer Kachelwurst

Für 4 Personen
Ganz einfach

1 kg Schweineschulter, 3 Zwiebeln
1 Lorbeerblatt, 2 Petersilienstengel, Salz
6 Semmeln, frisch gemahlener weißer Pfeffer
2 TL Majoran, 1/4 l frisches Schweineblut (vom Metzger)
100 g frisches Wurstfett (vom Metzger)

1

Die Schweineschulter mit einer geschälten Zwiebel, dem Lorbeerblatt und den Petersilienstengeln in 2 Liter Salzwasser zum Kochen bringen und 1 Stunde leise köcheln. Das Fleisch herausnehmen, auskühlen lassen und in Würfel schneiden. Die Brühe durch ein Sieb gießen.

2

Die Semmeln in Würfel schneiden, in einer Schüssel mit der Hälfte der heißen Brühe übergießen und zu einem Brei verrühren. Die anderen Zwiebeln schälen und würfeln. Fleisch- und Zwiebelwürfel mit dem Semmelbrei vermengen, mit Salz, Pfeffer und Majoran würzen und das Schweineblut einrühren.

3

Eine feuerfeste Pfanne dick mit dem Wurstfett ausstreichen, die Fleischmasse einfüllen und im vorgeheizten Backofen bei 200 Grad (Umluft 180 Grad, Gas Stufe 3 bis 4) 50 Minuten backen. Die Kachelwurst auskühlen lassen, in Portionen schneiden und nochmals 10 Minuten bei gleicher Temperatur im Ofen überbacken.

Eisenacher Nierchen

Für 4 Personen
Braucht etwas Zeit

4 Schweinenieren
Salz, frisch gemahlener weißer Pfeffer
100 g Butter, 150 g durchwachsener Speck
500 g Sauerkraut, 1/8 l Fleischbrühe

1

Die Nieren 3 Stunden wässern, halbieren, die weißen Gefäße herausschneiden und die Außenhäute abziehen. Die Nieren waschen, trockentupfen, in feine Streifen schneiden und mit Salz und Pfeffer würzen. In einer Pfanne 30 Gramm Butter erhitzen, das Fleisch darin 3 Minuten anbraten, herausnehmen und abtropfen lassen. Den Speck in Scheiben schneiden.

2

Eine Auflaufform ausbuttern und mit Speckscheiben belegen. Die Hälfte des Sauerkrauts einfüllen, die Nierchen darauflegen und das restliche Sauerkraut obenauf verteilen. Die Brühe angießen, die restliche Butter in Flöckchen daraufsetzen und alles im vorgeheizten Backofen bei 200 Grad (Umluft 180 Grad, Gas Stufe 3 bis 4) 30 Minuten garen.

Alte Thüringer Hausfrauen-Weisheit:
S' erschte Jahr muß me seinen Mann zieh', ost hat me's Späl verluren.

Kalbsleber mit Steinpilzen

Für 4 Personen
Ganz einfach

800 g Kalbsleber
150 g Butter, 1 EL Zwiebelwürfel
200 g Steinpilze, 1/8 l Rotwein
1/4 l Fleischbrühe, 1 EL eisgekühlte Butter
Salz, frisch gemahlener Pfeffer, 2 EL gehackte Petersilie

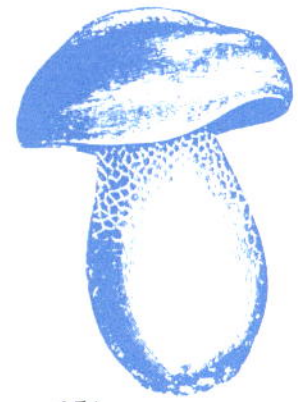

1

Die Kalbsleber häuten und in Streifen schneiden. Die Hälfte der Butter in einer Pfanne erhitzen, die Leber darin anbraten, herausnehmen und warm stellen.

2

Die Zwiebelwürfel in die gleiche Pfanne geben. Die Steinpilze putzen, in Scheiben schneiden und beiseite stellen. Die Pilzreste zu den Zwiebeln geben, erhitzen, mit Rotwein ablöschen und 5 Minuten köcheln lassen.

3

Die Fleischbrühe angießen, alles 10 Minuten auf kleiner Flamme weiterköcheln lassen, den Topf vom Herd nehmen und den Fond durch ein Sieb passieren. Die eisgekühlte Butter in die Sauce einrühren.

4

Die Leber mit Salz und Pfeffer würzen, in die Sauce legen und die Petersilie darübergeben. Die Steinpilze in der restlichen Butter schwenken und zur Kalbsleber geben. Die Leber mit Bröckelkloß (Seite 212) und Kopfsalat (Seite 206) zu Tisch bringen.

Bröckelkloss

Für 4 Personen
Ganz einfach

1 kg gekochte Kartoffeln, Salz
frisch gemahlener weißer Pfeffer, 120 g Butter

1

Die Kartoffeln zerdrücken oder durch die Kartoffelpresse geben und mit Salz und Pfeffer würzen. In einer Pfanne 30 Gramm Butter erhitzen, 1/4 der Kartoffelmasse hineingeben und bei milder Hitze auf einer Seite goldgelb braten.

2

Den Bröckelkloß mit der gebratenen Seite nach oben auf einen Teller geben und warm stellen. Auf die gleiche Weise 3 weitere Bröckelklöße zubereiten.

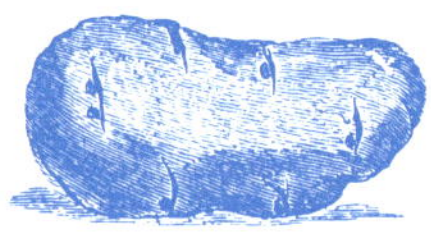

Flockzamet mit Speck

Für 4 Personen
Preiswert

1,5 kg Kartoffeln
2 EL Kartoffelmehl, 1/2 TL Salz
1/8 l Milch, 400 g fetter Räucherspeck

1

Die Kartoffeln in der Schale kochen, pellen und in einer Schüssel zerstampfen. Kartoffelmehl und Salz darübergeben. Die Milch erhitzen, zu den Kartoffeln geben und alles zu einem festen Teig verkneten.

2

Den Speck in kleine Würfel schneiden und in einer Pfanne auslassen. Vom Teig kleine mundgerechte Flöckchen abnehmen und im Speckfett einige Minuten backen. Das Flockzamet auf einer Platte anrichten, das restliche Speckfett darübergießen und mit Kopfsalat (Seite 206) servieren.

Saalfelder Detscher

Für 4 Personen
Preiswert

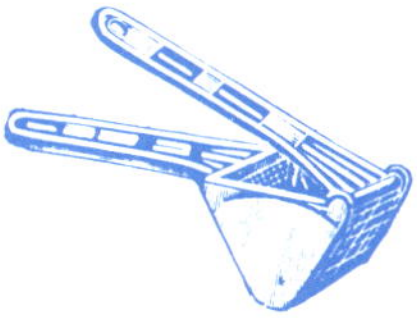

1 kg Kartoffeln, 1 Ei
1-2 EL Kartoffelmehl, 1/2 TL Salz
Kartoffelmehl für die Arbeitsfläche
Butter zum Braten

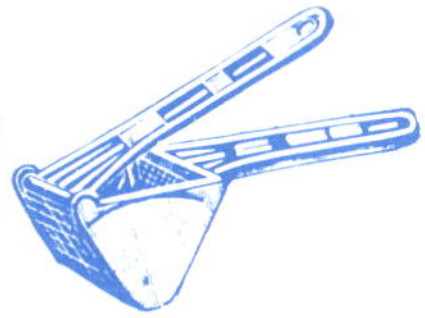

1

Die Kartoffeln in der Schale kochen, pellen und durch die Kartoffelpresse in eine Schüssel drücken. Ei, Kartoffelmehl und Salz zur Kartoffelmasse geben und alles zu einem Teig verkneten.

2

Den Teig auf einer bemehlten Arbeitsfläche 4 Millimeter dick ausrollen und Rechtecke von 8x12 Zentimetern ausschneiden. Die Butter in einer Pfanne erhitzen und die Detscher darin nacheinander auf beiden Seiten goldbraun braten.

Saalfelder Detscherfest

Auf geht's zum Detscherfest nach Saalfeld – am letzten Samstag im August. Dort wird das Kartoffelgebäck so gebraten wie anno dazumal, als es noch ein Arme-Leute-Essen war: auf der Herdplatte von Omas nostalgischem Kohleofen. Zu Hause kann man sich den Gaumenspaß nachbereiten – am besten in einer beschichteten Pfanne ohne Fett (Seite 222). Aber auch in Butter gebraten schmecken sie wunderbar. Saalfeld hat natürlich noch mehr Attraktionen, von denen man eine auf keinen Fall versäumen darf: die Feengrotten – es sind die farbenreichsten Grotten der Welt!

BOHNENAUFLAUF

Für 4 Personen
Preiswert

500 g Kartoffeln
1 kg grüne Bohnen, 3 Zwiebeln
125 g Schinkenspeck, 2 Eier, 1 EL Mehl
Salz, frisch gemahlener weißer Pfeffer
20 g Butter für die Form

1

Die Kartoffeln in der Schale kochen, pellen und durch die Kartoffelpresse drücken. Die Bohnen waschen, putzen, die Fäden abziehen und die Bohnen durch den Fleischwolf drehen. Die Zwiebeln schälen und fein hacken. Den Speck in kleine Würfel schneiden und in einer Pfanne kroß ausbraten.

2

Die Bohnen mit Zwiebeln, Speck, Eiern, Mehl und der Kartoffelmasse vermischen und mit Salz und Pfeffer würzen. Eine Auflaufform ausbuttern, die Bohnenmasse einfüllen und den Auflauf im vorgeheizten Backofen bei 200 Grad (Umluft 180 Grad, Gas Stufe 3 bis 4) etwa 30 Minuten backen.

Dazu schmecken knusprig gebratene Thüringer Bratwürste.

Bohnen machen nicht nur Suppen und Salate zum sommerlichen Eßgenuß! In Verbindung mit Speck, Kartoffeln, Zwiebeln, Butter und Eiern werden sie zum köstlichen Eintopf.

Apfelklösse

Für 4 Personen

Preiswert, raffiniert

3 Eier, 80 g Butter
1/8 l Milch, Salz, 250 g Mehl
1 kg Äpfel, 1 Zitrone
Zimtzucker zum Bestreuen

1

Die Eier in einer Schüssel schaumig rühren. 30 Gramm Butter in einem Pfännchen zerlassen und zusammen mit der Milch und einer kräftigen Prise Salz gründlich unter die Eier rühren. Das Mehl sieben, nach und nach zugeben und alles zu einem glatten Teig verrühren.

2

Die Äpfel schälen, vierteln und entkernen. Die Zitrone auspressen. Die Apfelviertel in kleine Würfel schneiden, mit dem Zitronensaft marinieren und unter den Teig heben.

3

In einem Topf reichlich Wasser mit etwas Salz zum Kochen bringen. Mit einem Eßlöffel Klößchen vom Teig abstechen und 10 Minuten im siedenden Wasser ziehen lassen. Die restliche Butter in einem Pfännchen zerlassen und leicht bräunen.

4

Die Klößchen mit einer Schaumkelle herausnehmen, abtropfen lassen und auf einer vorgewärmten Platte anrichten. Die Klößchen mit reichlich Zimtzucker bestreuen, die gebräunte Butter darübergießen und sofort servieren.

»Früchte bringet das Leben dem Mann; doch hangen sie selten rot und lustig am Zweig, wie uns ein Apfel begrüßt.«

Johann Wolfgang von Goethe

Pflaumenklösse

Für 4 Personen
Ganz einfach

750 g Kartoffeln
2 Eier, Salz, 100 g Mehl
2 EL Stärkemehl, 16 Pflaumen
16 Stück Würfelzucker
2 EL Butter
150 g Semmelbrösel

1

Die Kartoffeln in der Schale kochen, pellen, durch die Kartoffelpresse in eine Schüssel drücken und zusammen mit den Eiern, einer kräftigen Prise Salz, Mehl und Stärkemehl verkneten.

2

Die Pflaumen waschen, entsteinen und mit je einem Stück Würfelzucker füllen. Aus dem Teig 8 Klöße formen, dabei jeweils 2 Pflaumen in die Mitte geben.

3

In einem Topf reichlich Wasser mit etwas Salz zum Kochen bringen, die Klöße hineingeben, das Wasser nochmals kurz aufkochen lassen und die Klöße im siedenden Wasser 20 Minuten ziehen lassen.

4

Die Butter in einer Pfanne zerlassen und die Semmelbrösel darin goldbraun rösten. Die Klöße mit einer Schaumkelle herausnehmen und abtropfen lassen. Jeweils zwei Klöße auf vorgewärmte Teller setzen und die Semmelbrösel darübergeben.

Auch mit einem fruchtigen Pflaumenmus (Seite 220) werden die Klöße zum Genuß. Wer die Mühe nicht scheut, erntet garantiert viel Lob!

VARIANTEN: Wer es deftig liebt, kann die Klöße anstelle von Pflaumen auch mit einer Fleischfülle zubereiten: 150 Gramm kleingewürfelten gekochten Schinken, 250 Gramm Hackfleisch (halb Rind, halb Schwein), etwas Salz und Pfeffer und 1 Eßlöffel feine Zwiebelwürfel gut vermischen und die Klöße damit füllen. Eine andere Möglichkeit: 50 Gramm Speck in kleine Würfel schneiden und in einer Pfanne auslassen. 150 Gramm gewaschenen, fein geschnittenen Porree dazugeben und einige Minuten dünsten. Die Füllung auskühlen lassen und in die Kloßmasse geben.

KLÖSSE MIT FRUCHTSAUCE

Für 4 Personen
Preiswert

Für die Klöße:
1,5 kg Kartoffeln
100 g durchwachsener Räucherspeck
1 Landbrotkanten (etwa 50 g)
2 Eier, 100 g Mehl, 50 g Stärkemehl, Salz
Für die Sauce:
125 g durchwachsener Räucherspeck
1 EL Stärkemehl, 500 g Pflaumenmus (Seite 220)
100 g Mandelsplitter

1

Die Kartoffeln in der Schale kochen, pellen und durch die Kartoffelpresse in eine Schüssel drücken. Speck und Brotkanten in kleine Würfel schneiden und in einer Pfanne knusprig braten. Speck, Eier, Mehl, Stärkemehl und 1/2 Teelöffel Salz zur Kartoffelmasse geben und alles gut vermischen.

2

In einem Topf reichlich Salzwasser zum Kochen bringen. Mit nassen Händen Klöße aus dem Teig formen, in den Topf geben und im siedenden Wasser 20 Minuten ziehen lassen.

3

Für die Sauce den Speck in kleine Würfel schneiden und in einer Pfanne goldgelb rösten. Das Mehl darüberstäuben, 1/4 Liter Wasser angießen und alles glattrühren. Zuletzt das Pflaumenmus unterrühren.

4

Die Mandelsplitter in einem Pfännchen goldgelb rösten. Die Klöße auf vorgewärmten Tellern anrichten, die Fruchtsauce darübergießen und mit den gerösteten Mandelsplittern garnieren.

Hefeklösse mit Heidelbeersauce

Für 4 Personen
Preiswert

Für die Klöße:
500 g Mehl, 30 g Hefe, 50 g Zucker
1/8 l Milch, 2 Eier, 125 g Butter, Salz
abgeriebene Schale von 1 unbehandelten Zitrone
Für die Sauce:
500 g Heidelbeeren, 100 g Zucker
1 EL Zitronensaft

1

Das Mehl in eine Schüssel sieben, in die Mitte eine Vertiefung drücken. Hefe und Zucker in der lauwarmen Milch verrühren, in die Vertiefung gießen, leicht mit Mehl bestäuben und den Vorteig zugedeckt an einem warmen Platz 15 Minuten gehen lassen.

2

Den Vorteig von der Mitte aus zusammen mit den Eiern, 50 Gramm weicher Butter, einer kräftigen Prise Salz und der Zitronenschale zu einem glatten Teig verkneten und zugedeckt an einem warmen Platz 1 Stunde gehen lassen.

3

Inzwischen die Heidelbeeren verlesen und waschen. Die Beeren in einem Topf mit wenig Wasser, Zucker und Zitronensaft zum Kochen bringen und 3 bis 5 Minuten dünsten.

4

Den Teig zusammenstoßen, nochmals durchkneten, Klöße daraus formen und 10 bis 15 Minuten an einem warmen Platz ruhen lassen. In einem Topf reichlich Wasser mit etwas Salz zum Kochen bringen und die Klöße im siedenden Wasser etwa 10 Minuten darin garen.

5

Inzwischen die restliche Butter in einem Pfännchen zerlassen. Die Klöße herausnehmen und sofort aufreißen, damit sie nicht zusammenfallen. Die Klöße mit der Butter übergießen und mit der Sauce servieren.

VARIANTEN: Mancherorts wird noch eine Vanillesauce (Seite 322) dazu gereicht. Anstelle der Heidelbeeren schmeckt auch ein Pflaumenkompott (220).

Pflaumenmus

Für 2 Gläser à 1,5 Liter
Ganz einfach

3 kg Pflaumen, 1 TL Zimt, 2 gemahlene Nelken, Zucker nach Belieben

1

Die Pflaumen waschen, entsteinen und durch den Fleischwolf drehen. Die Masse zusammen mit Zimt, Nelken und Zucker nach Geschmack in die Grillpfanne des Backofens geben.

2

Das Mus im vorgeheizten Backofen bei 160 Grad (Umluft 140 Grad, Gas Stufe 1 bis 2) etwa 4 Stunden einkochen, dabei die Tür einen Spaltbreit offen lassen und eine Holzwäscheklammer dazwischenstecken. Hin und wieder umrühren. Das Mus ist fertig, wenn es sich mit dem Kochlöffel teilen läßt und nicht gleich wieder zusammenfließt.

3

Das Mus in saubere Offset-Gläser mit Schraubverschluß füllen und für einige Minuten bei gleicher Temperatur in den Backofen stellen, bis sich an der Oberfläche eine Kruste bildet. Die Gläser mit Einkochfolie zubinden.

In verschlossenen Gläsern hält sich das Pflaumenmus den ganzen Winter über. Ein angebrochenes Glas am besten im Kühlschrank aufbewahren.

Pflaumenkompott

Für 4 Personen
Ganz einfach

500 g Pflaumen, 100 g Zucker, 1 Stück Zimtrinde

1

Die Pflaumen waschen, entsteinen und halbieren. In einem Topf reichlich 1/8 Liter Wasser mit Zucker und Zimtrinde zum Kochen bringen, die Pflaumen zufügen und zugedeckt 5 Minuten ziehen lassen. Die Zimtrinde entfernen und das Kompott abkühlen lassen.

VARIANTE: Mit einem Schuß Rotwein läßt sich das Kompott zusätzlich verfeinern. Auf die gleiche Weise kann man auch ein Renekloden- oder Mirabellenkompott herstellen.

Muskräppelchen aus Gothe (Gotha)

Für etwa 16 Stück
Besonders typisch

500 g Mehl, 2 gestrichene TL Backpulver
150 g Zucker, 1 kräftige Prise Salz, 1 EL Rum, 3 Eier
150 g Butter, Mehl für die Arbeitsfläche, Pflaumenmus zum Füllen
Schmalz oder Öl zum Ausbacken, Puderzucker zum Bestäuben

1

Mehl und Backpulver vermischen, in eine Schüssel sieben und in die Mitte eine Vertiefung drücken. Zucker, Salz, Rum und Eier hineingeben und mit einem Teil des Mehls zu einem dicken Brei verrühren.

2

Die kalte Butter in Stücke schneiden, auf dem Brei verteilen und mit Mehl bedecken. Von der Mitte her alles zu einem glatten Teig verkneten und den Teig 1 Stunde kalt stellen.

3

Den Teig auf einer bemehlten Arbeitsfläche 1 Zentimeter dick ausrollen und mit einem Likörglas Kreise von 5 Zentimeter Durchmesser ausstechen. Auf die Hälfte der Kreise einen Klecks Pflaumenmus geben, die anderen Kreise daraufsetzen und die Ränder gut andrücken.

4

Das Backfett erhitzen und die Muskräppelchen darin schwimmend goldbraun backen. Das Gebäck mit einem Schaumlöffel herausnehmen, abtropfen lassen und dick mit Puderzucker besieben.

Muskräppelzeit in Gotha

So war das immer in Gotha: Im August beginnt für die Bäcker die Muskräppelzeit. Im Fenster liegen sie allerdings nie lange, denn gekauft werden sie nicht unter einem halben Dutzend – und meist sofort auf der Gasse verschluckt. Wie heißt es doch: »Salber assen macht fett! Muskräppelchen kunn' e früh un zn Möttagsbrute un nochmöttge un ooch s'abends noch muffele.«

SÜSSE DETSCHER

Für 4 Personen
Besonders typisch

800 g Kartoffeln, 2 Eier, 100 g Mehl
1 EL Stärkemehl, 1/2 TL Salz, Mehl für die Arbeitsfläche
200 g zerlassene Butter, 100 g Zucker

1

Die Kartoffeln in der Schale kochen, pellen und durch die Kartoffelpresse in eine Schüssel drücken. Eier, Mehl, Stärkemehl und Salz zur Kartoffelmasse geben und alles zu einem Teig verkneten.

2

Den Teig auf einer bemehlten Arbeitsfläche ausrollen und Quadrate von 12x12 Zentimetern ausschneiden. Eine beschichtete Pfanne erhitzen und die Detscher darin ohne Fett auf beiden Seiten goldgelb backen. Die Detscher in eine Schüssel schichten, die Butter darübergießen, mit Zucker bestreuen und sofort servieren. Dazu gehört eine Tasse Kaffee.

Detscher sind ein Traditionsessen, bei dem sich die ganze Familie um den Tisch versammelt. Jeder greift in die Schüssel, rollt einen Detscher auf und ißt ihn gleich von der Hand in den Mund.

THÜRINGER »AUGUSTSCHDIMMUNG«

Was einst dem Eisenacher »Bärger« Ede Zahn, der einer uralten Glaserfamilie entstammte, zur »Augustschdimmung« eingefallen ist: »Wenn uffs Bräitengeschäid de Häidn blieht,/ wenn der Schitzenzug nach die Milchkammer zieht,/ wemme drbäi is de Beeren zu most/ und de Gorken uffs Markt fast nischt mehr tun kost,/ wemme die erschte Pflaumen sieht lieg/ un die Muerschwalben nach Afrika tun flieg,/ wenne Sensen dorch dn Goldährn faucht/ un s ärschte Karottelfäierchen raucht,/ wemme sich schwarze Beer kann gekauft/ un tut mit ne blaue Guschen rumlauf/ un die lätzte Schattenmorällen nuutscht, da simme dann in dn August niingerutscht.«

Semmeleierkuchen mit Heidelbeeren

Für 4 Personen
Geht schnell

4 Semmeln, 4 Eier
knapp 1/2 l Milch, 1 kräftige Prise Salz, 125 g Mehl
400 g Heidelbeeren, 4 EL Öl, Zimtzucker zum Bestreuen

1

Die Semmeln in kleine Würfel schneiden und mit den Eiern, der Milch und dem Salz verrühren. Das Mehl sieben und nach und nach einrühren. Die Heidelbeeren verlesen, waschen, abtropfen lassen und zum Teig geben.

2

1 Eßlöffel Öl in einer Pfanne erhitzen, 1/4 des Teiges einfüllen, den Eierkuchen auf beiden Seiten goldgelb backen und warm stellen. Auf die gleiche Weise 3 weitere Eierkuchen backen und mit Zimtzucker bestreut sofort servieren.

Zwiebackeierkuchen

Für 4 Personen
Preiswert, ganz einfach

200 g Zwieback, knapp 1/2 l Milch, 100 g Mehl, 8 Eier
100 g Zucker, 1 kräftige Prise Salz, 100 g geriebene Mandeln, 4 EL Öl

1

Den Zwieback zerkleinern und in eine Schüssel geben. Die Milch in einem Topf erwärmen und über den Zwieback gießen. Das Mehl sieben, mit Eiern, Zucker, Salz und Mandeln zur Zwiebackmasse geben und alles gut verrühren.

2

1 Eßlöffel Öl in einer Pfanne erhitzen, 1/4 des Teiges einfüllen, den Eierkuchen auf beiden Seiten goldgelb backen und warm stellen. Auf die gleiche Weise 3 weitere Eierkuchen backen und zusammen mit Heidelbeerkompott oder Pflaumenkompott (Seite 220) zu Tisch bringen.

A P F E L K U C H E N

Für 16 Stücke
Braucht etwas Zeit, läßt sich vorbereiten

Für den Teig:
250 g Mehl, 15 g Hefe, 50 g Zucker
1/8 l Milch, 1 kräftige Prise Salz, 80 g Butter
1 TL abgeriebene unbehandelte Zitronenschale
Mehl für die Arbeitsfläche, Butter für das Blech
Für den Belag:
2 Zitronen, 1,5 kg Äpfel, 100 g Zucker, 1/2 TL Zimt
4 EL gehackte Mandeln, 2 EL Rosinen, 100 g Butter
Für das Gitter:
250 g Mehl, 100 g Butter, 100 g Zucker, 1 Ei
3 EL Milch, 1 gestrichener TL Backpulver
Mehl für die Arbeitsfläche
Außerdem:
100 g Butter zum Bestreichen
125 g Puderzucker zum Bestreuen

1

Das Mehl in eine Schüssel sieben, in die Mitte eine Vertiefung drücken. Die Hefe mit 1 Teelöffel Zucker in etwas lauwarmer Milch verrühren, in die Vertiefung gießen und leicht mit Mehl bestäuben. Das Salz, die Butter in Flöckchen, den restlichen Zucker und die Zitronenschale auf dem Mehlrand verteilen und den Vorteig zugedeckt an einem warmen Platz 30 Minuten gehen lassen.

2

Den Vorteig von der Mitte her zu einem glatten Teig verarbeiten, dabei so lange kneten, bis sich der Teig vom Schüsselboden löst. Den Teig zugedeckt an einem warmen Platz 1 Stunde gehen lassen.

3

Für den Belag die Zitronen auspressen. Die Äpfel schälen, in Spalten schneiden und entkernen. Die Apfelspalten mit dem Zitronensaft übergießen und etwas Zucker darüberstreuen.

4

Den Teig zusammenstoßen, erneut durchkneten und auf einer bemehlten Arbeitsfläche dünn ausrollen. Ein Backblech ausbuttern, den Teig daraufgeben, mehrmals mit einer Gabel einstechen und einen Rand hochziehen.

5

Die Apfelspalten auf dem Teig anordnen und Zimt, Mandeln, Rosinen und den restlichen Zucker darüberstreuen. Die Butter in einem Pfännchen zerlassen und über den Kuchenbelag träufeln.

6

Für das Gitter das Mehl, die kalte Butter, Zucker, Ei, Milch und Backpulver zu einem geschmeidigen Mürbeteig kneten und den Teig 30 Minuten im Kühlschrank ruhen lassen.

7

Den Teig auf einer bemehlten Arbeitsfläche dünn ausrollen. Schmale Streifen ausrädeln und gitterartig auf dem Belag anordnen. Den Kuchen im vorgeheizten Backofen bei 200 Grad (Umluft 180 Grad, Gas Stufe 3 bis 4) etwa 35 Minuten backen.

8

Den Kuchen aus dem Ofen nehmen und auskühlen lassen. Die Butter in einem Pfännchen zerlassen. Den Kuchen mit der Butter bestreichen und mit dem Puderzucker bestreuen.

VARIANTE: Wer es deftig-fruchtig liebt, gibt auf den Hefeteig 1,5 Kilogramm Äpfel in Spalten und darüber 4 fein gehackte Zwiebeln, 2 Eßlöffel Zucker und 8 Eßlöffel Öl. Dieser Kuchen schmeckt am besten, wenn er frisch vom Blech weg gegessen wird. Dazu gehört natürlich gesüßter Milchkaffee.

WIE DER ADAMSAPFEL ENTSTAND

Schon Eva im Paradies wußte, wie verführerisch ein runder, saftiger Apfel ist. Als Adam auf ihre Veranlassung von der leckeren, aber verbotenen Frucht aß, soll ihm prompt ein Apfelstück im Halse steckengeblieben sein. So wurde der Begriff »Adamsapfel« geboren – vermutet man.

Kirschkuchen

Für 8 Stücke
Ganz einfach

500 g Süßkirschen
6 Eier, 200 g Zucker
125 g gemahlene Mandeln
1/2 TL Zimt, 200 g Mehl, Butter für die Form
100 g Puderzucker

1

Die Kirschen waschen und entsteinen. Die Eier trennen. Den Zucker und die Eigelbe schaumig rühren und Mandeln und Zimt dazugeben. Das Mehl sieben und nach und nach unter den Teig rühren. Die Eiweiße zu steifem Schnee schlagen und vorsichtig unterheben, zuletzt die Kirschen unterrühren.

2

Eine Springform von 26 Zentimeter Durchmesser ausbuttern, den Teig einfüllen und im vorgeheizten Backofen bei 200 Grad (Umluft 180 Grad, Gas Stufe 3 bis 4) etwa 30 Minuten backen. Darauf achten, daß der Kuchen an der Oberfläche hellgelb bleibt, und eventuell mit Folie abdecken. Den Kuchen etwas auskühlen lassen und mit Puderzucker bestreuen.

Die leichtlebigen Eisenacher

Fritz Reuter über die Eisenacher, die sich selbst »Isenächer« nennen: »Die Leute sind freundlich und höflich, leichtlebig und bei schwachen Mitteln fröhlich.« Aber das ist noch nicht alles: Sie lassen sich durch nichts aus der Ruhe bringen. Eine Geschichte, die eng mit der Wartburg verknüpft ist, wird noch heute erzählt: Als dereinst Herzog Johann Ernst das Dach der Wartburg ausbessern ließ, kam Dachdecker Demmer ins Rutschen und stürzte in die Tiefe. Einige Leute eilten hinzu, wohlwissend, daß ihm nicht mehr zu helfen war. Wie groß war ihr Erstaunen, als ihnen plötzlich vom Pflaumenbaum – dahinein war der Mann gestürzt – entgegentönte: »Wo is denn bluß mein Hut?«

Sehen die leuchtendroten Kirschen nicht verführerisch aus? Frisch geerntet und danach mit einem köstlichen Kuchenteig vereint, veredeln sie jede Kaffeetafel!

AUGUST

Thüringer Apfelsuppe

Für 4 Personen
Ganz einfach

1 kg Äpfel, 1 TL Zimt, 1/4 l Weißwein
125 g Zucker, 4 EL Zitronensaft, 2 EL Stärkemehl
4 Scheiben kräftiges Landbrot, 50 g Butter
4 EL Himbeerkonfitüre

1

Die Äpfel waschen, in Viertel schneiden und entkernen. 1 1/4 Liter Wasser mit dem Zimt zum Kochen bringen, die Apfelviertel 5 Minuten darin köcheln lassen und durch ein Sieb streichen. Weißwein, Zucker und Zitronensaft unter die Apfelmasse rühren und alles kurz aufkochen.

2

Das Stärkemehl in wenig kaltem Wasser glattrühren und die Apfelmasse damit binden. Das Brot in kleine Würfel schneiden. Die Butter in einer Pfanne zerlassen und die Brotwürfel darin rösten. Die Suppe in vorgewärmte Teller füllen, in die Mitte jeweils einen Klecks Konfitüre geben und die Brotwürfel darauf verteilen.

Wenn dich die Lästerzunge sticht
So laß dir dies zum Troste sagen:
Die schlecht'sten Früchte sind es nicht
Woran die Wespen nagen.

Gottfried August Bürger

Kartoffelkuchen

Für 8 Stücke
Ganz einfach

6 Eier
200 g gekochte Kartoffeln
200 g Zucker, 3 EL Grieß
4 EL gemahlene Mandeln
1 TL abgeriebene unbehandelte Zitronenschale
Butter für die Form

1

Die Eier trennen. Die Kartoffeln pellen und fein reiben. Die Eigelbe in einer Schüssel mit dem Zucker schaumig rühren und nach und nach Grieß, Mandeln, Zitronenschale und Kartoffeln unterrühren. Die Eiweiße steif schlagen und vorsichtig unterheben.

2

Eine Springform von 26 Zentimeter Durchmesser ausbuttern, den Teig einfüllen und im vorgeheizten Backofen bei 200 Grad (Umluft 180 Grad, Gas Stufe 3 bis 4) etwa 35 Minuten backen.

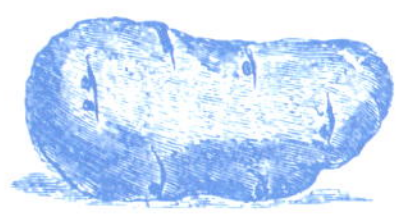

Menü des Monats

Thüringer Apfelsuppe
Kalbsleber mit Steinpilzen und Bröckelkloß
Muskräppelchen

DIE KÜCHE

Jetzt sind sie da, die Köstlichkeiten des Spätsommers – die Zwetschen. Wenn der Duft der Zwetschenkuchen dann durch das ganze Haus zieht, kann kein Thüringer mehr widerstehen. Im Nu ist das ganze Backblech leer – und schon wird der nächste Teig bereitet, der nächste Zwetschenberg entsteint.

IM SEPTEMBER

Eisenach liegt zu Füßen der 1070 gegründeten Wartburg, wo Martin Luther 1521/22 die Bibel übersetzte. Sein historisches Zentrum ist der Markt mit dem Stadtschloß, dem Rathaus und vielen Fachwerk- und Bürgerhäusern.

Was es im September

Tomaten

Mit ihnen, so glaubte man früher, lasse sich die Liebe erwecken, weshalb sie bei unseren Vorfahren auch »Liebesäpfel« genannt wurden. Bereits im 5. Jahrhundert vor unserer Zeitrechnung soll die Tomate in Peru angebaut worden sein, zu uns kam sie jedoch vermutlich erst nach der Entdeckung Amerikas. Sie ist ein Sonnenkind und liebt die Wärme. Jetzt im September hat auch die im Freiland herangewachsene Tomate ein rotes Kleid und gute Würze. Tomaten sind appetitanregend und enthalten reichlich Kalium, Kalzium und Phosphor. Sie schmecken im Salat, in Suppen und gebraten in der Pfanne.

Reh

Besonders zarten Braten liefern der Rehrücken und die Rehkeule. Das Fleisch muß gut abgehangen und vor der Zubereitung gehäutet sein. Damit das magere Fleisch während des Garens nicht austrocknet, sollte es bardiert oder gespickt werden. Beim Bardieren wird das rohe Fleisch mit dünnen, großflächigen Speckscheiben umhüllt, die später wieder entfernt werden. Entscheidet man sich für das Spicken, zieht man mit Hilfe einer Spicknadel Speckstreifen längs der Fleischfaser durch das rohe Fleisch.

Mayonnaise

Mayonnaise besteht aus Eigelb, Essig, Öl, Salz und Pfeffer. Will man sie selbst zubereiten, sollte man darauf achten, daß alle Zutaten Zimmertemperatur haben. In der thüringischen Küche wird Mayonnaise nicht so häufig verwendet, dafür aber um so mehr süße und saure Sahne oder Schmand.

Alles Gutes gibt...

Zwetschen

Die Zwetsche gehört zu der Familie der Pflaumen, Spillinge, Mirabellen und Renekloden. Sie ist ein vorzüglicher Kuchenbelag und eignet sich für Pflaumenmus und Kompott. Frisch schmeckt sie am besten, weshalb sie gleich nach dem Einkauf verarbeitet werden sollte. Ist das nicht möglich, empfiehlt es sich, die Zwetschen einzeln zu legen, damit sie nicht gedrückt werden.

Mandeln

Mandeln sind ein Schalenobst und haben einen süßen oder bitteren Kern. Um die braune Haut leichter entfernen zu können, überbrüht man sie vor der Verarbeitung kurz mit kochendem Wasser und zieht dann die Haut ab. Bittere Mandeln enthalten die giftige Blausäure und dürfen nur in geringer Menge verwendet werden. Süße Mandeln verfeinern Desserts, Kuchen, Salate und Forellen. Sie schmecken aber auch pur, vor allem, wenn sie im ganzen im Backofen goldbraun geröstet und mit etwas Salz bestreut werden.

Typisch für den September

Tomaten	*Geschmorte Tomaten*	*Seite 235*
Reh	*Rehbraten*	*Seite 237*
Mayonnaise	*Sondershäuser Kartoffelsalat*	*Seite 241*
Zwetschen	*Quatschgenkuchen*	*Seite 249*
Mandeln	*Nasser Kuchen*	*Seite 252*

Weisser Käse

Für 4 Personen
Ganz einfach

4 l saure Milch, 1 TL Salz
250 g süße Sahne, 1 Bund Schnittlauch

1
Die geronnene Milch durch ein Haarsieb geben und die Flüssigkeit abtropfen lassen. Den Quark in eine Schüssel füllen und mit Salz und Sahne verrühren.

2
Den Quark kräftig mit dem Schneebesen schlagen. Den Schnittlauch waschen, abtropfen lassen, in Röllchen schneiden und unterheben.

Dazu schmeckt ein mit Butter bestrichenes Landbrot oder Pellkartoffeln.

Butterklösschen

Für 4 Personen
Preiswert

100 g Butter
125 g Semmelbrösel
2 Eier, 1/2 TL Salz
1 Msp. geriebene Muskatnuß
1 l Fleischbrühe
1 EL gehackte Petersilie

1
Die Butter in einer Schüssel sahnig rühren, mit Semmelbröseln, Eiern, Salz und Muskatnuß vermischen und 1 Stunde kalt stellen.

2
Die Fleischbrühe in einem Topf zum Kochen bringen. Aus dem Teig kirschgroße Klößchen formen, in der siedenden Brühe 5 Minuten garen und die Petersilie darübergeben.

Gänseleberpastete

Für 4 Personen
Ganz einfach

50 g Weißbrot
2 Gänselebern, 30 g Schweinefett
1/2 TL fein geschnittene Zwiebel, 1 Ei
Salz, frisch gemahlener weißer Pfeffer
Butter für die Förmchen

1

Das Weißbrot in Wasser einweichen und gut ausdrücken. Die Leber häuten, fein schneiden und mit Weißbrot, Fett und Zwiebel vermengen. Das Ei trennen. Das Eigelb mit Salz und Pfeffer zur Lebermasse geben. Das Eiweiß mit einer Gabel etwas schlagen und ebenfalls untermischen.

2

4 Pastetenförmchen von 8 Zentimeter Durchmesser mit Butter ausstreichen und die Masse 2 Zentimeter hoch einfüllen. Die Pasteten im Wasserbad bei 90 Grad 10 Minuten garen, dabei darauf achten, daß das Wasser nur bis zur Hälfte der Förmchen reicht. Nach dem Erkalten stürzen und mit Landbrot, sauren Gurken und Tomaten servieren.

Geschmorte Tomaten

Für 4 Personen
Preiswert

500 g Tomaten
50 g Butter, 6 Eier, 1/2 TL Salz
1 EL Reibekäse

1

Die Tomaten waschen und in Scheiben schneiden. In einer Pfanne die Butter erhitzen, die Tomatenscheiben hineingeben und 5 Minuten dünsten.

2

Die Eier nacheinander auf die Tomaten geben und mit Salz und Käse bestreuen. Wenn die Eier gestockt sind, alles auf einer vorgewärmten Platte anrichten und mit Weißbrot servieren.

SCHMORBRATEN

Für 4 Personen
Ganz einfach

2 Zwiebeln
1,5 kg Rindfleisch (Keule)
4 Rosmarinzweige oder 5 TL getrockneter Rosmarin
2 EL Öl, Salz, frisch gemahlener schwarzer Pfeffer
1/8 l Rotwein, 1/2 l Fleischbrühe
125 g süße Sahne
20 g Butter

1

Die Zwiebeln schälen und fein hacken. Das Fleisch waschen, trockentupfen und mit Rosmarin spicken. Das Öl in einem Topf erhitzen und das Fleisch darin ringsum anbraten.

2

Den Braten mit Salz und Pfeffer würzen, den Rotwein angießen und zugedeckt 30 Minuten schmoren lassen. Die Brühe angießen und alles 1 weitere Stunde schmoren. Das Fleisch herausnehmen und warm stellen.

3

Die Sahne zum Fond geben und einige Minuten einkochen lassen. Zum Schluß die eiskalte Butter einrühren. Das Fleisch in Scheiben schneiden, auf einer Platte anrichten und mit der Sauce und Thüringer Klößen (Seite 20) zu Tisch bringen.

MEININGER TIERKUNDE

In Meiningen gewöhnt man eine Henne ganz rasch ans Haus: Man führt das Tier dreimal um das Tischbein und läßt es dabei in den Spiegel schauen. Will man es später auf dem Markt zu einem guten Preis verkaufen, muß man vom Nachbarn einen Lappen stehlen und das Tier damit säubern.

REHBRATEN

Für 4 Personen
Braucht etwas Zeit

1,5 kg Rehkeule oder -schulter, 150 g Speck, Salz
frisch gemahlener schwarzer Pfeffer, 100 g Butter, 8 Wacholderbeeren
1/4 l Fleischbrühe, 1/4 l Rotwein, 2 EL Mehl, 200 g Schmand
2 EL Sauerkirschkonfitüre, 2 EL Zitronensaft

1

Vom Fleisch mit einem spitzen, scharfen Messer die sehnige Haut entfernen. Das Fleisch waschen und trockentupfen. Den Speck in 4 Zentimeter lange Streifen schneiden und den Braten damit spicken. Den Braten mit Salz und Pfeffer einreiben.

2

Die Butter in einem Bräter erhitzen und das Fleisch darin anbraten. Die Wacholderbeeren zerdrücken und zugeben. Nach und nach die Fleischbrühe und die Hälfte des Rotweins angießen und das Reh im vorgeheizten Backofen bei 220 Grad (Umluft 200 Grad, Gas Stufe 4 bis 5) etwa 90 Minuten braten.

3

Das Fleisch herausnehmen, in Alufolie wickeln und warm stellen. Den Bratensatz mit dem restlichen Rotwein loskochen. Das Mehl in wenig kaltem Wasser verrühren und die Sauce damit binden. Den Schmand und die Konfitüre einrühren und die Sauce mit Salz, Pfeffer und Zitronensaft abschmecken.

Rehbraten gehörte zum Lieblingsessen im Goethehaus am Frauenplan. Besonders die »Rehkeulichen« machten Christiane eine »rechte Freude«.

Heldrunger Feiertagssalat

Für 4 Personen
Läßt sich vorbereiten

1 kg mittelgroße festkochende Kartoffeln
2 Zwiebeln, 2 Eier, 200 g gekochter Schinken, 100 g roher Schinken
150 g Thüringer Rotwurst (Blutwurst), 150 g Heldrunger Salami
2 Gewürzgurken, 1 Heringsfilet, 8 EL Sonnenblumenöl
300 g Schmand

1

Die Kartoffeln in der Schale kochen, pellen, noch warm in Scheiben schneiden und in einer Schüssel warm stellen. Die Zwiebeln schälen. Die Eier hart kochen und pellen.

2

Zwiebeln, Eier, Schinken, Rotwurst, Salami, Gewürzgurken, und Heringsfilet in kleine Würfel schneiden, mit Öl und Schmand vermischen und vorsichtig unter die Kartoffelscheiben heben. Den Salat an einem kühlen Platz 4 bis 5 Stunden durchziehen lassen und mit Rostbrätel (Seite 292) zu Tisch bringen.

Werden für den Salat mehligkochende Kartoffeln verwendet (von vielen Thüringern nicht nur für Klöße, sondern auch für den Salat favorisiert), empfiehlt es sich, dem Salat noch etwas Milch zuzufügen, damit er nicht zu trocken gerät.

Geschockte

Für 4 Personen
Preiswert

500 g Kartoffeln
Salz, 200 g durchwachsener Speck
4 Zwiebeln, 2 EL Öl

1

Die Kartoffeln schälen, waschen und in grobe Stücke schneiden. Die Kartoffelstücke in einem Topf mit Salzwasser garen und das Wasser abgießen.

2

Den Speck in kleine Würfel schneiden, in einer Pfanne kroß ausbraten, herausnehmen und beiseite stellen. Die Zwiebeln schälen und fein schneiden.

3

Das Öl in der gleichen Pfanne erhitzen und die Zwiebeln darin knusprig braten. Die Speckwürfel und die Zwiebeln vermischen und die Kartoffelstückchen darin schwenken.

Dazu ißt man in Thüringen Krickelkaas. Die Zubereitung ist ganz einfach: 1 Kilogramm Quark gut auspressen und in einen Tontopf füllen. Den Topf mit einem Tuch bedecken und 3 bis 4 Tage in einen warmen Raum stellen. Sobald die oberste Schicht glasig wird, den Kaas mit Salz und reichlich Kümmel verrühren.

Gefüllte Hähnchenbrust

Für 4 Personen
Raffiniert

100 g Kalbfleisch, 100 g Geflügelleber, 1 Ei
250 g süße Sahne, 200 g Schmand, 2 EL Weinbrand, Salz
frisch gemahlener weißer Pfeffer, 1 TL Thymian, 4 große Hähnchenbrüste
100 g Butter, 1/8 l Rotwein, 1/8 l Geflügelbrühe

1

Das Kalbfleisch waschen, trockentupfen und in Würfel schneiden. Das Fleisch mit der Leber durch den Fleischwolf drehen, in einer Schüssel mit dem Ei, der Sahne, 2 Eßlöffel Schmand und dem Weinbrand vermischen und mit Salz, Pfeffer und Thymian würzen.

2

Die Hähnchenbrüste waschen, trockentupfen, jeweils eine Tasche einschneiden und die Masse hineingeben. Die Butter in einem Bräter erhitzen und das Fleisch darin ringsum anbraten. Danach im vorgeheizten Backofen bei 180 Grad (Umluft 160 Grad, Gas Stufe 2 bis 3) 30 Minuten garen, dabei mehrmals mit Butter bepinseln.

3

Die Hähnchenbrüste herausnehmen und warm stellen. Den Fond mit dem Rotwein loskochen, die Brühe angießen und alles auf die Hälfte einkochen lassen. Den restlichen Schmand in die Sauce einrühren und die Sauce über das Fleisch gießen.

Wer das Salzfaß umwirft, hat Hader, Streit und Verdruß zu erwarten.
Regnet es auf Kinder unter einem Jahr, bekommen sie Sommersprossen.

Thüringische Lebensweisheiten

Sondershäuser Kartoffelsalat

Für 4 Personen
Ganz einfach

16 mittelgroße Kartoffeln
2 mittelgroße saure Äpfel
Saft von 1/2 Zitrone, 4 saure Gürkchen
200 g durchwachsener Speck, 2 Zwiebeln
250 g Jagdwurst, 250 g Fleischsalat
5 EL Mayonnaise, 5 EL Öl
1/2 TL frisch gemahlener weißer Pfeffer
1/2 TL Salz, 2 EL Senf
2 EL Kräuteressig
1 Ei

1

Die Kartoffeln in der Schale kochen, pellen und ausgekühlt in Scheiben schneiden. Die Äpfel schälen, vierteln, entkernen, in kleine Würfel schneiden und mit dem Zitronensaft marinieren, damit sie sich nicht verfärben.

2

Gürkchen und Speck ebenfalls in kleine Würfel schneiden. Die Zwiebeln schälen und sehr fein schneiden. Die Wurst fein würfeln. Die Kartoffelscheiben in einer Schüssel mit Äpfeln, Gürkchen, Speck, Zwiebeln, Wurst und Fleischsalat vorsichtig vermischen.

3

Die Mayonnaise und das Öl mit Pfeffer, Salz, Senf, Essig und dem Ei verrühren und die Sauce unter die Kartoffelscheiben heben. Die Schüssel kühl stellen und alles gut durchziehen lassen. Den Salat mit Rostbratwürstchen oder Rostbrätel (Seite 292) servieren.

Was gibt es Köstlicheres als einen würzigen Kartoffelsalat mit frisch geernteten Kartoffeln?! Bevorzugt werden in der Regel mehligkochende Kartoffeln, denn sie gehen mit den Gewürzen eine besonders innige Verbindung ein. Mehr fürs Auge bieten dagegen die festkochenden Kartoffeln, weil sie nicht so leicht zerfallen.

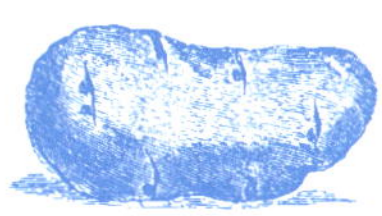

Greuszener Specksalat

Für 4 Personen
Ganz einfach

12 mittelgroße Kartoffeln
150 g Möhren, 150 g gepalte frische Erbsen
300 g Schinkenspeck, 4 EL Weinessig, 2 EL Weißwein
1/2 TL Salz, 1 kräftige Msp. frisch gemahlener schwarzer Pfeffer
2 Eier, 2 Zwiebeln, 2 Tomaten

1

Die Kartoffeln in der Schale kochen, pellen und ausgekühlt in Scheiben schneiden. Die Möhren putzen und in kleine Würfel schneiden. Die Möhrenwürfel und die Erbsen in wenig Salzwasser 8 Minuten garen und abgießen. Den Speck in kleine Würfel schneiden und in einer Pfanne kroß ausbraten.

2

Speckwürfel, Erbsen, Möhren, Essig, Weißwein, Salz und Pfeffer zu den Kartoffelscheiben geben, alles gut vermischen und als Kartoffelberg auf einer Platte anrichten.

3

Die Eier hart kochen, pellen und in Scheiben schneiden. Die Zwiebeln schälen und in Ringe schneiden. Die Tomaten waschen und in Scheiben schneiden. Den Kartoffelberg mit Zwiebelringen, Ei- und Tomatenscheiben garnieren und mit Rostbrätel (Seite 292) oder Thüringer Rostbratwürsten servieren.

Alter Volksglaube

Wer auf Wanderschaft geht, muß morgens den Ort verlassen, sonst kriegt er Heimweh!
Will man Unheil vermeiden, darf Brot nur gebrockt, nicht aber geschnitten werden.
Für Buttermilch darf man niemals danken.

Grüner Schaffkuchen

Für 4 Personen
Preiswert

2 kg Kartoffeln
1/8 l Milch, 4 EL Mehl
3 Eier, 1/2 TL Salz
400 g durchwachsener Räucherspeck

1

Die Kartoffeln schälen, waschen und reiben. Die geriebenen Kartoffeln in einem Tuch fest auspressen und in eine Schüssel geben. Die Milch zum Kochen bringen und die Kartoffeln sofort damit überbrühen. Mehl, Eier und Salz untermischen. Den Speck in kleine Würfel schneiden, in einer Pfanne ausbraten und bis auf 1/4 der Menge herausnehmen.

2

1/4 der Kartoffelmasse in die Pfanne geben und auf den Speck drücken. Den Schaffkuchen nur auf einer Seite knusprig braten, herausnehmen und warm stellen. Auf die gleiche Weise 3 weitere Schaffkuchen backen und sofort servieren.

Dazu gibt es Apfelmus (Seite 244) oder Heidelbeerkompott und gesüßten Milchkaffee. Kaffee trinkt man in Thüringen nicht nur zu süßem Backwerk, sondern auch zu herzhaften Pfannengerichten und deftigen Speck- oder Zwiebelkuchen.

Schleizer Polz

Für 4 Personen
Preiswert

12 mittelgroße mehligkochende Kartoffeln
1/2 TL Salz, 1 Msp. frisch gemahlener weißer Pfeffer
1 Msp. geriebene Muskatnuß, 400 g durchwachsener Speck
80 g Butter

1

Die Kartoffeln in der Schale kochen, pellen und durch die Kartoffelpresse drücken. Den Kartoffelbrei in eine Schüssel geben, mit Hilfe von zwei Gabeln mehrmals auflockern und Salz, Pfeffer und Muskat untermischen. Den Speck in kleine Würfel schneiden.

2

Eine Pfanne ausbuttern, die Speckwürfel darin glasig dünsten und 3/4 der Menge herausnehmen. 1/4 der Kartoffelmasse daraufgeben, etwas festdrücken und auf beiden Seiten knusprig braten, dabei beim Wenden etwas Butter in die Pfanne geben. Den Polz herausnehmen und warm stellen. 3 weitere Polze auf die gleiche Weise braten und zusammen mit gesüßtem Milchkaffee zu Tisch bringen.

Apfelmus

Für 4 Personen
Läßt sich vorbereiten

500 g Äpfel, 1 Stück Zimtrinde
1 EL unbehandelte Zitronenschale, 2 EL Zucker

1

Die Äpfel waschen, vierteln, entkernen und in grobe Stücke schneiden. Die Apfelstücke mit den Gewürzen in einem Topf in wenig Wasser etwa 10 Minuten garen, noch heiß durch ein Sieb streichen und mit dem Zucker süßen.

VARIANTE: Für rohes Apfelmus brauchen Sie 750 Gramm Äpfel, die Sie schälen, entkernen, reiben und mit 4 Eßlöffel Zitronensaft verrühren. 1 Eßlöffel Sultaninen in Wasser quellen lassen, zufügen und das Mus mit Zucker und Zimt abschmecken.

Grüne Bolze

Für 4 Personen
Preiswert

12 große Kartoffeln
2 EL Mehl, 100 ml Milch, 2 Eier
1 TL Salz, 300 g durchwachsener Speck
2 EL Öl

1

Die Kartoffeln schälen, waschen, reiben und etwas ausdrücken. Das Mehl in der Milch verquirlen, mit Eiern und Salz zur Kartoffelmasse geben und alles gut vermischen.

2

In einer Pfanne das Öl erhitzen, die Masse 2 Zentimeter dick einfüllen, auf beiden Seiten goldbraun braten und herausnehmen. Die Bolze in mundgerechte Stücke schneiden und warm stellen.

3

Den Speck in kleine Würfel schneiden und in einer tiefen Pfanne kroß ausbraten. Die Bolzstücke zufügen, 5 Minuten mitbraten und mit Apfelmus (Seite 244), Apfelstücken oder gefüllten Birnen zu Tisch bringen.

Apfelstücke

Für 4 Personen
Läßt sich vorbereiten

1 kg Äpfel, 2 Nelken
2 Scheiben unbehandelte Zitrone
2 EL Zucker

1

Die Äpfel schälen, entkernen und in Achtel schneiden. In einem Topf 1/2 Liter Wasser mit Nelken, Zitronenscheiben und Zucker zum Kochen bringen. Die Äpfel etwa 8 Minuten darin dünsten und darauf achten, daß die Stücke nicht zerfallen.

Gefüllte Birnen

Für 4 Personen
Geht schnell

4 große reife Birnen, 8 knackige Salatblätter
4 EL Zitronensaft, 8 Pflaumen, 8 Weinbeeren, 300 g Schmand
3 EL Himbeerkonfitüre, 4 EL Mandelsplitter

1

Die Birnen waschen, längs halbieren, entkernen und etwas aushöhlen. Die Salatblätter waschen, trockentupfen und auf einer Platte anrichten. Je eine Birnenhälfte daraufsetzen und mit dem Zitronensaft beträufeln.

2

Pflaumen und Beeren waschen und halbieren, die Pflaumen entsteinen und beides in die Birnenhälften füllen. Schmand und Konfitüre verrühren und über die gefüllten Birnenhälften gießen. Die Mandelsplitter in einem Pfännchen rösten und darübergeben.

Eierschmalz

Für 4 Personen
Ganz einfach

1/4 l Milch, 250 g süße Sahne, 4 Eier, 1 Prise Salz
10 Semmeln, 100 g Butter, 200 g Pflaumenmus (Seite 220)

1

Milch, Sahne, Eier und Salz in einer Schüssel verrühren. Die Semmeln in Scheiben schneiden, mit der Eiermilch übergießen, 1 Stunde ziehen lassen und alles miteinander verkneten.

2

In einer Pfanne 50 Gramm Butter erhitzen, die Hälfte des Teiges einfüllen und auf beiden Seiten knusprig braten. Den Eierschmalz herausnehmen und warm stellen. Auf die gleiche Weise einen zweiten Eierschmalz backen, beide mit dem Pflaumenmus bestreichen und zu Tisch bringen.

Im Thüringer Holzland bei Hermsdorf verwendet man anstelle von Butter lieber Schweineschmalz.

Weidaer Schokoladenkuchen

Für 16 Stücke
Besonders typisch

Für den Teig:
400 g Mehl
25 g Hefe, 100 g Zucker
200 ml Milch, 125 g Butter, 1 Ei
1/2 TL abgeriebene unbehandelte Zitronenschale
1 Päckchen Vanillezucker
1 kräftige Prise Salz
Mehl für die Arbeitsfläche
Butter für das Blech
Für die Glasur:
300 g Puderzucker, 6 EL Kakao
100 g Kokosfett

1

Das Mehl in eine Schüssel sieben, in die Mitte eine Vertiefung drücken. Die Hefe mit 1 Teelöffel Zucker in etwas lauwarmer Milch verrühren, in die Vertiefung gießen und leicht mit Mehl bestäuben. Den restlichen Zucker, die Butter in Flöckchen, das Ei, Zitronenschale, Vanillezucker und Salz auf dem Mehlrand verteilen und den Vorteig zugedeckt an einem warmen Platz 15 Minuten gehen lassen.

2

Den Vorteig von der Mitte aus zusammen mit der restlichen Milch gründlich zu einem glatten Teig verkneten und zugedeckt an einem warmen Platz 1 Stunde gehen lassen. Den Teig zusammenstoßen, erneut durchkneten und auf einer bemehlten Arbeitsfläche ausrollen.

3

Ein Backblech ausbuttern, den Teig daraufgeben und im vorgeheizten Backofen bei 200 Grad (Umluft 180 Grad, Gas Stufe 3 bis 4) in etwa 25 Minuten goldgelb backen. Den Kuchen herausnehmen und auskühlen lassen.

4

Den Puderzucker mit dem Kakao vermischen und sieben. 3 bis 4 Eßlöffel heißes Wasser zugeben und alles glattrühren, bis eine dickliche Masse entsteht. Das Kokosfett zerlassen, nach und nach einrühren und die Schokoladenglasur auf den Kuchen streichen.

Gebackene Quatschgen

Für 4 Personen

Ganz einfach

2 Eier
1 kräftige Prise Salz
10 EL Sonnenblumenöl
1/8 l helles Bier, 250 g Mehl
1 kg Zwetschen, Öl oder Schmalz zum Ausbacken
Zimtzucker zum Wälzen

1

Die Eier trennen. Die Eigelbe in einer Schüssel mit Salz und Öl verrühren und das Bier zugeben. Das Mehl sieben und nach und nach einrühren. Den Teig 30 Minuten quellen lassen. Die Eiweiße steif schlagen und unterheben.

2

Die Zwetschen waschen, trockentupfen und entsteinen. Das Ausbackfett in einem Topf erhitzen. Die Zwetschen in den Teig tauchen und im Fett schwimmend goldgelb ausbacken. Die gebackenen Quatschgen mit einer Schaumkelle herausnehmen, abtropfen lassen und in Zimtzucker wälzen.

Quatschgenkuchen

Für 16 Stücke
Braucht etwas Zeit

Für den Teig:
400 g Mehl, 30 g Hefe, 100 g Zucker
1/4 l Milch, 150 g Butter, 1 Ei, 1 kräftige Prise Salz
1/2 TL abgeriebene unbehandelte Zitronenschale
1 Msp. geriebene Muskatnuß, Mehl für die Arbeitsfläche
Butter für das Blech
Für den Belag:
1,5 kg Pflaumen, 6-8 EL Leinöl
6 EL Zucker zum Bestreuen

1

Das Mehl in eine Schüssel sieben, in die Mitte eine Vertiefung drücken. Die Hefe mit 1 Teelöffel Zucker in etwas lauwarmer Milch verrühren, in die Vertiefung gießen und leicht mit Mehl bestäuben. Die Butter in Flöckchen, den restlichen Zucker, das Ei, Salz, Zitronenschale und Muskat auf dem Mehlrand verteilen und den Vorteig zugedeckt an einem warmen Platz 30 Minuten gehen lassen.

2

Den Vorteig von der Mitte aus zu einem glatten Teig verkneten, dabei die restliche Milch zugeben, und zugedeckt an einem warmen Platz 1 Stunde gehen lassen. Den Teig zusammenstoßen, erneut durchkneten und auf einer bemehlten Arbeitsfläche ausrollen. Ein Backblech ausbuttern, den Teig daraufgeben und einen Rand hochziehen.

3

Die Zwetschen waschen, halbieren und entsteinen. Die Zwetschen jeweils etwas einschneiden, auf dem Teig anordnen und mit Leinöl beträufeln. Den Kuchen im vorgeheizten Backofen bei 200 Grad (Umluft 180 Grad, Gas Stufe 3 bis 4) etwa 35 Minuten backen, herausnehmen und mit Zucker bestreuen.

VARIANTE: Die Erfurter Bäcker verwenden anstelle von Leinöl auch Sonnenblumenöl.

Zwetschenspeise

Für 4 Personen
Preiswert

**2 Semmeln, 50 g Butter, 1 kg Zwetschen, 100 g Zucker
1 TL Zimt, 1 EL Stärkemehl, 6 EL süße Sahne**

1

Die Semmeln in Scheiben schneiden. Die Butter in einer Pfanne zerlassen und die Semmelscheiben darin auf beiden Seiten goldgelb rösten.

2

Die Zwetschen waschen, halbieren, entsteinen und in einen Topf geben. 1/8 Liter Wasser angießen, Zucker und Zimt zufügen und alles auf kleiner Flamme 10 Minuten kochen. Das Stärkemehl in der Sahne glattrühren, zugeben und kurz aufkochen lassen.

3

Die Semmelscheiben auf Tellern anrichten und das Früchtemus darübergeben. Nach Belieben Schlagsahne dazu reichen.

Pflaumenmus ist in Thüringen nicht nur ein beliebter Brotaufstrich, sondern man mag den »Quetschgerschbrei« auch als Kuchenbelag und Kompott. Ärmeren Leuten diente er – viele erinnern sich noch daran – sogar als Beilage zu Pellkartoffeln.

Die Zwetschenzeit

Zur Zwetschenzeit im September und Oktober haben es die Bäcker in Thüringen nicht leicht: Erstens können sie nie genug von den leckeren Kuchen backen. Zweitens braucht es eine besondere Technik, um die saftigen, öltriefenden Stücke richtig einzupacken. Und drittens gibt's bei der Kundschaft lange Gesichter, wenn die Zwetschenzeit vorbei ist und man wieder ein ganzes Jahr darauf warten muß. Der Quatschgen- oder Quetschgersch- oder Quätschjenkuchen ist der Liebling unter den Backwerken. »De Quatschgen sin heuer su billig, daß me uns eegentlich ooch ämal ä Kuchen spendiere können«, heißt es deshalb auch. »Aber mach ooch ordentlich was droff! Quatschgenkuchen därf nech worge, dar muß höngerglitschre wie geschmärt. Un die wormigten Quatschgen, die wärf' n Gänsen naus.«

MUSKUCHE

Für 16 Stücke
Läßt sich vorbereiten

Für den Teig:
300 g Mehl, 20 g Hefe, 2 EL Zucker
1/8 l Milch, 1 kräftige Prise Salz, 80 g Butter
1 TL abgeriebene unbehandelte Zitronenschale
Butter für das Blech
Für den Belag:
500 g Quark, 2 Eier, 6 EL Öl
100 g Zucker, 1 EL Mehl, 750 g Pflaumenmus (Seite 220)
Für den Guß:
30 g Butter, 250 g Schmand, 1 TL Mehl, 3 Eier, 2 EL Zucker

1

Das Mehl in eine Schüssel sieben, in die Mitte eine Vertiefung drücken. Die Hefe mit 1 Teelöffel Zucker in etwas lauwarmer Milch verrühren, in die Vertiefung gießen und leicht mit Mehl bestäuben. Den restlichen Zucker, Salz, die Butter in Flöckchen und die Zitronenschale auf dem Mehlrand verteilen und den Vorteig zugedeckt an einem warmen Platz 30 Minuten gehen lassen.

2

Den Vorteig von der Mitte aus so lange kneten, bis sich der Teig vom Schüsselboden löst. Den Teig zugedeckt an einem warmen Platz 1 Stunde gehen lassen. Ein Backblech ausbuttern. Den Teig nochmals durchkneten, auf dem Backblech ausrollen, mehrmals mit einer Gabel einstechen und einen Rand hochziehen.

3

Für den Belag Quark, Eier, Öl, Zucker und Mehl verrühren. Die Quarkmasse auf den Teig geben und das Mus darüberstreichen. Für den Guß die Butter zerlassen. Butter, Schmand, Mehl, Eier und Zucker verrühren und die Masse löffelweise auf dem Pflaumenmus verteilen. Den Kuchen im vorgeheizten Backofen bei 220 Grad (Umluft 200 Grad, Gas Stufe 4 bis 5) etwa 35 Minuten backen.

VARIANTE: Man kann auch auf die Quarkschicht verzichten und den Kuchen nur mit Pflaumenmus belegen. Dann gibt man auf den gut ausgekühlten Kuchen einen Guß aus 200 Gramm Puderzucker, 3 Eßlöffel Zitronensaft und 80 Gramm Kokosfett.

Nasser Kuchen

Für 16 Stücke
Braucht etwas Zeit

Für den Teig:
400 g Mehl
25 g Hefe, 100 g Zucker
200 ml Milch, 80 g Butter
1 Päckchen Vanillezucker
1/2 TL abgeriebene unbehandelte
Zitronenschale, 1 kräftige Prise Salz
Mehl für die Arbeitsfläche
Butter für das Blech

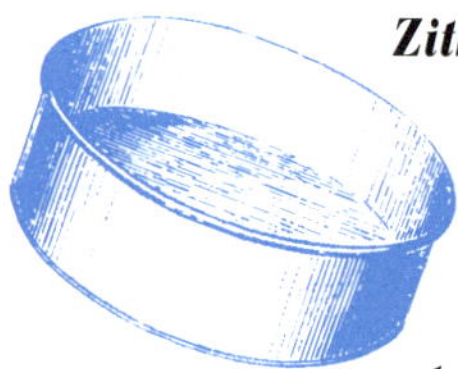
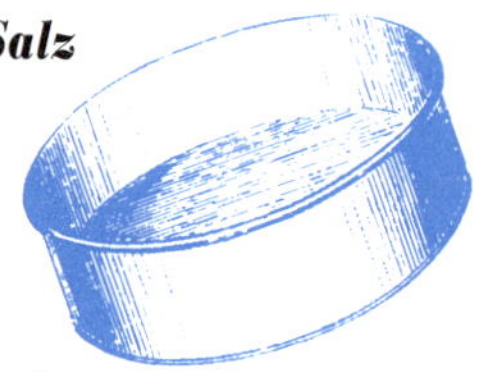

Für den Belag:
2 kg Äpfel, 1 Zitrone
1 Päckchen Vanillepuddingpulver
1/2 l Milch, 4 EL Zucker, 100 g Rosinen
125 g gehackte Mandeln, 250 g saure Sahne
2 Eier, 100 g Zucker zum Bestreuen

1

Das Mehl in eine Schüssel sieben, in die Mitte eine Vertiefung drücken. Die Hefe mit 1 Teelöffel Zucker in etwas lauwarmer Milch verrühren, in die Vertiefung gießen und leicht mit Mehl bestäuben. Den restlichen Zucker, die Butter in Flöckchen, Vanillezucker, Zitronenschale und Salz auf dem Mehlrand verteilen und den Vorteig zugedeckt an einem warmen Platz 15 Minuten gehen lassen.

2

Den Vorteig von der Mitte aus zusammen mit der restlichen Milch zu einem glatten Teig verkneten und zugedeckt an einem warmen Platz 1 Stunde gehen lassen. Für den Belag die Äpfel schälen, vierteln, entkernen und in Spalten schneiden. Die Zitrone auspressen und die Apfelspalten mit dem Saft beträufeln.

3

Das Puddingpulver in etwas kalter Milch verrühren. Die restliche Milch mit dem Zucker in einem Topf zum Kochen bringen, das Puddingpulver einrühren, aufkochen lassen, vom Herd nehmen und unter Rühren etwas abkühlen lassen. Ein Backblech ausbuttern. Den Teig durchkneten, auf einer bemehlten Arbeitsfläche ausrollen und auf das Backblech legen.

4

Den Teig mit einer Gabel mehrmals einstechen, die Hälfte des Puddings daraufstreichen und die Apfelspalten darüber anordnen. Die Rosinen waschen, abtropfen lassen und zusammen mit den gehackten Mandeln auf die Apfelspalten streuen. Den restlichen Pudding mit der sauren Sahne und den Eiern verquirlen und darübergießen. Den Kuchen im vorgeheizten Backofen bei 200 Grad (Umluft 180 Grad, Gas Stufe 3 bis 4) etwa 35 Minuten backen, herausnehmen und mit Zucker bestreuen.

Anstelle von Äpfeln können Sie je nach Jahreszeit auch Rhabarber, Johannisbeeren, Stachelbeeren, Pflaumen, Kirschen oder Aprikosen als Belag verwenden.

Kuchenbacken wurde von jeher in Wechmar großgeschrieben, und besonders beliebt waren die nassen Kuchen. Sogar die berühmte Musikerfamilie Bach verstand sich prächtig darauf. Veit Bach, Ururgroßvater von Johann Sebastian Bach, betrieb schon um 1600 zusammen mit seinem Sohn Hans Bach in Wechmar das Bäcker- und Müllerhandwerk. Wie viele nasse Kuchen sie in ihren Backofen geschoben haben, ist jedoch nicht überliefert.

SEPTEMBER

MENÜ DES MONATS

Gänseleberpastete

Rehbraten und Thüringer Klöße

Eierschmalz

Die Küche

Mit den Zwiebeln wissen die Thüringer meisterhaft umzugehen. Jetzt im Oktober werden sie geflochten und mit Bändern verziert zum Weimarer Zwiebelmarkt gebracht. Und wenn man sich mit einem der prächtigen Zwiebelzöpfe eingedeckt hat, genießt man an bunten Ständen Zwiebelkuchen und Zwiebelsuppe.

IM OKTOBER

1857 schuf Ernst Rietschel das berühmte Goethe-Schiller-Denkmal, das auf dem Theaterplatz in Weimar steht. Goethe lebte hier 57 Jahre (von 1775-1832); Schiller verbrachte seine letzten Lebensjahre (von 1802-1805) in dieser schönen Stadt.

Was es im Oktober

Schnittlauch

Als Verwandter der Zwiebel blickt der Schnittlauch auf eine lange Tradition zurück: Bereits Karl der Große soll den Mönchen ausdrücklich befohlen haben, ihn in den klösterlichen Kräutergärten anzubauen, weil man seine Heilkraft aufgrund der schwefelhaltigen ätherischen Öle vor allem bei Magenbeschwerden schon damals kannte und schätzte. Wie die Zwiebel verträgt Schnittlauch sich gut mit Basilikum, Knoblauch oder Thymian. Seine vorzügliche Würzkraft bleibt am besten erhalten, wenn man ihn gleich nach dem Kauf ins Wasser stellt und möglichst bald verbraucht. Schnittlauch wird grundsätzlich immer erst am Schluß zu den Speisen gegeben, denn Kochen bekommt seinem Aroma überhaupt nicht. Er schmeckt zu Kartoffelgerichten, Quark und Eiern und rundet Suppen oder Eintöpfe ab.

Schweinebauch

Man kann ihn frisch oder gepökelt kaufen, er schmeckt gekocht oder gebraten. Die Thüringer verwöhnen ihn beim Schmoren mit vielerlei Gewürzen, und wuchtig und deftig kommt er in Begleitung von knusprigen Bratkartoffeln, Speck, Zwiebeln, Majoran und einer knackigen Salatmischung auf den Tisch. Dazu genießt man ein kühles Köstritzer Pils und hinterher folgt ein Verdauungströpfchen aus der Rhön.

Senf

Senf gehört zur Rostbratwurst, würzt Rouladen und gibt Saucen den letzten Pfiff. Die Thüringer verwenden am liebsten mittelscharfen Senf, seltener süßen oder scharfen. Bei der Auswahl sollte man kritisch sein, denn je aromatischer der Senf, desto wohlschmeckender die Speise. Auch Senfkörner sind eine wichtige Küchenzutat; man braucht sie zum Einlegen von Gurken und Sauerkraut oder für die Marinade von Sauerbraten und zum Beizen von Grillfleisch. Außer seiner Würzkraft hat Senf noch einen weiteren Vorzug: Er fördert die Verdauung und lindert Heiserkeit und Bronchitis. Was er nicht mag, sind Licht, Luft und Wärme – Licht schadet Farbe und Geschmack, Luft trocknet ihn aus und Wärme nimmt ihm sein frisches Aroma. Am besten bekommt ihm das kühle Dunkel der Kühlschranktür.

ALLES GUTES GIBT...

PILZE

Sie schmecken zwar köstlich, zählen aber nicht zu den leicht verdaulichen Gemüsen. Wenn man sie selbst sammelt und nicht ganz sicher ist, sollte man die Mühe auf sich nehmen, sie vorsichtshalber von einem Pilzberater begutachten zu lassen, denn Unwissenheit könnte hier schlimme Folgen haben. Pilze sollten bei der Zubereitung möglichst nur kurz abgebraust werden, damit sie sich nicht voll Wasser saugen. Am besten reibt man sie nur mit einem trockenen Tuch ab.

PUDERZUCKER

Puderzucker – manche nennen ihn auch Staubzucker – ist gemahlener raffinierter Zucker. In Thüringen werden viele Kuchen damit übersiebt oder glasiert. Bei den Glasuren sind neben dem Puderzucker vor allem Zitronensaft, Kakao, Butter und Kokosfett mit von der Partie.

TYPISCH FÜR DEN OKTOBER

Weimarer Zwiebelsuppe

Für 4 Personen
Ganz einfach

250 g Zwiebeln
1 Stange Porree, 80 g Butter
1 Apfel, 1 l Fleischbrühe, 1/8 l Pilsner Bier
Salz, frisch gemahlener weißer Pfeffer
1/2 TL Majoran, 1/2 TL Zucker
100 g Reibekäse
2 EL Schnittlauchröllchen

1

Die Zwiebeln schälen und in Ringe schneiden. Den Porree putzen, waschen und in Streifen schneiden. Die Butter in einem Topf erhitzen und Zwiebeln und Porree darin goldgelb schwitzen.

2

Den Apfel schälen, entkernen, reiben und zur Zwiebelmasse geben. Brühe und Bier angießen, Salz, Pfeffer, Majoran und Zucker zufügen und alles etwa 15 Minuten köcheln lassen.

3

Die Suppe in vorgewärmte Teller füllen, den Reibekäse und die Schnittlauchröllchen darüber verteilen und die Suppe mit gebuttertem Toast zu Tisch bringen.

SPECKKUCHEN

Für 16 Stücke
Braucht etwas Zeit

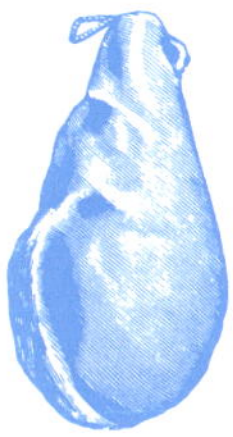

Für den Sauerteig:
150 g Roggenmehl, 150 ml Buttermilch
Für den Brotteig:
500 g Weizenmehl, 1/8 l Buttermilch, 1 TL Salz
Mehl für die Arbeitsfläche, Butter für das Blech
Für den Belag:
300 g Bauchspeck, 3 mittelgroße Zwiebeln
75 g Semmelbrösel, 1 EL Kümmel, Salz, 4 Eier
200 g saure Sahne, 1 Bund Schnittlauch

1

Für den Sauerteig 1 Eßlöffel Roggenmehl mit 4 Eßlöffel Buttermilch verquirlen und zugedeckt 36 Stunden an einen warmen Platz stellen. Den Ansatz mit 75 Milliliter Buttermilch und 75 Gramm Roggenmehl vermengen und über Nacht ruhen lassen. Am nächsten Tag das restliche Mehl und die restliche Buttermilch einarbeiten und den Sauerteig weitere 5 Stunden ruhen lassen.

2

Für den Brotteig das Mehl sieben und in eine Schüssel geben. In die Mitte eine Vertiefung drücken, Sauerteig, Buttermilch und Salz hineingeben und alles gut verkneten. Den Teig 1 Stunde ruhen lassen und auf einer bemehlten Arbeitsfläche ausrollen.

3

Für den Belag den Speck in Würfel schneiden, in einer Pfanne auslassen, bis er glasig ist, und herausnehmen. Die Zwiebeln schälen, in kleine Würfel schneiden und im Speckfett anschwitzen. Die Semmelbrösel darübergeben und alles kurz durchschwenken.

4

Ein Backblech ausbuttern und den Teig darauflegen. Speck- und Zwiebelwürfel auf dem Teig verteilen und mit Kümmel und 1/2 Teelöffel Salz würzen. Die Eier und die saure Sahne verquirlen und etwas salzen. Den Schnittlauch waschen, in Röllchen schneiden und zur Eiermasse geben. Die Eiersahne über die Zwiebeln gießen und den Kuchen im vorgeheizten Backofen bei 220 Grad (Umluft 200 Grad, Gas Stufe 4 bis 5) etwa 30 Minuten backen.

Geschmorter Schweinebauch

Für 4 Personen
Braucht etwas Zeit

1 Schweinebauch mit Knochen (etwa 2 kg)
Salz, Pfeffer, 1 EL Majoran, Öl zum Braten, 1 EL Kümmel
2 Zwiebeln, 1 Knoblauchzehe, 1 Lorbeerblatt, 10 Pfefferkörner
1/2 l Fleischbrühe, 100 g Mehl, 4 EL Meerrettich
4 EL Senf, 1 EL kalte Butter

1

Das Fleisch waschen, trockentupfen und mit Salz, Pfeffer und Majoran einreiben. 4 Eßlöffel Öl in einem Bräter erhitzen, das Fleisch darin ringsum anbraten und den Kümmel darüberstreuen.

2

Die Zwiebeln und die Knoblauchzehe schälen, kleinschneiden und mit Lorbeerblatt, Pfefferkörnern und Brühe zum Fleisch geben. Den Braten im vorgeheizten Backofen bei 180 Grad (Umluft 160 Grad, Gas Stufe 2 bis 3) 2 Stunden schmoren, dabei hin und wieder mit der Brühe begießen.

3

Das Fleisch herausnehmen und in Portionen teilen. Jede Portion im Mehl wälzen und in einer Pfanne in heißem Öl ringsum knusprig braten. Die Fleischstücke mit Meerrettich und Senf bestreichen und warm stellen. Den Bratfond durch ein Sieb streichen und die kalte Butter einrühren. Das Fleisch auf vorgewärmten Tellern anrichten und die Sauce extra dazu reichen.

Dazu gehören knusprig-deftige Bratkartoffeln und ein knackiger Salat, außerdem ein kühles Bier und hinterher ein Kräuterschnaps.

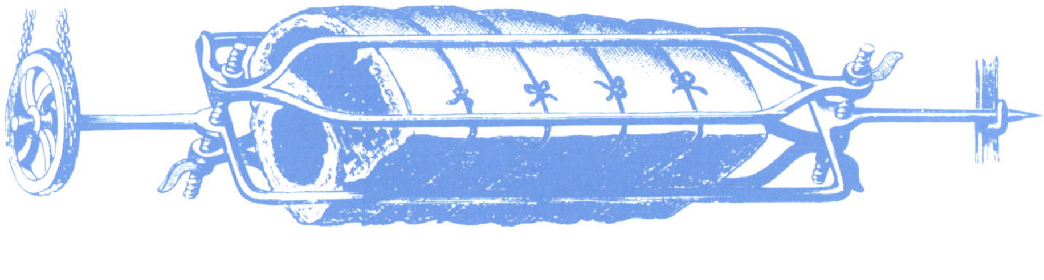

SENFBRATEN

Für 4 Personen
Ganz einfach

2 Schweinelenden à 400 g
Salz, frisch gemahlener weißer Pfeffer
100 g Butter, 4 Schalotten, 3 EL Senf
1/4 l Fleischbrühe, 2-3 EL Schmand, Zucker
1 EL gehackte Petersilie
1 TL fein geschnittenes Basilikum

1

Die Schweinelenden waschen, trockentupfen und mit Salz und Pfeffer einreiben. Die Butter in einem Topf erhitzen und das Fleisch darin ringsum anbraten.

2

Die Schalotten putzen, waschen, kleinschneiden und zum Fleisch geben. Das Fleisch mit dem Senf bestreichen, die Brühe angießen und alles etwa 15 Minuten bei geschlossenem Deckel schmoren lassen.

3

Die Fleischstücke herausnehmen und warm stellen. Den Schmand in die Brühe einrühren. Die Sauce mit Salz, Pfeffer und Zucker abschmecken und Petersilie und Basilikum zufügen. Den Senfbraten mit Klößen zu Tisch bringen.

Gefüllter Wirsing

Für 4 Personen
Braucht etwas Zeit

1 Wirsingkopf (etwa 1 kg)
Salz, 250 g Rinderhackfleisch
200 g Schweinehackfleisch
100 g durchwachsener Speck
1 Semmel, 1/2 Tasse Milch
2 Zwiebeln, 2 EL gehackte Petersilie
1 Ei, frisch gemahlener weißer Pfeffer
3 Tomaten, 50 g Butter
1/2 l Fleischbrühe, 1 EL Mehl
125 g saure Sahne

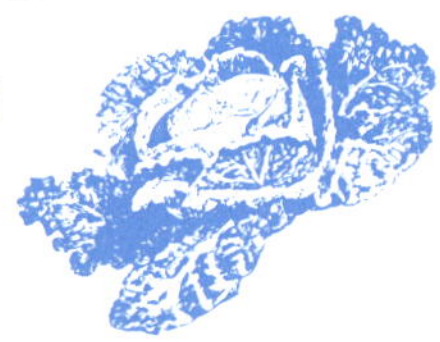

1

Vom Wirsing die schlechten Blätter und den Strunk entfernen und den Kohl waschen. Den Wirsingkopf im ganzen 3 bis 4 Minuten in kochendem Salzwasser blanchieren, herausnehmen und mit kaltem Wasser abschrecken.

2

Das Hackfleisch in eine Schüssel geben. Den Speck in kleine Würfel schneiden und zum Gehackten geben. Die Semmel in der Milch einweichen und ausdrücken. Die Zwiebeln schälen und fein hacken.

3

Semmel, Zwiebeln, Petersilie und Ei zum Hackfleisch geben, mit Salz und Pfeffer würzen und alles gut vermischen. Die Wirsingblätter etwas lockern, den Fleischteig einfüllen und den Kohl mit Küchengarn zusammenbinden.

4

Die Tomaten waschen und in kleine Würfel schneiden. In einem Topf die Butter zerlassen und die Tomatenwürfel 5 Minuten darin dünsten. Den Wirsingkohl hineinsetzen, die Brühe angießen und alles 30 Minuten zugedeckt köcheln lassen.

5

Den Wirsing vorsichtig herausheben und warm stellen. Das Mehl in der sauren Sahne glattrühren und die Sauce damit binden. Den Wirsing mit Sauce und Petersilienkartoffeln servieren.

PILZGULASCH

Für 4 Personen
Braucht etwas Zeit

250 g Schweinefleisch (Schulter)
250 g Rindfleisch (Nacken), 4 EL Sonnenblumenöl
6 Zwiebeln, Salz, frisch gemahlener schwarzer Pfeffer
1/8 l Fleischbrühe, 1 kg Mischpilze (Steinpilze, Pfifferlinge, Rotkappen, Maronen)
1 EL Mehl, 125 g süße Sahne

1

Das Fleisch waschen, trockentupfen und in Würfel schneiden. Das Öl in einem Topf erhitzen und die Fleischwürfel darin ringsum anbraten. Die Zwiebeln schälen, in Ringe schneiden, zum Fleisch geben und mitbräunen lassen. Fleisch und Zwiebeln mit Salz und Pfeffer würzen, die Brühe angießen und alles zugedeckt 1 Stunde schmoren lassen.

2

Die Pilze verlesen, putzen, grob zerkleinern und 30 Minuten mitschmoren lassen. Zum Schluß das Mehl darüberstäuben und einrühren. Die Sahne angießen, kurz aufkochen lassen und das Pilzgulasch mit Thüringer Klößen (Seite 20), Thüringer Serviettenkloß (Seite 266) oder Detschern (Seite 213) zu Tisch bringen.

Schweinsrouladen

Für 4 Personen
Braucht etwas Zeit

4 große Wirsingblätter
Salz, 4 Schweineschnitzel à 200 g
frisch gemahlener weißer Pfeffer
4 TL Senf, 400 g Hackfleisch (halb Rind, halb Schwein)
1 Bund Suppengrün, 1 Zwiebel, 80 g Butter
3/4 l Fleischbrühe, 250 g süße Sahne
2 EL Mehl

1

Die Wirsingblätter 3 bis 4 Minuten in kochendem Salzwasser blanchieren und unter kaltem Wasser abschrecken. Die Schnitzel waschen, trockentupfen, mit Salz und Pfeffer einreiben und mit Senf bestreichen. Jeweils ein Wirsingblatt auf ein Schnitzel legen und 1/4 des Hackfleischs darauf verteilen. Die Schnitzel aufwickeln und mit Rouladennadeln zusammenstecken.

2

Das Suppengrün waschen, putzen und kleinschneiden. Die Zwiebel schälen und würfeln. Die Butter in einem Topf erhitzen und die Rouladen darin ringsum anbraten. Das Gemüse zufügen und einige Minuten mitschmoren. Die Brühe angießen und alles zugedeckt 45 Minuten köcheln lassen.

3

Das Fleisch herausnehmen und warm stellen. Brühe und Gemüse durch ein Sieb passieren. Die Sahne mit dem Mehl verrühren, die Sauce damit binden und mit Salz und Pfeffer abschmecken. Dazu schmeckt Thüringer Serviettenkloß (Seite 266) oder Stärkknölle.

Stärkknölle

Für 4 Personen
Ganz einfach

1 kg Kartoffeln, Salz
1 Msp. geriebene Muskatnuß
250 g Kartoffelmehl, 1/4 l Milch
100 g Weißbrot, 20 g Butter

1

Die Kartoffeln in der Schale kochen, pellen, durch die Kartoffelpresse in eine Schüssel drücken und mit 2 Teelöffel Salz und dem Muskat vermischen. Die Milch erhitzen.

2

Die Kartoffelmasse mit dem Kartoffelmehl vermischen und zusammen mit der heißen Milch zu einem glatten Teig verarbeiten. Das Weißbrot in kleine Würfel schneiden. Die Butter in einer Pfanne zerlassen und die Würfel darin goldbraun rösten.

3

In einem großen Topf reichlich Salzwasser zum Kochen bringen. Aus dem Teig 8 Klöße formen, dabei die gerösteten Brotwürfel in die Mitte geben. Die Klöße in den Topf geben und 20 Minuten im siedenden Wasser ziehen lassen.

Thüringer Serviettenkloss

Für 4 Personen

Besonders typisch, ganz einfach

400 g Weißbrot (mit Rinde)
1/2 l lauwarme Milch
4 Eier, Salz
1 Msp. geriebene Muskatnuß

1

Das Weißbrot in kleine Würfel schneiden und in eine Schüssel geben. Die Milch mit den Eiern verquirlen, 1 Teelöffel Salz und Muskat zugeben und die Mischung über die Brotwürfel gießen. Alles gut miteinander vermengen und zu einem großen Kloß formen.

2

In einem großen Topf reichlich Salzwasser zum Kochen bringen. Den Kloß in eine gebrühte Serviette geben und die Serviette locker an den Enden mit je einem Bindfaden zusammenknoten, da der Kloß Platz zum Aufgehen braucht.

3

Die Serviette an den Stiel eines Holzkochlöffels hängen. Den Kochlöffel quer auf den Topf legen, so daß die Serviette mit dem Kloß in das kochende Wasser hineinreicht. Den Serviettenkloß 45 Minuten im schwach siedenden Wasser gar ziehen lassen.

Auch der Serviettenkloß gehört zur großen thüringischen Kloßfamilie. Beim Garen in der Serviette, die an den Enden zusammengebunden wird, braucht er Platz zum Aufgehen.

Geschmorte Schweinshaxe in Biersauce

Für 4 Personen
Braucht etwas Zeit

4 Schweinshaxen à 700 g
6 Knoblauchzehen, 1 TL Salz
1/2 TL frisch gemahlener weißer Pfeffer
1 EL gemahlener Kümmel, 6 EL Öl
2 Bund Suppengrün, etwa 2 l Fleischbrühe
1/2 l helles Bier, 2 EL Mehl
30 g kalte Butter

1

Die Schweinshaxen waschen und trockentupfen. Die Schwarten mit einem scharfen Messer mehrmals über Kreuz einschneiden. Die Knoblauchzehen schälen, sehr fein schneiden, mit Salz, Pfeffer und Kümmel vermengen und das Fleisch damit einreiben.

2

In einem Bräter das Öl erhitzen und die Haxen darin ringsum anbraten. Das Suppengrün putzen, waschen, grob zerkleinern und einige Minuten mitrösten lassen. Soviel Brühe angießen, daß die Haxen zu einem Viertel bedeckt sind.

3

Das Fleisch im vorgeheizten Backofen zuerst 20 Minuten bei 250 Grad (Umluft 230 Grad, Gas Stufe 5 bis 6), danach bei 200 Grad (Umluft 180 Grad, Gas Stufe 3 bis 4) 2 Stunden garen. Ab und zu etwas Brühe ergänzen und 10 Minuten vor Ende der Garzeit das Bier zugießen.

4

Das Fleisch herausnehmen und warm stellen. Den Bratenfond durch ein feines Sieb streichen. Das Mehl in wenig kaltem Wasser glattrühren und die Sauce damit binden. Zuletzt die kalte Butter unterrühren. Fleisch und Sauce mit Speckklößen und Sauerkraut (Seite 156) servieren.

Speckklösse

Für 4 Personen
Besonders typisch, ganz einfach

1 kg Kartoffeln
100 g Speck, 1 Zwiebel
20 g Butter, 4 EL Semmelbrösel
Salz, 4 Eier
1 Msp. geriebene Muskatnuß
2 EL Stärkemehl
2 EL Mehl

1

Die Kartoffeln in der Schale kochen, pellen und durch die Kartoffelpresse in eine Schüssel drücken. Den Speck in kleine Würfel schneiden. Die Zwiebel schälen und fein hacken. Die Butter in einer Pfanne erhitzen und Speck, Zwiebel und Semmelbrösel darin rösten. Die Mischung auskühlen lassen.

2

In einem Kloßtopf reichlich Salzwasser zum Kochen bringen. Die Speckzwiebeln zur Kartoffelmasse geben, Eier, 1 Teelöffel Salz, Muskat und Stärkemehl zufügen und alles gut verkneten. Aus dem Teig 8 Klöße formen und im Mehl wälzen. Die Klöße in den Topf geben und 20 Minuten im siedenden Wasser ziehen lassen.

Schusterpfanne nach Suhler Art

Für 4 Personen
Ganz einfach

500 g Kartoffeln, 500 g Kalbsleber
150 g Speck, 2 Zwiebeln, 4 eingelegte Salzheringe
Fett für die Form, 1 EL Majoran, 2 EL Semmelbrösel, Salz

1

Die Kartoffeln in der Schale 15 Minuten kochen, pellen und in feine Scheiben schneiden. Leber und Speck sehr fein schneiden. Die Zwiebeln schälen und fein würfeln. Die Heringe waschen, häuten, entgräten und in feine Streifen schneiden.

2

Eine feuerfeste Form einfetten und die Hälfte des Specks einfüllen. Die Hälfte der Heringsstreifen und der Kartoffeln daraufgeben. Die kleingeschnittene Leber darüber verteilen, mit Majoran bestreuen und mit Zwiebelwürfeln bedecken. Die restlichen Kartoffeln darauflegen, darüber die restlichen Heringsstreifen geben und obenauf den restlichen Speck und die Semmelbrösel.

3

Die Schusterpfanne etwas salzen, 3 Eßlöffel Wasser darüberspritzen und im vorgeheizten Backofen bei 200 Grad (Umluft 180 Grad, Gas Stufe 3 bis 4) etwa 30 Minuten garen.

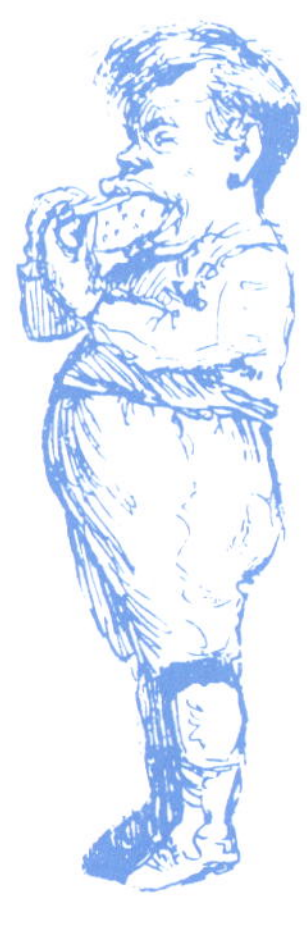

Herzhafter Kartoffelkuchen

Für 16 Stücke
Preiswert

Für den Teig:
350 g Mehl, 30 g Hefe
200 ml Milch, 100 g Butter, Salz
200 g gekochte Kartoffeln, Butter für das Blech
Für den Belag:
4 Zwiebeln, 500 g Quark (40%), 2 Eier, 4 EL süße Sahne
Salz, frisch gemahlener schwarzer Pfeffer
3 EL Rosmarin, 100 g Reibekäse

1

Das Mehl in eine Schüssel sieben, in die Mitte eine Vertiefung drücken. Die Hefe in etwas lauwarmer Milch verrühren, in die Vertiefung gießen und leicht mit Mehl bestäuben. Die Butter in Flöckchen und eine kräftige Prise Salz auf dem Mehlrand verteilen und den Vorteig zugedeckt an einem warmen Platz 15 Minuten gehen lassen.

2

Die Kartoffeln durch die Kartoffelpresse drücken. Den Vorteig mit der restlichen Milch und den Kartoffeln zu einem glatten Teig verkneten und zugedeckt an einem warmen Platz 1 Stunde gehen lassen. Inzwischen die Zwiebeln schälen und fein hacken. Den Quark mit Eiern, Sahne, Salz, Pfeffer, Rosmarin, Reibekäse und Zwiebeln verrühren.

3

Ein Backblech ausbuttern. Den Teig erneut durchkneten, auf dem Backblech ausrollen und einen Rand hochziehen. Die Quarkmasse darauf verteilen und den Teig nochmals 15 Minuten gehen lassen. Den Kartoffelkuchen im vorgeheizten Backofen bei 180 Grad (Umluft 160 Grad, Gas Stufe 2 bis 3) etwa 45 Minuten backen.

»Das Gute schelten? – Magst probieren!
Es geht, wenn du dich frech erkühnst;
Doch treten, wenn's die Menschen spüren,
Sie dich in Quark, wie du's verdienst.«

Johann Wolfgang von Goethe

KARTOFFELPUDDING

Für 4 Personen
Preiswert

500 g Kartoffeln, 125 g Butter
4 Eier, 150 g Zucker, 2 EL Semmelbrösel
1 Prise Salz, 1/2 TL abgeriebene unbehandelte Zitronenschale
100 g geriebene Mandeln, Butter für die Form
2 EL Zucker zum Bestreuen

1

Die Kartoffeln in der Schale gar kochen, pellen und durch die Kartoffelpresse in eine Schüssel drücken. Die Butter sahnig rühren und zu den Kartoffeln geben.

2

Die Eier trennen. Eigelbe, Zucker, Semmelbrösel, Salz, Zitronenschale und Mandeln vermischen und unter die Kartoffelmasse rühren. Die Eiweiße zu Schnee schlagen und unterheben.

3

Eine Auflaufform ausbuttern, die Masse einfüllen, mit Zucker bestreuen und im vorgeheizten Backofen bei 200 Grad (Umluft 180 Grad, Gas Stufe 3 bis 4) etwa 1 Stunde backen.

Heinaer Schnorrkuchen

Für 16 Stücke
Besonders typisch, preiswert

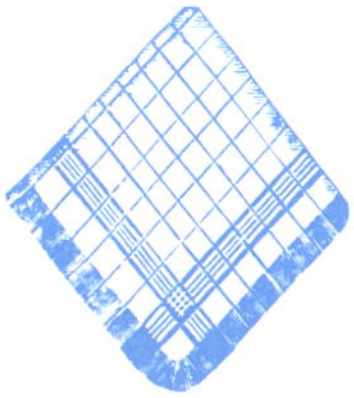

2,5 kg Kartoffeln
Salz, 1/2 l Milch
Butter für das Blech
500 g Quark (40%)
4 Eier, 125 g Zucker
125 g Schmand

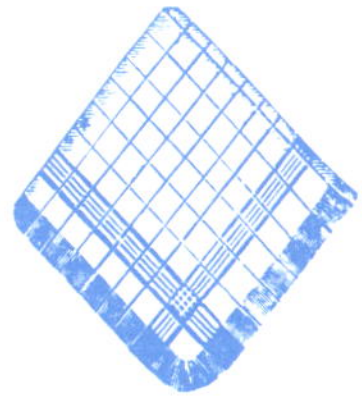

1

Die Kartoffeln schälen und waschen. 1/3 der Kartoffeln grob zerkleinern und in Salzwasser garen. Inzwischen die restlichen Kartoffeln reiben, in ein Leinentuch füllen und so lange auspressen, bis sie trocken sind.

2

Knapp 1/4 Liter Milch erhitzen. Die gegarten Kartoffeln abgießen, zerstampfen und die heiße Milch einrühren. Die trockengepreßte Kartoffelmasse in eine Schüssel geben, mit 2 Gabeln auflockern, 1/2 Teelöffel Salz und den heißen Kartoffelbrei zufügen und alles gut miteinander verkneten.

3

Ein Backblech ausbuttern. Die Kartoffelmasse daraufstreichen und im vorgeheizten Backofen bei 200 Grad (Umluft 180 Grad, Gas Stufe 3 bis 4) 5 Minuten trocknen lassen.

4

Quark, Eier, Zucker und die restliche Milch vermischen und glattrühren. Die Quarkmasse auf den angetrockneten Teig streichen, den Schmand darüber verteilen und den Kuchen bei gleicher Temperatur weitere 20 Minuten backen. Den Schnorrkuchen noch heiß servieren.

Dazu trinkt man Kaffee – süß und mit viel Milch.

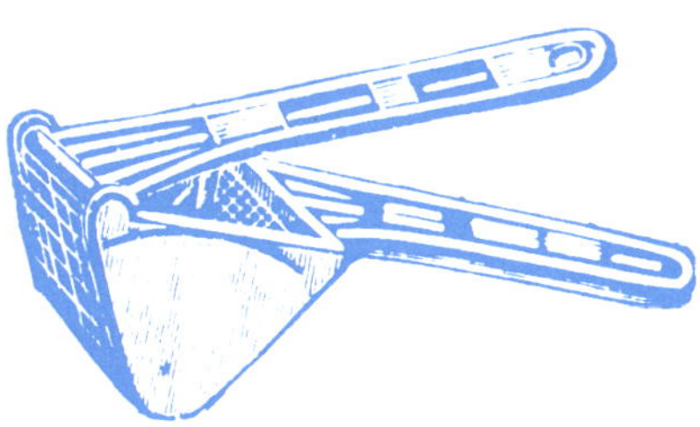

Apfelsinenkuchen

Für 12 Stücke
Ganz einfach, geht schnell

200 g Butter, 325 g Zucker, 1 Päckchen Vanillezucker
1 kräftige Prise Salz, 4 Eier, 200 g Mehl, 1 gestrichener TL Backpulver
Butter für die Form, Saft von 4 Apfelsinen, 2 EL Zitronensaft

1

Butter, 200 Gramm Zucker, Vanillezucker und Salz in einer Schüssel schaumig rühren, dabei nach und nach die Eier einrühren. Das Mehl mit dem Backpulver vermischen, sieben und eßlöffelweise unterrühren.

2

Eine Springform von 26 Zentimeter Durchmesser ausbuttern, den Teig einfüllen und glattstreichen. Den Kuchen bei 200 Grad (Umluft 180 Grad, Gas Stufe 3 bis 4) etwa 35 Minuten backen. Inzwischen den Apfelsinen- und Zitronensaft mit dem restlichen Zucker verrühren.

3

Den Kuchen aus der Backröhre nehmen und mit einer Stricknadel mehrmals einstechen. Die Saftmischung darübergießen und den Kuchen sofort im Backofen bei gleicher Temperatur weitere 5 Minuten backen.

Thüringer Hochzeitsregeln

Weidaer Blechkuchen wie der Greibelkuchen sind auf jeder Hochzeit dabei. Aber: Die Braut darf sich nicht am Kuchenbacken beteiligt haben. Und ihr Brautkleid darf sie vorher auch nicht anprobieren, ja, sie darf noch nicht einmal daran gearbeitet haben. Sonst gibt's ein Unglück. Und auch darauf achtet jede Braut: Sie versucht ihrem Bräutigam während der Trauung kräftig auf den Fuß zu treten, denn dann erlangt sie die Herrschaft in der Ehe (jetzt weiß man, warum Brautleute oftmals während der Trauung mit ihren Füßen hin- und herzappeln). Außerdem gilt, daß nur die Braut, die am Hochzeitstag Geld in der Tasche und Brotkrümel im Schuh hat, niemals Not leiden wird …

Weidaer Greibelkuchen

Für 16 Stücke
Braucht etwas Zeit

Für den Teig:
400 g Mehl, 25 g Hefe
80 g Zucker, 200 ml Milch, 1 kräftige Prise Salz
1/2 TL abgeriebene unbehandelte Zitronenschale
1 Päckchen Vanillezucker, 80 g Butter
Mehl für die Arbeitsfläche, Butter für das Blech
etwas Milch zum Bestreichen
80 g Butter zum Bestreichen
80 g Zucker zum Bestreuen
Für die Greibel (Streusel):
150 g kalte Butter, 150 g Zucker
200 g Mehl, 1 Msp. Zimt
1 Päckchen Vanillezucker

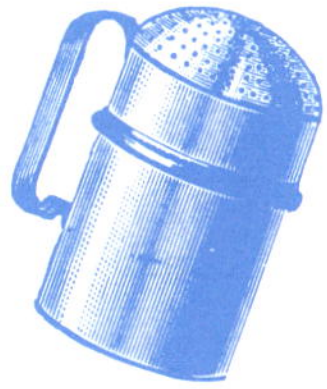

1

Das Mehl in eine Schüssel sieben, in die Mitte eine Vertiefung drücken. Die Hefe mit 1 Teelöffel Zucker in etwas lauwarmer Milch verrühren, in die Vertiefung gießen und leicht mit Mehl bestäuben. Den restlichen Zucker, Salz, Zitronenschale, Vanillezucker und die Butter in Flöckchen auf dem Mehlrand verteilen und den Vorteig zugedeckt an einem warmen Platz 15 Minuten gehen lassen.

2

Den Vorteig von der Mitte aus zu einem glatten Teig verkneten, dabei die restliche Milch zugeben. Den Teig zugedeckt an einem warmen Platz 1 Stunde gehen lassen. Inzwischen für die Streusel die kalte Butter mit dem Zucker verkneten, dabei Mehl, Zimt und Vanillezucker einarbeiten.

3

Den Teig zusammenstoßen, erneut durchkneten und auf einer bemehlten Arbeitsfläche ausrollen. Ein Backblech ausbuttern, den Teig daraufgeben und mit Milch bestreichen. Die Streusel darüber verteilen und den Kuchen im vorgeheizten Backofen bei 200 Grad (Umluft 180 Grad, Gas Stufe 3 bis 4) etwa 35 Minuten backen. Den heißen Kuchen mit Butter bestreichen und mit Zucker bestreuen.

VARIANTE: Auf den gebackenen, gebutterten Kuchen kann anstelle von Zucker 125 Gramm Puderzucker gesiebt werden.

Hefenapfkuchen

Für 12 Stücke
Ganz einfach

200 g Sultaninen
4 EL Rum, 500 g Mehl
30 g Hefe, 150 g Zucker, 1/4 l Milch
250 g Butter, 1 kräftige Prise Salz
1 Päckchen Vanillezucker, 50 g gehackte Mandeln
1/2 TL abgeriebene unbehandelte Zitronenschale
3 Eier, Butter für die Form
150 g Puderzucker zum Bestreuen

1

Die Sultaninen waschen, mit dem Rum begießen und zugedeckt 30 Minuten ziehen lassen. Das Mehl in eine Schüssel sieben, in die Mitte eine Vertiefung drücken. Die Hefe mit 1 Teelöffel Zucker in etwas lauwarmer Milch verrühren, in die Vertiefung gießen und leicht mit Mehl bestäuben. Den restlichen Zucker, 200 Gramm Butter in Flöckchen, Salz, Vanillezucker, Mandeln und Zitronenschale auf dem Mehlrand verteilen und den Vorteig zugedeckt an einem warmen Platz 15 Minuten gehen lassen.

2

Den Vorteig von der Mitte aus zu einem glatten Teig verkneten, dabei die restliche Milch, die Eier und die Sultaninen zugeben. Eine Napfkuchenform von mittlerer Größe ausbuttern, den Teig einfüllen und im vorgeheizten Backofen bei 200 Grad (Umluft 180 Grad, Gas Stufe 3 bis 4) etwa 60 Minuten backen. Den Kuchen herausnehmen und mit der restlichen Butter bestreichen. Etwas auskühlen lassen und mit Puderzucker übersieben.

Buttergebäck

Für etwa 25 Stück
Ganz einfach

1 Vanillestange
250 g Zucker, 300 g Butter
125 g geriebene Mandeln
50 g Kokosraspel
2 Eier, 500 g Mehl
Butter für das Blech

1

Die Vanillestange und den Zucker auf einem Küchenbrett mit dem Nudelholz zerdrücken. Die Butter in einer Schüssel sahnig rühren. Vanille, Zucker, Mandeln, Kokosraspel und Eier zufügen und verrühren. Das Mehl sieben, nach und nach zugeben und alles zu einem glatten Teig verrühren.

2

Ein Backblech ausbuttern. Den Teig in einen Spritzbeutel mit Lochtülle füllen und als kleine S-Formen auf das Backblech drücken. Die Plätzchen im vorgeheizten Backofen bei 180 Grad (Umluft 160 Grad, Gas Stufe 2 bis 3) in etwa 10 Minuten hellgelb backen.

Menü des Monats

Weimarer Zwiebelsuppe
Geschmorte Schweinshaxe und Speckklöße
Heinaer Schnorrkuchen

DIE KÜCHE

Er wird zwar der »Graue« genannt, aber in Thüringens Küchen sieht es im November durchaus nicht grau aus. Für Farbe und kulinarische Vielfalt sorgen die drei »R«: Rotkohl, Rosenkohl, Rawenzele. Und dann ist da auch noch der Martinstag und verspricht Delikatessen besonderer Art…

im November

Am 10. November, Martin Luthers Geburtstag, wenn die Martinhörnchen mit der leckeren Füllung zu hohen Bergen aufgeschichtet liegen, gibt es niemanden in Erfurt, der nicht mindestens eines davon zur Feier des Tages vernascht.

WAS ES IM NOVEMBER

ROTKOHL

Wie sein Bruder, der Weißkohl, präsentiert sich dieses rot-blaue Gemüse, das mancherorts auch Blaukraut genannt wird, mal rund, mal oval. Rotkohl enthält viel Eisen, Senföle, etwas Vitamin C, Kalium, Kalzium, Magnesium und ist außerdem zuckerhaltiger als sein weißer Verwandter. Er schmeckt roh als Salat, gegart als Gemüse, und die Thüringer bevorzugen ihn für ihre würzigen Kohlwickel. Obwohl er das ganze Jahr über zu haben ist, zählt er zu den typischen Wintergemüsen. Beim Kauf sollte man unbedingt darauf achten, daß der Kopf fest ist.

ROSENKOHL

Klein, aber oho ist dieses Mitglied der Kohlfamilie. In Belgien machte der Rosenkohl im Jahre 1785 als »Brüsseler Kohl« Furore, seinen Weg durch Europa fand er indes erst im 19. Jahrhundert. Er liefert hochwertiges Eiweiß und enthält viel Vitamin C, Kalium, Phosphor und Schwefel. Am besten schmeckt der winterharte Rosenkohl, wenn er Frost abbekommen hat – als farbenfrohe Beilage neben Gebratenem, in Suppen oder Eintöpfen und sogar im Salat.

RAWENZELE

Die einstmals »wilde« Pflanze mit ihren kleinen, würzigen Blättchen brilliert unter den Blattsalaten mit dem höchsten Eisengehalt. Rawenzele oder Feldsalat ist vom Herbst bis zum Frühjahr erhältlich. Durch den relativ großen Arbeitsaufwand bei der Ernte ist er zwar nicht ganz billig, belohnt dafür aber mit seinem köstlichen Geschmack.

Alles Gutes gibt...

Gans

Im November und Dezember schmoren sie mit oder ohne Füllung in Thüringens Backöfen und verbreiten den köstlichen Duft, der sich so herrlich mit Rotkohl und Thüringer Klößen vereint. Doch die Ehre, ein Hauptgericht zu sein, wird den Gänsen in Thüringen nicht zuteil. Die bleibt den runden »Echten« vorbehalten, die umhüllt mit Geflügelsauce besonders gut »ritschen«. Das köstlich zarte Fleisch natürlich auch.

Backpulver

Jetzt im November wird es langsam wieder Zeit für die vorweihnachtliche Bäckerei, und dazu gehört natürlich auch das Backpulver. Dieses Treibmittel – es besteht aus Natron und Säure – entwickelt bei Wärme und Feuchtigkeit Kohlendioxid, das den Teig in die Höhe treibt und dafür sorgt, daß Kuchen und Plätzchen schön locker und porös werden. Es sollte kühl und trocken in einer gut schließenden Dose und getrennt von stark riechenden Lebensmitteln oder Backgewürzen gelagert werden. Als Faustregel gilt: 1 Päckchen Backpulver genügt für 500 Gramm Mehl.

Typisch für den November

SPECKSUPPE

Für 4 Personen
Ganz einfach

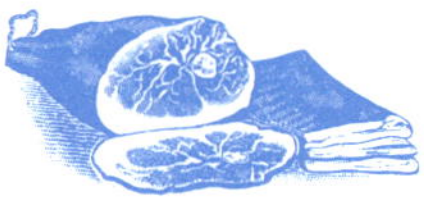

2 Semmeln, 100 g Butter
250 g durchwachsener Speck
3 Zwiebeln, 1 EL Mehl
1 l Fleischbrühe
2-3 EL gehackte Petersilie
Salz, frisch gemahlener schwarzer Pfeffer

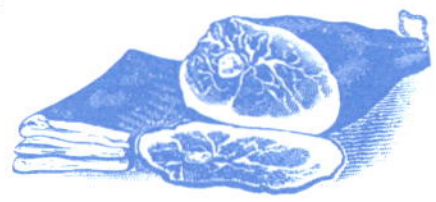

1

Die Semmeln in kleine Würfel schneiden. 50 Gramm Butter in einer Pfanne zerlassen, das Brot darin goldgelb rösten und herausnehmen. Den Speck in kleine Würfel schneiden, die Zwiebel schälen und fein hacken und beides in der gleichen Pfanne in der zerlassenen Butter anrösten.

2

Die restliche Butter in einem Topf erhitzen, das Mehl darin anschwitzen und etwas Fleischbrühe angießen. Unter Rühren Speck, Zwiebeln, Petersilie, Salz und Pfeffer zugeben und die restliche Brühe einrühren. Die Suppe kurz aufkochen lassen, auf vorgewärmte Teller füllen und die Semmelwürfel darauf verteilen.

Brotsuppe mit Äpfeln

Für 4 Personen
Preiswert, ganz einfach

250 g Schwarzbrot, 1 Stück unbehandelte Zitronenschale
1 Stück Zimtrinde, 1 Nelke, 100 g Zucker, 2 EL Sultaninen
1 EL Korinthen, 4 Äpfel, 50 g weiche Butter
2 EL geröstete Mandelsplitter

1

Das Brot in Würfel schneiden. Die Brotwürfel mit Zitronenschale, Zimtrinde und Nelke in 1 Liter Wasser zum Kochen bringen, 10 Minuten köcheln lassen und durch ein Sieb geben. Den Zucker in die Suppe einrühren.

2

Sultaninen und Korinthen waschen und zur Suppe geben. Die Äpfel schälen, entkernen, in Spalten schneiden und ebenfalls zufügen. Die Suppe erhitzen und 5 Minuten köcheln lassen. Die Butter einrühren und die Mandelsplitter darüberstreuen.

***VARIANTE:** Anstelle von Schwarzbrot können auch Semmeln oder Weißbrot verwendet werden. Brotsuppe war bei den Altvorderen ein Hochzeitsessen, das auf vielerlei Art auf den Tisch kam – mal mit süßen, mal mit deftigen Zutaten (Seite 41).*

Rotweinsuppe

Für 4 Personen
Ganz einfach

3 Nelken, 2 Scheiben unbehandelte Zitrone, 1 Msp. Zimt
2 EL Zucker, 80 g Sago, 3/4 l Rotwein

1

In einem Topf 1/2 Liter Wasser mit Nelken, Zitrone, Zimt und Zucker zum Kochen bringen und den Sago einstreuen. Den Rotwein inzwischen erwärmen. Wenn der Sago nach etwa 20 Minuten glasig ist, den Topf vom Herd nehmen, den Rotwein zugießen und die Suppe sofort servieren.

Rotkohlwickel

Für 4 Personen
Braucht etwas Zeit

1 Rotkohl (etwa 1,5 kg)
1 Semmel, 1 Tasse Milch
1 Knoblauchzehe
800 g Hackfleisch vom Rind, 1 Ei
frisch gemahlener schwarzer Pfeffer
Salz, 2 EL gehackte Zwiebel
1 EL gehackte Petersilie
8 dünne Scheiben Schinkenspeck
3 EL Öl, 1/4 l Rotwein, 1 TL Zucker
1 EL Weinessig, 125 g saure Sahne
1 EL Schmand

1

Aus dem Rotkohl den Strunk herausschneiden und die welken äußeren Blätter entfernen. 8 schöne, große Rotkohlblätter vorsichtig ablösen und in kochendem Salzwasser 5 Minuten blanchieren, damit sie sich gut formen lassen. Die Blätter unter kaltem Wasser abschrecken und trockentupfen.

2

Die Semmel in der Milch einweichen und gut ausdrücken. Die Knoblauchzehe pellen und fein hacken. Das Hackfleisch in einer Schüssel mit der ausgedrückten Semmel, Knoblauch, Ei, Pfeffer, Salz, Zwiebel und Petersilie vermengen.

3

Jeweils ein Kohlblatt auf ein mit Pfeffer und Salz bestreutes Küchenbrett legen und mit je einer Scheibe Schinkenspeck und einem Achtel der Fleischmasse belegen. Die Blätter seitlich ein wenig über dem Fleisch einschlagen, aufrollen und mit Rouladennadeln oder Küchengarn zusammenhalten.

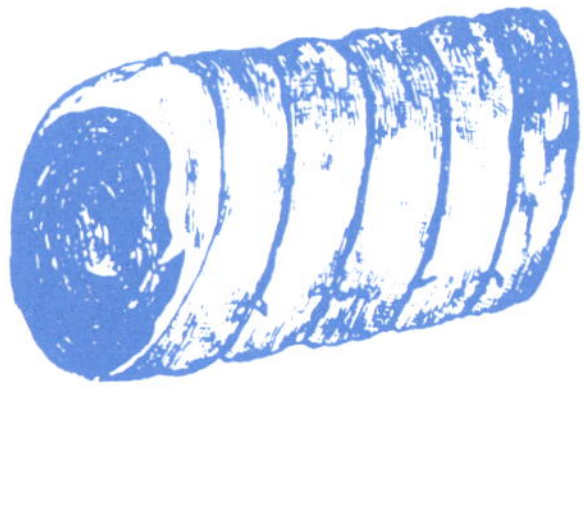

4

Das Öl in einem Schmortopf erhitzen und die Rouladen darin ringsum anbraten. Den Rotwein angießen, Zucker und Essig zufügen und alles zugedeckt etwa 35 Minuten schmoren lassen. Die Rouladen auf einer Platte anrichten und warm stellen. In die Sauce die saure Sahne und den Schmand einrühren und mit Salz und Pfeffer abschmecken. Mit Petersilienkartoffeln oder Kartoffelbrei zu Tisch bringen.

VARIANTEN:* *Mancherorts verwendet man für die Füllung durch den Fleischwolf gedrehtes Wildschwein anstelle von Hackfleisch und gibt an die Sauce obendrein noch Waldpilze. Einen besonderen Pfiff bekommt die Sauce auch, wenn man den Rouladen 10 Minuten vor Ende der Garzeit 50 Gramm geputzte Pfifferlinge zufügt.

Die Blätter lassen sich leichter vom Kohlkopf ablösen, wenn man sie zunächst etwas vorsichtig aufrollt und danach von oben nach unten abhebt.

Rosenkohl mit Speck

Für 4 Personen
Ganz einfach

1 kg Rosenkohl, Salz
150 g durchwachsener Speck
2 Zwiebeln, 100 g Butter
frisch gemahlener weißer Pfeffer
1 Msp. geriebene Muskatnuß, 2 EL Semmelbrösel

1

Den Rosenkohl putzen, waschen und in wenig Salzwasser etwa 10 Minuten garen. Das Kochwasser abgießen. Den Speck in kleine Würfel schneiden, die Zwiebeln schälen und fein hacken.

2

In einem Topf 50 Gramm Butter erhitzen und die Speck- und Zwiebelwürfel darin glasig werden lassen. Den Rosenkohl zugeben, durchschwenken, mit Pfeffer und Muskat würzen und noch weitere 5 Minuten bei geringer Hitze durchschwenken. In einer Pfanne die restliche Butter zerlassen, die Semmelbrösel darin rösten und über dem Rosenkohl verteilen.

Kartoffelhüllerle mit Quark

Für 4 Personen
Besonders typisch, preiswert

8 mittelgroße Kartoffeln
250 g Quark (40%), 50 g weiche Butter
4 Eier, 125 g Mehl, Salz
frisch gemahlener weißer Pfeffer
1 Msp. geriebene Muskatnuß
2 EL gehackte Petersilie
200 g Schinkenspeck
Öl zum Ausbacken

1

Die Kartoffeln in der Schale kochen, pellen und durch die Kartoffelpresse in eine Schüssel drücken. Quark, Butter, Eier, Mehl, Salz, Pfeffer, Muskat und Petersilie zur Kartoffelmasse geben und alles gut verkneten.

2

Den Speck in kleine Würfel schneiden und in einer Pfanne knusprig braten. Reichlich Öl erhitzen. Aus dem Kartoffelteig kleine Kugeln formen und die Kugeln im Fett schwimmend goldgelb backen. Die Hüllerle in einer Schüssel anrichten und mit Speckwürfeln und dem Speckfett übergießen.

Thüringer Käsepfanne

Für 4 Personen
Ganz einfach, geht schnell

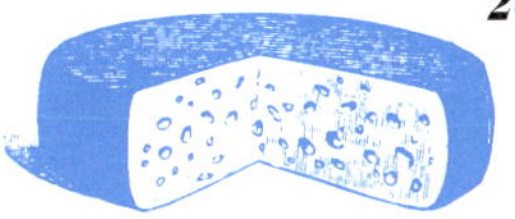

6 Semmeln
1/8 l Milch
125 g süße Sahne
200 g Reibekäse
200 g Schinkenspeck
2 Zwiebeln
50 g Butter

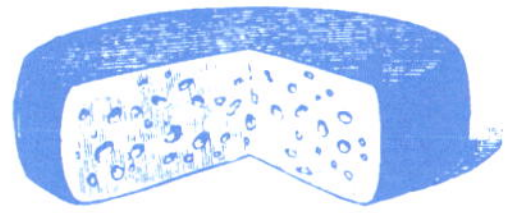

1

Die Semmeln in Scheiben schneiden, in einer Schüssel mit Milch und Sahne übergießen und den Reibekäse darübergeben. Den Schinkenspeck in kleine Würfel schneiden. Die Zwiebeln schälen und fein hacken.

2

In einer großen Pfanne die Butter zerlassen und die Zwiebeln darin andünsten. Die Schinkenspeckwürfel dazugeben und kurz mitrösten. Die eingeweichten Semmeln mit dem Reibekäse verkneten, zufügen und alles unter Rühren bei milder Hitze goldbraun braten.

Schwalbennest mit Speck

Für 4 Personen
Ganz einfach

100 g durchwachsener Speck, 1 Zwiebel, 2 EL Öl
500 g Hackfleisch (halb Rind, halb Schwein)
5 Eier, 1 EL gehackte Petersilie, Salz
frisch gemahlener schwarzer Pfeffer
1 EL Majoran, Butter für die Form

1

Den Speck in kleine Würfel schneiden. Die Zwiebel schälen und fein schneiden. Das Öl in einer Pfanne erhitzen und Speck- und Zwiebelwürfel darin goldgelb braten.

2

Das Hackfleisch in einer Schüssel mit einem Ei, Petersilie, Salz, Pfeffer, Majoran und der ausgekühlten Speck-Zwiebel-Mischung vermengen. Die restlichen Eier hart kochen und pellen.

3

Eine Kastenform ausbuttern, die Fleischmasse einfüllen und die gekochten Eier darin einbetten. Das Schwalbennest im vorgeheizten Backofen bei 200 Grad (Umluft 180 Grad, Gas Stufe 3 bis 4) etwa 40 Minuten garen.

VARIANTE: Anstelle der Eier wird in Nordthüringen auch gern eine Füllung aus jungen Möhren, Erbsen und gehackter Petersilie verwendet. Manch einer streut vor dem Backen noch 2 Eßlöffel geriebenen Käse obenauf.

Schwalbennest mit Rindfleisch

Für 4 Personen
Braucht etwas Zeit

4 Rindsrouladen
Salz, 4 hartgekochte Eier
4 Scheiben roher Schinken
50 g Speck, 2 EL Sonnenblumenöl
125 g saure Sahne, 1/8 l Fleischbrühe
1 EL Stärkemehl

1

Die Fleischscheiben waschen, trockentupfen, klopfen und mit etwas Salz einreiben. Die Eier pellen. Auf jede Roulade eine Scheibe Schinken und ein hartes Ei legen. Die Fleischscheiben aufrollen und mit Rouladennadeln zusammenhalten.

2

Den Speck in kleine Würfel schneiden. Das Öl in einem Topf erhitzen und Speck und Rouladen darin ringsum anbraten. Die saure Sahne angießen und alles zugedeckt bei geringer Hitze etwa 60 Minuten schmoren, dabei nach und nach die heiße Brühe angießen.

3

Das Fleisch herausnehmen und auf einer vorgewärmten Platte anrichten. Das Stärkemehl in wenig kaltem Wasser verrühren und die Sauce damit binden. Dazu schmeckt knuspriges Landbrot und ein knackiger Salat.

VARIANTE: Anstelle des Stärkemehls kann man auch 1 Eßlöffel kalte Butter (rasch!) in die Sauce rühren.

Danach gibt es Kaffee und Rahmgebäck, denn »mer muß sein Mö ömmerzu öppes obieten. Wann är'sch net mööch, muß mer'sch selwer essn«. (Man muß seinem Magen immer etwas anbieten. Wenn er's nicht mag, muß man es selbst essen.)

Suhler Erdäpfelzelot mit Rawenzele

Für 4 Personen
Preiswert

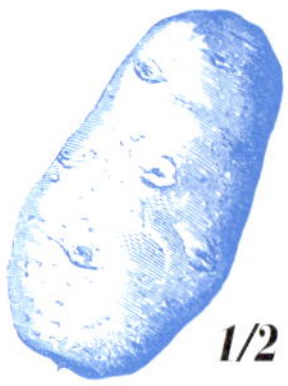

1,5 kg Kartoffeln
2 Zwiebeln, 200 g Speck
4 EL Öl, 2 EL Essig
125 g Schmand, 1 EL Senf, Salz
frisch gemahlener weißer Pfeffer
1/2 TL Zucker, 150-200 g Rawenzele (Feldsalat)

1

Die Kartoffeln in der Schale gar kochen, pellen und in Scheiben schneiden. Die Zwiebeln schälen und fein hacken. Den Speck in kleine Würfel schneiden und in einer Pfanne kroß braten.

2

Öl, Essig, Schmand und Senf verrühren und mit Salz, Pfeffer und Zucker abschmecken. Die Zwiebeln und die ausgebratenen Speckwürfel zusammen mit dem Speckfett untermischen.

3

Die Kartoffelscheiben in eine Schüssel geben, die Salatsauce darüber verteilen und alles vorsichtig vermengen. Den Kartoffelsalat bei Zimmertemperatur gut 2 Stunden durchziehen lassen.

4

Die Rawenzele gründlich waschen, gut abtropfen lassen, eventuelle Wurzelreste entfernen und unterheben. Den Erdäpfelzelot sofort servieren. Dazu schmeckt Rostbrätel (Seite 292) oder ein Schwalbennest (Seite 288 und 289).

Topfbraten

Für 4 Personen
Läßt sich vorbereiten

2 Zwiebeln, 1 TL Zucker, 1/2 TL Salz, 1/8 l Weinessig
1/4 l Fleischbrühe, 3 gemahlene Nelken, 5 Pfefferkörner
200 g geriebener Honigkuchen, 500 g Schweinezunge
500 g Innereien und »Abfälle« vom Schwein
(Herz, Niere, Ohr, Backe, Schwarte), 1 unbehandelte Zitrone

1

Die Zwiebeln schälen und kleinschneiden. Zucker, Salz und Essig in einem Topf vermischen, die Zwiebeln zufügen, alles zum Kochen bringen und 5 Minuten köcheln lassen. Brühe, Nelken, Pfefferkörner und den Honigkuchen zugeben und weitere 5 Minuten köcheln lassen, dabei ab und zu umrühren.

2

Das gesamte Fleisch waschen, trockentupfen und in kleine Stücke schneiden. Die Zitrone in Scheiben schneiden. Fleischwürfel und Zitronenscheiben in den Topf geben und alles zugedeckt etwa 1 Stunde schmoren lassen, so daß das Fleisch noch bißfest ist.

3

Nach Ende der Garzeit die Sauce mit Salz, Pfeffer und Essig abschmecken und die Zitronenscheiben entfernen. Den Topfbraten auf vorgewärmte Teller verteilen und Thüringer Klöße (Seite 20) dazu reichen.

Schlachtezeit ist Topfbratenzeit

In Thüringen ist Schlachtezeit gleichbedeutend mit Topfbratenzeit, denn alles, was beim Schlachten so »abfällt«, landet im Bratentopf und verwandelt sich dort zu einem genüßlichen Gaumenspaß. Denn auch bei der Resteverwertung erwiesen sich die Thüringer Hausfrauen stets als perfekte Könner. Zum Topfbraten gehören unbedingt Thüringer Klöße und ein gut gekühltes Pils oder ein dunkles Bier, zum Beispiel ein Raubritter Dunkel. Wer mag, kann sich auch danach einen Klaren genehmigen.

Rostbrätel

Für 4 Personen
Besonders typisch, läßt sich vorbereiten

500 g Zwiebeln
4 Schweinenackensteaks à 200 g
1/2 l helles Bier, Salz
frisch gemahlener schwarzer Pfeffer
1 EL Mehl, 100 g Butter

1

2 Zwiebeln schälen und in Ringe schneiden. Zwiebeln und Fleisch in eine kleine Schüssel legen und mit dem Bier übergießen, so daß alles bedeckt ist. Das Fleisch zugedeckt an einem kühlen Platz 24 Stunden ziehen lassen.

2

Die Steaks herausnehmen, gut abtropfen lassen und auf beiden Seiten mit Salz und Pfeffer einreiben. Die restlichen Zwiebeln schälen, in Ringe schneiden und im Mehl wälzen.

3

Die Butter in einer Pfanne erhitzen und die Fleischscheiben darin auf beiden Seiten je 3 Minuten braten. Die Zwiebelringe zufügen und noch 3 bis 4 Minuten mitbraten.

4

Das Fleisch auf vorgewärmten Tellern anrichten, die Zwiebelringe darüber verteilen und das Rostbrätel mit kräftigem Landbrot und Köstritzer Bier zu Tisch bringen.

Besonders gut schmeckt Rostbrätel, wenn es auf dem Holzkohlegrill zubereitet wird.

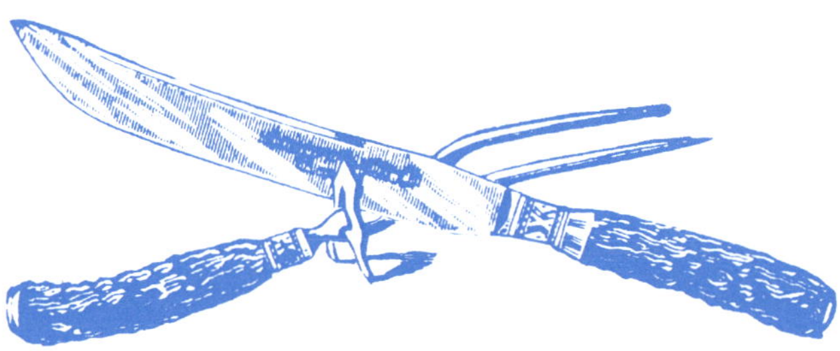

ERFURTER MARTINSGANS

Für 4 Personen
Braucht etwas Zeit

1 küchenfertige Gans (etwa 2,5 kg)
Salz, frisch gemahlener weißer Pfeffer
2-3 Stengel Beifuß, 2 Zwiebeln, 1 Bund Suppengrün
Für die Füllung:
2 Semmeln, 1/8 l Milch, 4 EL süße Sahne
1 Zwiebel, 2 Eier, Salz, Pfeffer
1 Msp. geriebene Muskatnuß
Für die Sauce:
1 EL Mehl, 200 g süße Sahne

1

Die Gans waschen, trockentupfen, innen und außen mit Salz und Pfeffer einreiben und die Beifußstengel in die Bauchhöhle legen. Die Zwiebeln und das Suppengrün putzen, waschen und grob zerkleinern.

2

Für die Füllung die Semmeln in Scheiben schneiden. Milch und Sahne erhitzen und über die Semmelscheiben gießen. Die Zwiebel schälen und fein hacken. Zwiebel, Eier, Salz, Pfeffer und Muskat zur Semmelmasse geben und alles gut vermischen. Die Gans damit füllen und die Öffnung mit Küchengarn zunähen.

3

Die Gans in der Fettpfanne des Backofens zusammen mit 300 Milliliter Wasser, Zwiebeln und Suppengrün zugedeckt im vorgeheizten Ofen bei 200 Grad (Umluft 180 Grad, Gas Stufe 3 bis 4) 1 1/4 Stunde garen. Die Gans bei gleicher Temperatur 90 Minuten auf dem Rost weiterbraten, dabei mehrmals wenden. Die Fettpfanne mit dem Bratenfond darunterstellen und zwischendurch bei Bedarf etwas Wasser nachgießen.

4

10 Minuten vor Ende der Bratzeit die Gans mit Salzwasser einpinseln, damit sie schön knusprig wird. Die Gans herausnehmen und warm stellen. Vom Bratenfond im Bräter das Fett abschöpfen und die Sauce durch ein Sieb in einen Topf umgießen. Das Mehl in der Sahne glattrühren und die Sauce damit binden. Die Gans tranchieren und mit Thüringer Klößen (Seite 20) und Rotkohl (Seite 26) zu Tisch bringen.

SCHWEISS

Für 4 Personen
Ganz einfach

6 Semmeln, 1 l Milch
1/4 l Gänse- oder Entenblut
3 Eier, Salz, frisch gemahlener schwarzer Pfeffer
1 EL gerebelter Majoran, 200 g fetter Speck, 2 Zwiebeln

1

Die Semmeln in Scheiben schneiden. Die Milch erhitzen und über die Semmeln gießen. Blut, Eier, Salz, Pfeffer und Majoran zugeben und alles glattrühren. Den Speck in Würfel schneiden. Die Zwiebeln schälen und ebenfalls würfeln.

2

In einer großen feuerfesten Pfanne den Speck ausbraten und die Zwiebeln darin glasig werden lassen. Die Semmelmasse zugeben und unter Rühren 20 Minuten köcheln lassen. Den Backofen auf 200 Grad (Umluft 180 Grad, Gas Stufe 3 bis 4) vorheizen und den Schweiß weitere 10 Minuten im Ofen backen. Dazu serviert man mit Majoran bestreute Salzkartoffeln.

Aus dem beim Schlachten angefallenen Gänseblut bereitete die Hausfrau früher eine riesige Pfanne voller Schweiß. Noch heute mag man dieses nach Majoran duftende Gericht und besorgt sich ab und an Gänse- oder Entenblut vom Fleischer oder von Bekannten und Verwandten, bei denen noch Hausschlachtungen üblich sind.

GÄNSESCHMALZ

Das kleingeschnittene rohe Fett aus der Bauchhöhle der Gans ergibt zusammen mit einem Zweig Beifuß, einigen säuerlichen, geschälten Apfelspalten, dem gleichen Teil Schweineschmalz sowie dem abgeschöpften Bratenfett ein köstliches Gänseschmalz. Es geht ganz einfach: Alle Zutaten gut miteinander verrühren und kalt stellen.

Gefüllte Gänsebrust

Für 4 Personen
Raffiniert

2 Semmeln, 100 ml Milch, 200 g Schweineleber
200 g Rinderhackfleisch, 125 g Schweinehackfleisch, 2 Eier
Salz, frisch gemahlener weißer Pfeffer, 2 große Gänsebrüste
2 Zwiebeln, 1 Bund Suppengrün, 200 ml Geflügelbrühe
2 EL Sonnenblumenöl, 1 EL Mehl, 5 EL saure Sahne
2 EL Schmand

1

Die Semmeln in dünne Scheiben schneiden, mit der Milch übergießen und gut ausdrücken. Die Leber durch den Fleischwolf drehen. Die ausgedrückten Semmeln, Leber, Hackfleisch, Eier, Salz und Pfeffer gut miteinander verkneten.

2

Die Gänsebrüste waschen, trockentupfen und innen und außen mit Salz und Pfeffer einreiben. Jeweils eine Tasche in das Fleisch schneiden, die Füllung hineingeben und die Öffnungen mit Küchengarn zunähen.

3

Den Backofen auf 200 Grad (Umluft 180 Grad, Gas Stufe 3 bis 4) vorheizen. Die Zwiebeln schälen und würfeln. Das Suppengrün putzen, waschen und zerkleinern. Zwiebeln und Suppengrün zusammen mit der Brühe in die Fettpfanne des Backofens geben und in den Ofen schieben.

4

Die Gänsebrüste mit Öl einpinseln und auf dem Bratrost über der Fettpfanne im Ofen etwa 2 Stunden braten. Das Fleisch dabei ab und zu wenden, mit Bratenfond begießen und 10 Minuten vor Ende der Garzeit mit Salzwasser bepinseln. Die Gänsebrüste herausnehmen und warm stellen.

5

Den Bratenfond aus der Fettpfanne durch ein Sieb gießen. Das Mehl in wenig kaltem Wasser verquirlen, einrühren und die Sauce kurz aufkochen lassen. Die Sauce mit Salz und Pfeffer abschmecken und mit saurer Sahne und Schmand verfeinern. Das Küchengarn entfernen, die Gänsebrüste mit Füllung und Sauce anrichten und Petersilienkartoffeln oder Klöße dazu reichen.

Apfelschwenker

Für 4 Personen
Ganz einfach

750 g Kartoffeln, 750 g Äpfel, 125 g Mehl
1/2 TL Backpulver, 2 EL Zucker, 1 kräftige Prise Salz
2 EL Rum, Öl oder Butter zum Braten

1

Die Kartoffeln in der Schale gar kochen, pellen und durch die Kartoffelpresse in eine Schüssel drücken. Die Äpfel schälen, entkernen und reiben. Die geriebenen Äpfel zur Kartoffelmasse geben und beides gut vermischen.

2

Mehl und Backpulver vermischen und auf die Kartoffelmasse sieben. Zucker, Salz und Rum zufügen und alles gut verkneten. Den Teig zu einer Rolle formen und in 1 Zentimeter dicke Scheiben schneiden.

3

Etwas Fett in einer Pfanne erhitzen und die Schwenker darin auf beiden Seiten goldgelb backen.

VARIANTE: An den Teig werden anstelle von Rum auch gern 1 Teelöffel abgeriebene unbehandelte Zitronenschale, 1 Ei und eine Handvoll gewaschene, abgetropfte Sultaninen gegeben.

Der Thüringer hat drei Läm'n

»Mir en Thiring'n hun'n dreierlee Läm'n:
eerschtens: där Lehm, von dänn dr Täpper de Täppe macht,
zweetens: die Lem'n, die en zoolog'schen Gahrden su arg bröll'n,
dröttens: das Läm'n, das mr alle hun'n!«

Walther Tröge

Schlachtesuppe mit Schnapphütes

Für 4 Personen
Besonders typisch, ganz einfach

200 g Hackfleisch vom Schwein
Salz, frisch gemahlener weißer Pfeffer
1 Knoblauchzehe, 1 Ei
200 g Thüringer Kartoffelkloßteig (Seite 20)
1 1/2 l Fleischbrühe
100 g Thüringer Rotwurst (Blutwurst)
50 g Leberwurst, 50 g Sülzwurst
Majoran, Thymian

1

Das Hackfleisch in eine Schüssel geben und mit Salz und Pfeffer würzen. Die Knoblauchzehe schälen, fein schneiden und zusammen mit dem Ei unter das Fleisch mischen. Den Kloßteig dazugeben und alles gut vermengen.

2

Die Fleischbrühe in einem Topf zum Kochen bringen. Aus der Hackfleisch-Kartoffelteig-Mischung kirschgroße Klößchen formen und 15 Minuten in der siedenden Brühe ziehen lassen.

3

Blutwurst, Leberwurst und Sülzwurst in kleine Würfel schneiden, zur Brühe geben und noch etwa 5 Minuten mitziehen lassen. Die Suppe mit Majoran und Thymian abschmecken.

Im Kloßland kann man von den kugelrunden Kartoffelwundern nie genug kriegen und läßt sie deshalb auch in der Suppe schwimmen. Damit sie auf den Löffel passen, fallen sie jedoch hier viel kleiner aus. Und weil man sie mit einem Bissen schnappen kann, heißen sie auch nicht Klöße, sondern »Schnapphütes«.

Erfurter Martinshörnchen

Für etwa 6 Stück
Besonders typisch, braucht etwas Zeit

600 g Mehl, 50 g Zucker, 1 kräftige Prise Salz
1 Päckchen Vanillezucker, 1 Ei, 50 g weiche Butter, 50 g Hefe
1/8 l Milch, 100 g kalte Butter, Mehl für die Arbeitsfläche
Marmelade zum Füllen, 2 Eigelb zum Bestreichen, Butter für das Blech

1

500 Gramm Mehl in eine Schüssel sieben, in die Mitte eine Vertiefung drücken und Zucker, Salz, Vanillezucker und Ei hineingeben. Die weiche Butter in Flöckchen darauf verteilen. Die Hefe in der zimmerwarmen Milch verquirlen, dazugeben und von der Mitte aus alles zu einem festen, glatten Teig verkneten.

2

Die kalte Butter mit dem restlichen Mehl verkneten, zu einer Platte formen und zusammen mit dem Hefeteig für 2 Stunden an einen kühlen Platz stellen, damit beide Teige die gleiche Temperatur haben.

3

Den Hefeteig zusammenstoßen und nochmals 1 Stunde kalt stellen. Den Teig auf einer bemehlten Arbeitsfläche ausrollen, die Butterplatte in die Mitte setzen, die Teigränder darüberschlagen, das Teigstück zu doppelter Größe ausrollen und dreiteilig zusammenschlagen. Diesen Arbeitsgang mehrmals wiederholen.

4

Den Teig quadratisch ausrollen und Quadrate von 14x14 Zentimetern ausschneiden. Jeweils eine Hälfte eines Teigquadrats mit Marmelade bestreichen, die andere Hälfte darüberklappen und festdrücken, so daß ein Rechteck entsteht. An der breiten, zusammengedrückten Seite im Abstand von 1,5 Zentimetern den Teig 1 Zentimeter tief einschneiden.

5

Die Eigelbe verquirlen. Die Hörnchen so mit dem Eigelb bestreichen, daß nichts an den Schnittseiten entlangläuft, da die Gebäckstücke sonst nicht plundrig werden. Ein Backblech ausbuttern, die Hörnchen daraufgeben und im vorgeheizten Ofen bei 200 Grad (Umluft 180 Grad, Gas Stufe 3 bis 4) 35 Minuten backen.

Apoldaer Pralinenkuchen

Für 16 Stücke
Braucht etwas Zeit

Für den Teig:
250 g Mehl, 1/2 Päckchen Backpulver, 125 g Zucker
1 Päckchen Vanillezucker, 2 Eier, 125 g Butter, Butter für das Blech
Für den Belag:
250 g Butter, 250 g Zucker, 250 g gemahlene Mandeln, 2 EL Kakao
Für den Guß:
200 g Puderzucker, 100 g Kakao, 1 Ei, 125 g Kokosfett

1

Mehl und Backpulver vermischen und auf ein Backbrett sieben. In die Mitte eine Vertiefung drücken, Zucker, Vanillezucker und Eier hineingeben und mit einem Teil des Mehls zu einem dicken Brei verrühren. Die kalte Butter in Stücken daraufgeben und mit Mehl bedecken. Von der Mitte aus alles schnell zu einem glatten Teig verkneten und 30 Minuten kalt stellen.

2

Ein Backblech ausbuttern. Den Teig zu einer Rolle formen, auf einer bemehlten Arbeitsfläche ausrollen, auf das Backblech legen und mit einer Gabel mehrmals einstechen. Butter und Zucker für den Belag in einer Pfanne zerlassen und die Mandeln und den Kakao unterrühren. Die Masse auskühlen lassen und auf dem Teig verteilen.

3

Den Kuchen im vorgeheizten Backofen bei 200 Grad (Umluft 180 Grad, Gas Stufe 3 bis 4) etwa 25 Minuten backen, herausnehmen und auskühlen lassen. Den Puderzucker sieben und mit dem Kakao vermischen. 2 bis 3 Eßlöffel heißes Wasser einrühren und das Ei zufügen. Das Kokosfett zerlassen und ausgekühlt nach und nach unterrühren. Den Kuchen mit dem Guß bestreichen.

VARIANTE: Für einen Nougatkuchen bereitet man den gleichen Teig, verändert aber den Belag: 250 Gramm weichen Nougat mit 200 Gramm Zucker verrühren. Nach und nach 200 Gramm zerlassenes, ausgekühltes Kokosfett unterrühren, die Masse auf den Teig streichen und den Kuchen wie beschrieben backen. Nach dem Erkalten mit 120 Gramm Puderzucker bestreuen.

Versunkener Streuselkuchen

Für 16 Stücke
Braucht etwas Zeit

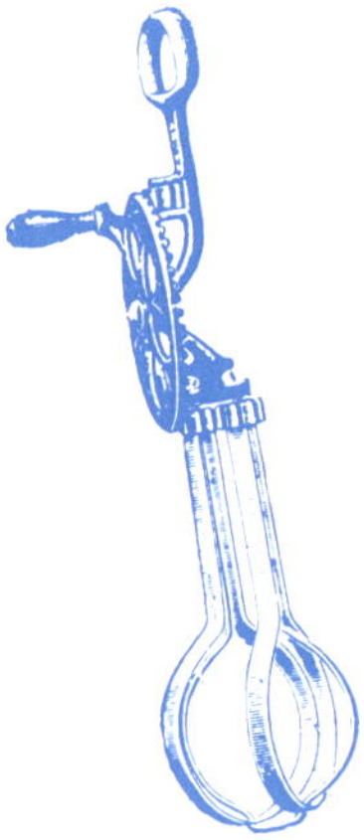

Für den Teig:
250 g Butter
250 g Zucker, 5 Eier, 500 g Mehl
1 Päckchen Backpulver
Butter für das Blech
Für die Streusel:
200 g Mehl, 200 g Zucker
100 g Kakao, 200 g Butter
Außerdem:
80 g zerlassene Butter
125 g Puderzucker
1 Päckchen Vanillezucker

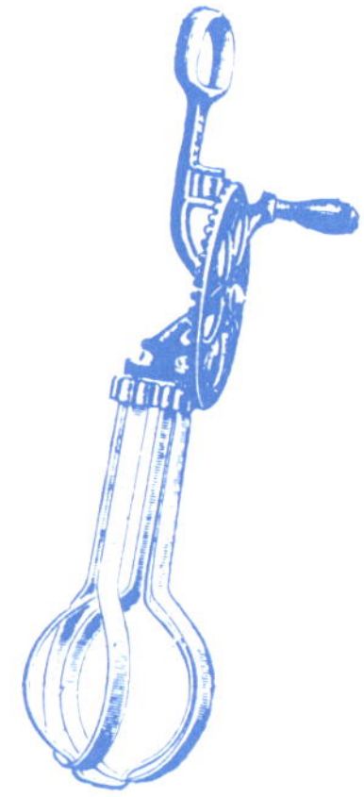

1

Die Butter in einer Schüssel schaumig rühren. Den Zucker und die Eier einrühren. Das Mehl mit dem Backpulver vermischen, sieben und nach und nach zum Teig rühren. Ein Backblech ausbuttern und den Teig darauf verstreichen.

2

Für die Streusel das Mehl in eine Schüssel sieben und mit Zucker und Kakao vermischen. Die Butter in kleinen Flöckchen dazugeben und mit zwei Gabeln zu Streuseln vermengen. Die Streusel gleichmäßig auf dem Teig verteilen.

3

Den Kuchen im vorgeheizten Backofen bei 200 Grad (Umluft 180 Grad, Gas Stufe 3 bis 4) etwa 35 Minuten backen, herausnehmen und mit der flüssigen Butter beträufeln. Puderzucker und Vanillezucker vermischen und darübersieben.

Da sind sich die Apoldaer nicht so ganz einig: Ist der Teig zu hoch? Zu viel Mehl? Reicht er für zwei Bleche? Andere meinen, so sei er genau richtig – und nur so! Man muß also selbst herausfinden, ob man die angegebene Teigmenge für einen oder zwei Kuchen verwenden will. Nur am Belag darf keinesfalls gespart werden! Will man also mit dem Teig zwei Bleche belegen, muß man die doppelte Menge Streusel herstellen.

Rahmhüllerle

Für etwa 20 Stück
Ganz einfach

3 Eier, 250 g Zucker, 1 Msp. Hirschhornsalz
2 EL Nordhäuser Doppelkorn, 250 g saure Sahne, 500 g Mehl
Butter für das Blech, Puderzucker zum Bestreuen

1

Die Eier mit dem Zucker in einer Schüssel schaumig schlagen. Das Hirschhornsalz im Schnaps auflösen und zusammen mit der sauren Sahne zur Eiermasse geben. Das Mehl sieben, nach und nach zugeben und den Teig gut durchkneten.

2

Aus dem Teig haselnußgroße Kugeln formen. Ein Backblech ausbuttern, die Hüllerle daraufsetzen und im vorgeheizten Backofen bei 160 Grad (Umluft 140 Grad, Gas Stufe 1 bis 2) etwa 15 Minuten backen. Die Hüllerle herausnehmen und mit Puderzucker bestreuen.

Rahmhüllerle sind dann richtig, wenn sie während des Backens Risse bekommen und etwas in die Breite laufen. Mit Puderzucker besiebt schmücken sie jede Kaffeetafel.

Menü des Monats

Schlachtesuppe mit Schnapphütes
Erfurter Martinsgans
Erfurter Martinshörnchen

Die Küche

Jetzt gibt es kein Halten mehr! Die unwiderstehliche Lust, Plätzchen, Kuchen und Schüttchen zu backen, gehört in Thüringen ebenso zur Vorweihnachtszeit wie die Geheimniskrämerei und die Freude, stets neue genüßliche Überraschungen aus der Küche auf den Tisch zu bringen.

im Dezember

Wenn es draußen grimmig kalt ist und der Schnee alles weiß gefärbt hat, ist ein heißes Getränk immer willkommen. Das kann ein Gläschen Punsch sein, oder am Abend, wenn Freunde sich angekündigt haben, eine aromatische Feuerzangenbowle.

Was es im Dezember

Weisskohl

Die grünlich-weißen Weißkohlköpfe haben fast das ganze Jahr über Saison – die frühen Sorten im Mai und im Juni, die mittleren von Juli bis Oktober und die späten von November bis Dezember. Große Mengen davon werden zu Sauerkraut verarbeitet, das vortrefflich zur Rostbratwurst paßt. Sauerkraut ist reich an Mineralstoffen und Vitaminen, und die Milchsäure, die beim Vergären aus dem natürlichen Milchzucker entsteht, macht es obendrein recht bekömmlich. Zum unvergeßlichen Genuß wird das Kraut, wenn ein gehöriger Schuß Sahne dazukommt, wie es in Erfurt und Gotha Brauch ist. Aber auch in der Suppe, im Eintopf oder zur Roulade veredelt wird Weißkohl gern auf den Tellern gesehen.

Kaninchen/Hase

Das feinfaserige Kaninchen- und Hasenfleisch ähnelt im Geschmack dem Hühnerfleisch, wobei die Wildkaninchen und -hasen etwas kräftiger im Geschmack sind als ihre Stallgenossen. Aus dem Fleisch verstehen die Thüringer eine wohlschmeckende Suppe oder aber als Hosseküh mit Brüh einen beliebten Sonntagsbraten zu bereiten, der neben Thüringer Klößen seinen festen Platz auf den heimischen Eßtischen hat.

Pute

Pute und Truthahn haben wie alles Geflügel zartes, kalorienarmes Fleisch. Unter Baby-Puten versteht man etwa drei Monate alte gemästete Tiere mit einem Gewicht von zwei bis drei Kilogramm. Fleischfülle und -saft sind allerdings geringer als bei älteren Tieren, die nach einer Mastzeit von fünf bis sechs Monaten ein Gewicht von 17 bis 18 Kilogramm auf die Waage bringen. Ein solches Schwergewicht wird in der Regel nach dem Schlachten geteilt. Als Anhaltspunkt gilt, daß für vier Personen eine Pute von zwei bis drei Kilogramm ausreicht.

ALLES GUTES GIBT...

BEIFUSS

Wie sein Vetter, der Wermut, macht Beifuß fette Speisen bekömmlicher – allerdings empfiehlt sein kräftiges Aroma sparsamen Umgang! Beifuß hat Ähnlichkeit mit Minze und Wacholder und büßt auch in getrocknetem Zustand kaum an Würzkraft ein. Wegen seines starken Eigengeschmacks ist er jedoch nur bedingt kombinierfähig. Er verträgt sich gut mit Zwiebeln, Pfeffer und Knoblauch – und natürlich ist er bei Gänse- und Entenbraten in den meisten Fällen dabei!

HEFE

Eine gut geheizte Küche, wie sie die Thüringer lieben, bekommt Hefeteig vorzüglich. Und wenn auch die anderen Zutaten Zimmertemperatur haben, wird der Teig mit Sicherheit gut aufgehen. Hefeteig bildet die Grundlage für viele Blechkuchen, wie man sie in Thüringen mag. Nur muß der Belag hier immer (viel) höher sein als der Teig, sonst versteht man nichts von der Backkunst. Beim Kauf sollte man darauf achten, daß die Hefe nicht rissig ist oder dunkle Stellen hat – sichere Anzeichen dafür, daß sie nicht mehr ganz frisch ist.

TYPISCH FÜR DEN DEZEMBER

Weisskohlsuppe

Für 4 Personen
Ganz einfach

1 Weißkohl (etwa 500 g)
2 Zwiebeln, 50 g Butter, Salz
frisch gemahlener weißer Pfeffer
1 Msp. geriebene Muskatnuß, 1 Msp. Zimt
1 Msp. gemahlene Nelke, 4 EL Weinessig
1-2 EL Zucker, 1 1/4 l Fleischbrühe
2 EL Schmand

1

Vom Kohl den Strunk und die welken äußeren Blätter entfernen. Den Kohlkopf mit kochendem Wasser überbrühen und in Streifen schneiden. Die Zwiebeln schälen und fein hacken.

2

Die Butter in einem Topf zerlassen und Kraut und Zwiebeln hineingeben. Salz, Pfeffer, Muskat, Zimt, Nelke, Essig und Zucker zufügen, die Brühe angießen und alles zum Kochen bringen. Den Kohl zugedeckt auf kleiner Flamme 30 Minuten köcheln lassen, mit Salz und Pfeffer abschmecken und mit Schmand verfeinern.

VARIANTE: Anstelle der Butter kann man 100 Gramm Speck in Würfel schneiden, ausbraten, die Zwiebeln darin glasig werden lassen und erst dann das Kraut und die Gewürze zufügen.

Zänkische Weiber?

In und um Erfurt hat es einst zänkische Weiber gegeben. Der Rat wußte Rat: Ein Mann, der sich von seinem Weibe »rauffen, schlagen, schelten« ließ, sollte fortan »wollenes Gewand« für zwei Stadtknechte stiften oder aber ins Gefängnis wandern. Einigen wurde auch einfach das Dach des Hauses abgehoben. Dem bösen Weibe legte man das »Hals-Eisen« an, und zwar so lange, bis es vor dem Ehemann Abbitte leistete. Kam es vor, daß zänkische Weiber sich gegenseitig schlugen, mußte jede zur Strafe einen Sack voll Hafer mit einem roten Band verschnürt vor den Rat tragen. Aber das alles ist schon sehr lange her – und keine Erfurterin hat je davon gehört …

Kaninchensuppe

Für 4 Personen
Ganz einfach

1 Kaninchenkeule, 2 kleine Zwiebeln, 1 Möhre
1/2 Lorbeerblatt, Salz, frisch gemahlener weißer Pfeffer
einige Thymianzweige, 100 g Speck, 4 EL Öl, 4 Kartoffeln
125 g saure Sahne, 2 EL gehackte Petersilie

1

Das Fleisch waschen und trockentupfen. Die Zwiebeln schälen, die Möhre putzen und beides kleinschneiden. Fleisch, Zwiebeln und Möhre in einem Topf in 1 1/4 Liter Wasser mit den Gewürzen zum Kochen bringen und auf kleiner Flamme 1 Stunde garen, dabei den Schaum auf der Brühe hin und wieder abschöpfen.

2

Das Fleisch herausnehmen und warm stellen. Die Brühe durch ein Sieb gießen. Den Speck in kleine Würfel schneiden. Das Öl in einem Topf erhitzen und den Speck darin ausbraten. Die Kartoffeln schälen, waschen, in kleine Würfel schneiden und 10 Minuten im Speck durchschwitzen lassen. Die Brühe angießen, zum Kochen bringen und alles 5 Minuten köcheln lassen.

3

Die Suppe vom Herd nehmen, die saure Sahne einrühren und mit Salz und Pfeffer abschmecken. Das Fleisch vom Knochen lösen, in kleine Würfel schneiden und zur Suppe geben. Die Kaninchensuppe mit Petersilie bestreuen und sofort servieren.

Suhler Hosseküh mit Brüh

Für 4 Personen
Besonders typisch, ganz einfach

1 Hasenrücken (gehäutet, mit Knochen)
Salz, frisch gemahlener schwarzer Pfeffer
1 Bund Suppengrün, 150 g Speck, 1/2 Lorbeerblatt
2 Gewürzkörner, 200 ml Fleischbrühe
125 g saure Sahne
2 EL Schmand

1

Den Hasenrücken waschen, trockentupfen und mit Salz und Pfeffer einreiben. Das Suppengrün putzen, waschen und grob zerkleinern. Den Speck in Würfel schneiden.

2

Die Speckwürfel in einem Bräter ausbraten. Den Hasenrücken hineingeben und sofort im Speckfett wenden, so daß er damit überzogen ist. Das Suppengrün kurz mitschmoren und Lorbeer und Gewürzkörner zufügen. Das Fleisch im vorgeheizten Backofen bei 200 Grad (Umluft 180 Grad, Gas Stufe 3 bis 4) etwa 20 Minuten garen, dabei ab und zu etwas Brühe angießen.

3

Den Braten herausnehmen, abdecken und warm stellen. Den Bratensatz mit der restlichen Brühe ablöschen, durch ein Sieb gießen und kurz aufkochen lassen. Die saure Sahne und den Schmand einrühren. Das Fleisch von den Knochen lösen, schräg in 1 Zentimeter dicke Scheiben schneiden und mit der Sauce und Thüringer Klößen (Seite 20) oder Knoetsch (Kartoffelbrei, Seite 312) zu Tisch bringen.

VARIANTE: Die Brühe kann man noch mit 2 bis 3 Eßlöffel Rotwein verfeinern.

Kaninchen in Buttermilch mit Buttermilchhütes

Für 4 Personen
Braucht etwas Zeit

Für den Braten:
1 küchenfertiges Kaninchen (etwa 2 kg)
Salz, frisch gemahlener schwarzer Pfeffer
3 Zwiebeln, 4 EL Sonnenblumenöl
2 Salbeizweige, 2 EL Mehl
1/2 l Buttermilch
100 ml Fleischbrühe
2 cl Weinbrand
Für die Buttermilchhütes:
2 kg Kartoffeln
200 ml Buttermilch, 1/2 TL Salz
Schweineschmalz oder Sonnenblumenöl
zum Ausbacken

1

Das Kaninchen waschen, trockentupfen und in Portionen teilen. Die Fleischstücke mit Salz und Pfeffer einreiben. Die Zwiebeln schälen und in kleine Würfel schneiden.

2

Das Öl in einem Topf erhitzen und das Fleisch darin ringsum anbraten. Zwiebeln und Salbeizweige zufügen, das Mehl darüberstäuben, die Buttermilch angießen und alles zugedeckt 1 Stunde schmoren lassen. Das Fleisch herausnehmen und warm stellen. Den Bratensatz mit der Fleischbrühe loskochen und zuletzt den Weinbrand einrühren.

3

Für die Buttermilchhütes die Kartoffeln schälen, waschen, reiben und in einem Tuch auspressen. Die Masse in einer Schüssel mit zwei Gabeln auflockern, die Buttermilch darübergießen und alles zu einem sämigen Brei verrühren. Zum Schluß das Salz zufügen.

4

Das Ausbackfett in einer Pfanne erhitzen. Aus dem Teig kleine Klöße formen, zu handtellergroßen Fladen flachdrücken und die Hütes im Fett auf beiden Seiten goldbraun backen.

Gelbe-Rüben-Pfanne

Für 4 Personen

Preiswert

500 g Möhren, 2 Zwiebeln
125 g durchwachsener Speck
1/8 l Fleischbrühe
Salz, 2 TL Zucker
1 EL Zitronensaft
1 EL gehackte Petersilie

1

Die Möhren putzen, waschen und in Stücke schneiden. Die Zwiebeln schälen und achteln. Den Speck in kleine Würfel schneiden.

2

Die Speckwürfel in einer Pfanne auslassen, die Zwiebeln zugeben und glasig werden lassen. Die Möhren zufügen, die Brühe angießen und alles zugedeckt 15 Minuten garen. Die Möhren mit Salz, Zucker und Zitronensaft abschmecken und mit Petersilie bestreuen. Dazu gibt es Wurscher (Seite 95) oder Kartoffelplatten.

Kartoffelplatten

Für die Kartoffelplatten 8 große Kartoffeln gründlich waschen, halbieren, mit der Schnittfläche nach unten auf ein gebuttertes Backblech legen, im vorgeheizten Backofen bei 200 Grad (Umluft 180 Grad, Gas Stufe 3 bis 4) etwa 15 Minuten backen und in eine Schüssel mit Deckel legen, so daß sie dort 10 Minuten nachdämpfen (damit die Schüssel nicht auskühlt, am besten in ein Tuch wickeln). Die Kartoffelhälften vor dem Servieren mit Salz und etwas Majoran bestreuen.

WEIMARER ZAMPE

Für 4 Personen
Besonders typisch

1 kg mehlige Kartoffeln, Salz
2 EL Kartoffelmehl, etwa 100 ml warme Milch
100 g Butter

1

Die Kartoffeln schälen, waschen, grob zerkleinern, in Salzwasser weich kochen und abgießen. Die Kartoffeln stampfen und dabei Kartoffelmehl und Milch zufügen. Die Masse darf nicht zu weich werden und muß am Stampfer hängenbleiben.

2

Den Kartoffelbrei mit Salz abschmecken und handtellergroße Fladen daraus formen. Die Butter in einer Pfanne zerlassen, den Kartoffelbrei auf einmal einfüllen und die Zampe nacheinander auf beiden Seiten knusprig braten.

VARIANTE: Anstelle von Butter werden auch gern reichlich Speckwürfel verwendet.

DIE UNWISSENDE MAGD

Vor einigen Jährchen wohnte in der Windischen Gasse in Weimar ein wohlhabender Kaufmann. Wie jeden Abend schickte er seine Magd in den Keller, damit sie Wein hole. Doch kaum war sie verschwunden, da stand sie schon wieder zitternd und schlotternd vor ihm. Im Keller sei ein riesiger Haufen glühender Kohlen, erzählte sie. Der Kaufmann wußte sofort, was das zu bedeuten hatte, und schrie wütend auf die ängstliche Magd ein. Ihre Schürze hätte sie draufwerfen müssen, denn was sie da gesehen habe, war ein Schatz. Nun sei er dahin, weil sie darüber gesprochen habe. Da weinte und schluchzte die Magd noch ärger, aber es hat ihr nichts geholfen, denn nie wieder sah sie glühende Kohlen. Wem es ebenso ergehen sollte, weiß aber wenigstens jetzt Bescheid…

Knoetsch

Für 4 Personen
Ganz einfach, preiswert

1 kg Kartoffeln, 100 g Butter, 125 g durchwachsener Speck
2 TL Kartoffelmehl, 150 g süße Sahne

1
Die Kartoffeln in der Schale gar kochen, pellen und durch die Kartoffelpresse drücken. Die Butter in Stücke schneiden, in eine Schüssel geben und den Kartoffelbrei einfüllen.

2
Den Speck in Würfel schneiden und in einer Pfanne kroß braten. Das Kartoffelmehl mit wenig Wasser verquirlen und zusammen mit den Speckwürfeln und der Sahne unter die Kartoffelmasse rühren.

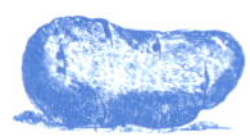

Suhler Zammete

Für 4 Personen
Besonders typisch, preiswert

1 kg Kartoffeln, 100 g Speck
2 Zwiebeln, 50 g Butter
frisch gemahlener weißer Pfeffer
Salz, 2 TL Kümmel

1
Die Kartoffeln in der Schale gar kochen, pellen, auskühlen lassen und in Scheiben schneiden. Den Speck in kleine Würfel schneiden. Die Zwiebeln schälen und fein schneiden.

2
Die Butter in einer Pfanne erhitzen und Speck und Zwiebeln darin anbraten. Die Kartoffelscheiben dazugeben, Pfeffer, Salz und Kümmel darüberstreuen und alles knusprig braten.

In der Adventszeit darf man keine Erbsen und Linsen essen, sonst gibt es ein Unglück, behaupten die Suhler, dafür aber jede Menge Hossekūh (Seite 308) und Hütes (Klöße). Zu Silvester gibt es Zammete, denn das bringt Glück…

KARPFEN IN BIER

Für 4 Personen
Ganz einfach

1 küchenfertiger Karpfen (etwa 1,5 kg)
Saft von 1 Zitrone, 1 Bund Suppengrün
2 Zwiebeln, Salz, 1/2 Lorbeerblatt
2 Pfefferkörner, 4 Gewürzkörner
4 Wacholderbeeren
1/2 unbehandelte Zitrone
100 g Soßenlebkuchen
1 Flasche Köstritzer Schwarzbier
50 g kalte Butter

1

Den Karpfen waschen und trockentupfen. Die Flossen abschneiden, die Kiemen entfernen. Den Fisch in Portionsstücke teilen, mit Zitronensaft einreiben und salzen. Das Suppengrün putzen und waschen, die Zwiebeln schälen und beides grob zerkleinern.

2

In einem Topf 2 Liter Salzwasser mit dem Gemüse, den Gewürzen und der Zitrone aufsetzen und zum Kochen bringen. Die Zitrone entfernen, die Fischstücke einlegen und etwa 35 Minuten im Sud ziehen lassen.

3

Die Fischstücke herausnehmen und warm stellen. Einen reichlichen halben Liter Karpfensud mit dem Gemüse durch ein Sieb streichen. Den Soßenlebkuchen im Bier einweichen, verquirlen, in die Sauce einrühren und 10 Minuten köcheln lassen.

4

Den Fisch in der Sauce 3 Minuten mitköcheln lassen, herausnehmen und auf vorgewärmte Teller verteilen. Die kalte Butter in die Sauce einrühren und mit Thüringer Klößen (Seite 20) oder Salzkartoffeln zu Tisch bringen.

Heringspfanne mit Kartoffeln

Für 4 Personen
Ganz einfach

12 mittelgroße Kartoffeln
8 küchenfertige Heringe, 4 EL Zitronensaft
Salz, frisch gemahlener weißer Pfeffer, 2 Zwiebeln
4 EL saure Sahne, 1 Ei, Butter für die Pfanne
80 g zerlassene Butter, 1 EL Rosmarinnadeln
3 EL Semmelbrösel

1

4 Kartoffeln in der Schale kochen, pellen und durch die Kartoffelpresse in eine Schüssel drücken. Die Heringe waschen, trockentupfen, mit Zitronensaft beträufeln und mit Salz und Pfeffer einreiben. Die Zwiebeln schälen und fein hacken.

2

Zwiebeln, saure Sahne und Ei zur Kartoffelmasse geben, Salz und Pfeffer zufügen, alles gut vermischen und die Heringe damit füllen. Eine Pfanne dick ausbuttern und die Heringe hineinlegen.

3

Die Fische mit der zerlassenen Butter bestreichen und Rosmarin und Semmelbrösel darüberstreuen. Die restlichen Kartoffeln unter fließendem Wasser gut abbürsten, um die Heringe legen und alles im vorgeheizten Backofen bei 200 Grad (Umluft 180 Grad, Gas Stufe 3 bis 4) etwa 30 Minuten garen.

Rindslende

Für 4 Personen
Geht schnell

500 g Rindslende, 1 EL Weinbrand, Salz
frisch gemahlener weißer Pfeffer, 2 Knoblauchzehen
1/2 TL Estragon, 1/2 TL Basilikum, 2 EL Senf, 6 dünne Scheiben Speck
2 EL Sonnenblumenöl

1

Das Fleisch von Hautresten, Fett und Sehnen befreien, waschen und trockentupfen. Die Lende mit Weinbrand einreiben und mit Salz und Pfeffer würzen.

2

Die Knoblauchzehen pellen, zerdrücken und mit Estragon, Basilikum und Senf vermischen. Die Würzmischung auf das Fleisch streichen, die Speckscheiben darumlegen und mit Küchengarn festbinden. Das Fleisch 1 Stunde ruhen lassen.

3

Das Öl in einem Topf erhitzen und das Fleisch 15 Minuten darin unter mehrmaligem Wenden braten. Das Küchengarn lösen, das Fleisch in Scheiben schneiden und mit dem Speck auf vorgewärmten Tellern anrichten. Zampe (Seite 311) oder Flockzamet (Seite 189) dazu reichen.

Alte Christbräuche

Am Christabend und zu Silvester müssen in Thüringen alle Wassergefäße bis zum Rand gefüllt sein und bis zum nächsten Morgen stehen bleiben – sonst werden sie im nächsten Jahr mit Tränen gefüllt. Außerdem soll das Viehfutter in der Christnacht ins Freie gestellt werden. Ebenso darf man niemals vergessen, während der zwölf Nächte zwischen Weihnachten und Dreikönig am 6. Januar die Asche im Ofen sorgsam zu sammeln und sie später unter die Saat zu mischen, denn das verspricht eine gute Ernte im nächsten Jahr.

PUTENKEULEN

Für 4 Personen
Ganz einfach

4 Putenkeulen, Salz
frisch gemahlener weißer Pfeffer
1 Bund Suppengrün, 2 Zwiebeln, 6 EL Sonnenblumenöl
1/8 l Fleischbrühe, 1/8 l Rotwein, 1 Lorbeerblatt
125 g saure Sahne

1

Die Putenkeulen waschen, trockentupfen und mit Salz und Pfeffer einreiben. Das Suppengrün putzen und waschen, die Zwiebeln schälen und beides fein schneiden.

2

In einem großen, flachen Bräter das Öl erhitzen und die Putenkeulen darin ringsum 10 Minuten anbraten. Das Suppengrün und die Zwiebeln zufügen und 5 Minuten mitschmoren lassen. Die Fleischbrühe und den Wein angießen, das Lorbeerblatt zugeben.

3

Die Keulen zugedeckt im vorgeheizten Backofen bei 200 Grad (Umluft 180 Grad, Gas Stufe 3 bis 4) 45 Minuten garen, herausnehmen und warm stellen. Den Bratenfond durch ein Sieb passieren, die saure Sahne einrühren. Die Sauce kurz erhitzen und mit Salz und Pfeffer abschmecken.

GESUNDHEITSVORSORGE

Das gilt in Thüringen immer: Wickle den ersten achteckigen Stein, den du im Thüringer Land findest, in ein Lorbeerblatt und trage ihn in der linken Hand – dann bist du unverletzbar.

ENTENBRATEN

Für 4 Personen
Braucht etwas Zeit

10 Backpflaumen ohne Stein
1 küchenfertige Ente (etwa 2,5 kg)
Salz, frisch gemahlener schwarzer Pfeffer
1 Zwiebel, 2 Äpfel, 100 g Semmelbrösel
1 Ei, 1 kräftige Prise Zimt
1 TL abgeriebene unbehandelte Zitronenschale
1 TL Zucker
200 ml Fleischbrühe
125 g süße Sahne

1

Die Backpflaumen 1 bis 2 Stunden in Wasser einweichen. Die Ente waschen, trockentupfen und mit Salz und Pfeffer einreiben. Die Zwiebel schälen und würfeln. Die Äpfel schälen, entkernen und in Scheiben schneiden. Zwiebel und Äpfel mit Semmelbröseln, Ei, Salz, Pfeffer, Zimt, Zitronenschale, Backpflaumen und Zucker vermischen, die Ente damit füllen und die Öffnung mit Küchengarn zunähen.

2

Den Backofen auf 200 Grad (Umluft 180 Grad, Gas Stufe 3 bis 4) vorheizen. Die Ente auf den Bratrost legen, die Fettpfanne darunterstellen und die Ente 2 Stunden unter mehrmaligem Wenden braten. Ab und zu etwas Fleischbrühe über die Ente gießen und 10 Minuten vor Ende der Garzeit mit Salzwasser bestreichen, damit sie schön knusprig wird.

3

Die Ente herausnehmen und warm stellen. Den Bratenfond aus der Fettpfanne durch ein Sieb in einen Topf gießen. Die Fettschicht entfernen, die Sahne einrühren und die Sauce kurz aufkochen lassen. Die Ente tranchieren und mit Sauce, Thüringer Klößen (Seite 20) und Rotkohl (Seite 26) servieren.

Seidene Watteklösse

Für 4 Personen
Besonders typisch, ganz einfach

2 Semmeln, 30 g Butter, 1,5 kg Kartoffeln
2 Eier, 125 g Kartoffelmehl
Salz, 1 Msp. geriebene Muskatnuß

1

Die Semmeln in Würfel schneiden. Die Butter in einer Pfanne zerlassen und die Würfel darin goldgelb braten. Die Kartoffeln in der Schale gar kochen, pellen und durch die Kartoffelpresse in eine Schüssel drücken. Eier, Kartoffelmehl, 1 Teelöffel Salz und Muskat zufügen und alles gut verkneten.

2

In einem großen Topf reichlich Salzwasser zum Kochen bringen. Mit nassen Händen 8 Klöße aus dem Teig formen und dabei einige Semmelwürfel in die Mitte geben. Die Klöße in das kochende Wasser einlegen und bei schwacher Hitze 20 Minuten ziehen lassen. Die Wattéklöße herausnehmen und sofort aufreißen, damit sie nicht zusammenfallen.

Wer sich Silvester eine Muskatnuß kauft und sie anschließend in die Jackentasche steckt – für ein ganzes Jahr, versteht sich –, kann gewiß sein, daß er sich weder Fuß noch Arm bricht.

Klossregeln

Klöße werden zwar grundsätzlich in das kochende Wasser eingelegt, danach aber darf das Wasser auf keinen Fall mehr kochen, sondern nur noch sieden! Andernfalls würden die Klöße zerfallen.
Klöße sollte man nach dem Herausnehmen sofort mit einer Gabel aufreißen, damit sie schön locker bleiben und nicht zusammenfallen.

Fauleweiberklösse (Halbseidene Klösse)

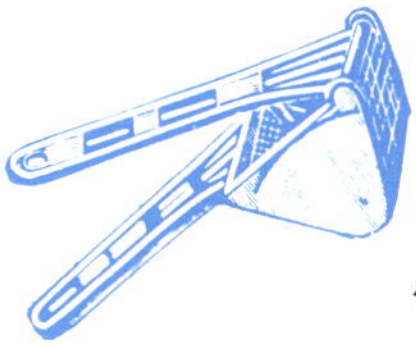

Für 4 Personen
Preiswert, ganz einfach

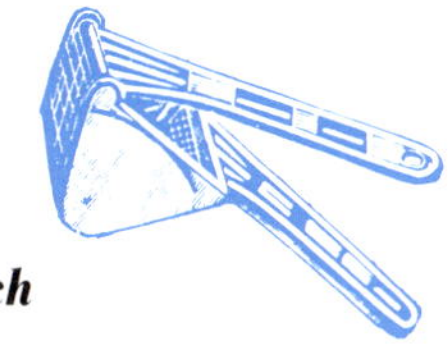

2 Semmeln
30 g Butter, 6 Kartoffeln
400 g Kartoffelmehl, 1/8 l Milch
1 Ei, Salz

1

Die Semmeln in Würfel schneiden. Die Butter in einer Pfanne zerlassen und die Würfel darin goldgelb braten. Die Kartoffeln in der Schale gar kochen, pellen, durch die Kartoffelpresse in eine Schüssel drücken und mit dem Kartoffelmehl vermischen. Die Milch zum Kochen bringen, über die Kartoffelmasse gießen, das Ei und 1 Teelöffel Salz zufügen und alles gut verkneten.

2

In einem großen Topf reichlich Salzwasser zum Kochen bringen. Mit nassen Händen 6 bis 8 Klöße aus dem Teig formen und jeweils einige Semmelwürfel in die Mitte geben. Die Klöße in das kochende Wasser einlegen und bei schwacher Hitze 20 Minuten ziehen lassen. Die Klöße herausnehmen und sofort aufreißen, damit sie nicht zusammenfallen.

Warum die Klöße im Volksmund »Fauleweiberklöße« heißen? Böse Zungen sollen einst behauptet haben, daß nur Hausfrauen, die zu faul zum Reiben waren, sich die Vereinigung von Kartoffeln und Mehl ausdenken konnten. Heutzutage ist das kein Thema mehr. Wie die »echten« Grünen behaupten sie auf den Tellern ihren Platz – und verlangen nach Sauce und Braten.

Kartoffelmehl-Plätzchen

Für etwa 24 Stück
Ganz einfach

Für den Teig:
250 g Butter, 250 g Zucker, 1 Päckchen Vanillezucker
4 Eier, 250 g Mehl, 250 g Kartoffelmehl
1 TL Backpulver, Butter für das Blech
Für den Guß:
100 g Puderzucker, 1 EL Kakao
20 g Kokosfett

1

Die Butter mit Zucker und Vanillezucker in einer Schüssel schaumig rühren und nach und nach die Eier einrühren. Mehl, Kartoffelmehl und Backpulver vermischen und sieben. Einen Teil in die Butter-Eier-Masse rühren, den Rest einkneten. Aus dem Teig eine etwa 5 Zentimeter dicke Rolle formen und 2 Stunden kalt stellen.

2

Ein Backblech ausbuttern. Von der Teigrolle 1/2 Zentimeter dicke Scheiben abschneiden und auf das Blech setzen. Die Plätzchen im vorgeheizten Backofen bei 180 Grad (Umluft 160 Grad, Gas Stufe 2 bis 3) 10 bis 15 Minuten backen, herausnehmen und auskühlen lassen.

3

Den Puderzucker mit dem Kakao vermischen, sieben und mit 1 Eßlöffel heißem Wasser glattrühren. Das Kokosfett zerlassen, auskühlen lassen und unterrühren. Die obere Seite der Plätzchen zur Hälfte mit dem Guß glasieren.

Tängeln in Rudolstadt

Alle Jahre wieder freuen sich die Mädchen und Jungen in Rudolstadt, wenn sie am zweiten Weihnachtsfeiertag »tängeln« gehen dürfen: Mit grünen Ruten klopfen sie an die Haustüren, und sobald sich die Frau des Hauses zeigt, wird sie gepeitscht (aber nur ganz sacht, denn man will ja was!) und um süße Gaben gebeten. Es kann aber auch durchaus etwas Deftiges dabei sein, und gegen eine gute Wurst oder einen kräftigen Schinken hat niemand etwas einzuwenden. Dafür sagen die Kinder dann auch brav ihr Sprüchlein auf:

»Tängel, tängel Rute,
tust mer was ze Jute
's Jute noin, 's Büse raus,
Daß's janze Jahr fromm bloibst.«

Beim Tängeln kommt immer eine Menge zusammen, und zu Hause wird dann gekostet, gezählt und verteilt, denn alle in der Familie sollen am Spaß teilhaben. Die größeren Mädchen vergessen über dem Naschen jedoch nicht, auf den Kuckuck zu lauschen – er verrät ihnen, wie lange sie noch auf die Hochzeit warten müssen. So oft er ruft, so viele Jahre wird es dauern.

In Schmalkalden wiederum müssen die Kinder, die sich noch zu den »Kleinen« zählen dürfen, ganz besonders auf der Hut sein – jetzt sind Reiter unterwegs, die Köpfe im Arm halten und sie den Kindern hinterherwerfen. Wer aber Obacht gibt, entdeckt, daß es Kartoffeln so groß wie Kindsköpfe sind, wie sie in Schmalkalden und Umgebung wachsen.

Suhl-Heinrichs Latschen

Für 4 Personen
Ganz einfach

8 Äpfel, Saft von 1 Zitrone
4 EL Weinbrand, 4 Eier, 125 g Zucker
1 Päckchen Vanillezucker, 100 g Mehl
1/2 TL Backpulver, 125 g süße Sahne, 100 g Butter
Zimtzucker zum Bestreuen

1

Die Äpfel schälen und das Kernhaus ausstechen. Die Äpfel in Ringe schneiden und mit Zitronensaft und Weinbrand begießen.

2

Eier, Zucker und Vanillezucker in einer Schüssel schaumig rühren. Das Mehl mit dem Backpulver mischen und nach und nach zusammen mit der Sahne in die Eier-Zucker-Masse einrühren.

3

In einer Pfanne die Butter erhitzen. Die Apfelringe in den Teig tauchen, auf beiden Seiten in der Butter goldbraun backen, mit Zimtzucker bestreuen und sofort servieren.

Diese »Latschen« sind eine köstliche Spezialität im wunderschönen Ratskeller von Suhl-Heinrichs bei Suhl.

Zu den Latschen wird gern auch eine Vanillesauce gereicht: Dafür verquirlt man 1 Eßlöffel Stärkemehl, 1 Päckchen Vanillezucker und 1 Eßlöffel Zucker in wenig kalter Milch und rührt das Ganze dann in knapp 1/2 Liter kochende Milch ein. Nachdem die Sauce etwas ausgekühlt ist, verfeinert man sie mit 1 bis 2 Eigelb.

D U K A T E N

Für etwa 20 Stück
Läßt sich vorbereiten

Für den Teig:
250 g Mehl, 1 TL Backpulver, 1 EL Stärkemehl
100 g Zucker, 1 Päckchen Vanillezucker, 1 Ei, 2 EL Milch
125 g kalte Butter, Mehl für die Arbeitsfläche, Butter für das Blech
Für die Füllung:
125 g Kokosfett, 100 g Puderzucker, 3 EL Kakao, 1 EL Rum, 1 Ei
Für den Guß:
3 EL Puderzucker, 2 EL Kakao, 1 EL zerlassene Butter

1

Für den Teig Mehl, Backpulver und Stärkemehl vermischen und auf ein Backbrett sieben. In die Mitte eine Vertiefung drücken, Zucker, Vanillezucker, Ei und Milch hineingeben und mit etwas Mehl zu einem dicken Brei verrühren.

2

Die Butter in Stücke schneiden, auf dem Brei verteilen und mit etwas Mehl bedecken. Von der Mitte aus alles schnell zu einem glatten Teig verkneten und den Teig 1 Stunde kalt stellen. Den Teig auf einer bemehlten Arbeitsfläche dünn ausrollen und Kreise von 4 Zentimeter Durchmesser ausstechen.

3

Ein Backblech ausbuttern, die Plätzchen daraufsetzen, im vorgeheizten Backofen bei 180 Grad (Umluft 160 Grad, Gas Stufe 2 bis 3) etwa 12 Minuten backen, herausnehmen und auskühlen lassen.

4

Für die Füllung das Kokosfett zerlassen und etwas auskühlen lassen. Den Puderzucker sieben und mit dem Kakao vermischen. Nach und nach das lauwarme Kokosfett, den Rum und das Ei einrühren und 1 bis 2 Stunden kalt stellen. Die Hälfte der Plätzchen auf der Unterseite damit bestreichen, die restlichen Plätzchen mit der Unterseite daraufkleben und die Dukaten 2 Stunden kalt stellen.

5

Für den Guß Puderzucker und Kakao vermischen, sieben, mit 1 Eßlöffel heißem Wasser glattrühren und die zerlassene Butter einrühren. Die Dukaten zur Hälfte mit dem Guß glasieren.

Trudchen-Kekse

Für etwa 12 Stück
Ganz einfach

125 g Butter
125 g Zucker
1 Päckchen Vanillezucker
1 Ei, 250 g Mehl
Mehl für die Arbeitsfläche
Butter für das Blech
250 g Erdbeermarmelade zum Füllen
125 g Puderzucker zum Bestäuben

1

Butter und Zucker, Vanillezucker und Ei in einer Schüssel schaumig rühren. Das Mehl sieben, nach und nach zugeben, alles zu einem glatten Teig verrühren und 30 Minuten kalt stellen.

2

Den Teig auf einer bemehlten Arbeitsfläche dünn ausrollen und mit Ausstechförmchen Sterne in vier unterschiedlichen Größen ausstechen. Ein Backblech ausbuttern, die Sterne daraufsetzen und im vorgeheizten Backofen bei 180 Grad (Umluft 160 Grad, Gas Stufe 2 bis 3) in etwa 10 Minuten hellgelb backen.

3

Die Plätzchen herausnehmen und auskühlen lassen. Jeweils 4 Sterne der Größe nach aufeinandersetzen, dabei die drei größeren mit Erdbeermarmelade bestreichen. Über den kleinsten, obersten Stern reichlich Puderzucker sieben.

Diese gefüllten Plätzchen waren Tante Trudchens Lieblingsgebäck, von dem sie das ganze Jahr hindurch immer einen Vorrat hatte. Freilich waren es dann keine Sterne, sondern Kreise, Blüten oder Schmetterlinge – sie hatte unzählige Schablonen zum Ausstechen. Und auch die Füllungen waren immer verschieden: Schokolade oder Fondant wechselten ab mit Aprikosen- oder Himbeerkonfitüre; mal dufteten die Plätzchen nach Likör, ein andermal nach Weinbrand oder nach Rosenwasser.

Mephistokugeln

Für etwa 20 Stück
Ganz einfach, geht schnell

250 g Butter, 100 g Puderzucker, 2 Eier
100 g geriebene bittere Schokolade, 2 EL Mehl
250 g Kartoffelmehl, Butter für das Blech

1

Butter und Zucker in einer Schüssel schaumig rühren. Nach und nach die Eier und die Schokolade einrühren. Das Mehl mit dem Kartoffelmehl vermischen, sieben und portionsweise untermengen. Alles gut zu einem glatten Teig verkneten.

2

Aus dem Teig kleine Kugeln formen. Ein Backblech ausbuttern, die Kugeln daraufsetzen und im vorgeheizten Backofen bei 200 Grad (Umluft 180 Grad, Gas Stufe 3 bis 4) etwa 15 Minuten backen.

Himmlische Bäckerei

In der Adventszeit gehen die Eltern oft mit ihren Kindern vor die Tür und zeigen ihnen das Abendrot, denn dort in der leuchtenden Ferne bäckt das Christkind gerade das Zuckerwerk für Weihnachten. »Un was meender wuhl, morchen back'n mir.« Das gibt ein großes Gejohle – und am nächsten Morgen steigen die Kinder so schnell wie »ä Fitschepfeil« aus den Betten, um der Mutter zu helfen.

Z I T R O N E N S C H N I T T E N

Für 24 Stück
Braucht etwas Zeit

Für den Teig:
250 g Mehl, 1 TL Backpulver
1 EL Kartoffelmehl, 80 g Zucker
1 Päckchen Vanillezucker, 1 Ei, 125 g kalte Butter
Mehl für die Arbeitsfläche, Butter für das Blech

Für die Füllung:
200 g abgezogene gemahlene Mandeln
1 bittere gemahlene Mandel, 150 g Zucker
Saft von 2 Zitronen und 1 Apfelsine
1 TL abgeriebene unbehandelte Zitronenschale

Für den Guß:
200 g Puderzucker, 2-3 EL Zitronensaft, 1 EL zerlassene Butter

1

Mehl, Backpulver und Kartoffelmehl vermischen und auf ein Backbrett sieben. In die Mitte eine Vertiefung drücken, Zucker, Vanillezucker und Ei hineingeben und mit etwas Mehl zu einem dicken Brei verrühren.

2

Die Butter in Stücke schneiden, auf dem Brei verteilen und etwas Mehl darübergeben. Von der Mitte aus alles schnell zu einem glatten Teig verkneten und den Teig 2 Stunden kalt stellen. Inzwischen für die Füllung die Mandeln mit dem Zucker und dem Saft verrühren und die Zitronenschale zufügen.

3

Den Teig halbieren und auf einer bemehlten Arbeitsfläche ausrollen. Ein Backblech ausbuttern und eine Teigplatte darauflegen. Die Füllung so darauf verteilen, daß ringsum ein Rand von 1 Zentimeter frei bleibt. Die zweite Teigplatte darauflegen, die Ränder gut andrücken und mit einer Gabel mehrmals in den Teig stechen.

4

Den Kuchen im vorgeheizten Backofen bei 200 Grad (Umluft 180 Grad, Gas Stufe 3 bis 4) etwa 25 Minuten backen, herausnehmen und auskühlen lassen. Für den Guß den Puderzucker sieben, mit Zitronensaft verrühren und die Butter einrühren. Den ausgekühlten Kuchen damit glasieren. Sobald der Guß fest ist, den Kuchen in 5 x 10 Zentimeter große Stücke schneiden.

Mandelkuchen aus »Gramont«

Für 16 Stücke

Braucht etwas Zeit

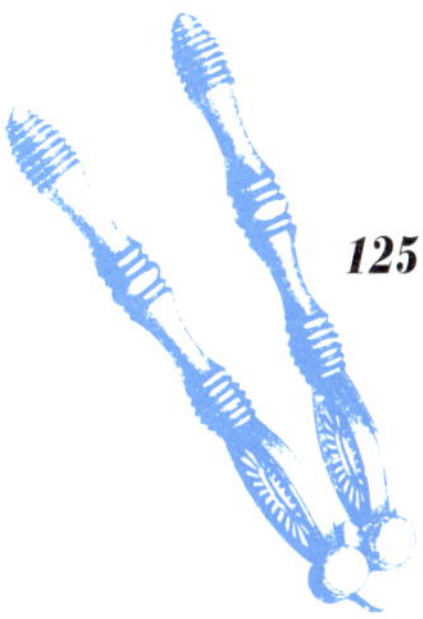

Für den Teig:
250 g Mehl
1/2 Päckchen Backpulver
125 g Zucker, 1 Päckchen Vanillezucker
2 Eier, 125 g kalte Butter
Mehl für die Arbeitsfläche
Butter für das Blech
Für den Belag:
250 g Butter, 200 g Zucker
je 250 g gemahlene Mandeln und Haselnüsse
4 Eier, 125 g Puderzucker zum Bestreuen

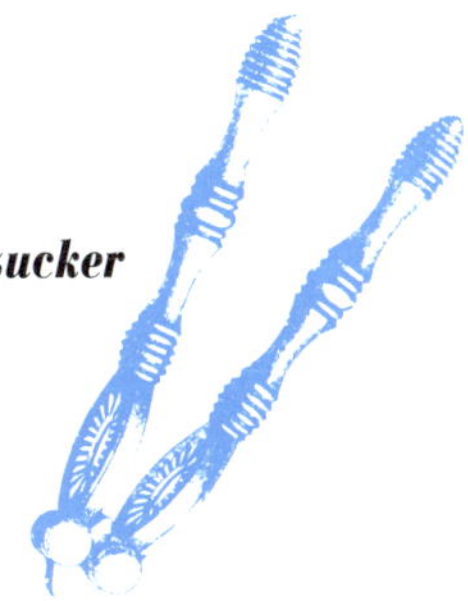

1

Mehl und Backpulver vermischen und auf ein Backbrett sieben. In die Mitte eine Vertiefung drücken, Zucker, Vanillezucker und Eier hineingeben und mit einem Teil des Mehls zu einem dicken Brei verrühren.

2

Die Butter in Stücke schneiden, auf dem Brei verteilen und mit etwas Mehl bedecken. Von der Mitte aus alles rasch zu einem glatten Teig verkneten und den Teig 30 Minuten kalt stellen.

3

Ein Backblech ausbuttern. Den Teig zu einer Rolle formen, auf einer bemehlten Arbeitsfläche ausrollen, auf das Blech legen und mit einer Gabel mehrmals einstechen.

4

Die Butter in einem Topf zerlassen, den Zucker dazugeben und beides unter Rühren erhitzen. Die Mandeln und Haselnüsse einrühren, den Topf vom Herd nehmen und die Masse etwas auskühlen lassen. Die Eier untermischen und den Belag auf den Teig streichen.

5

Den Kuchen im vorgeheizten Backofen bei 200 Grad (Umluft 180 Grad, Gas Stufe 3 bis 4) etwa 30 Minuten backen, herausnehmen, auskühlen lassen und mit Puderzucker bestreuen.

Apoldaer Kokoskuchen

Für 16 Stücke
Ganz einfach

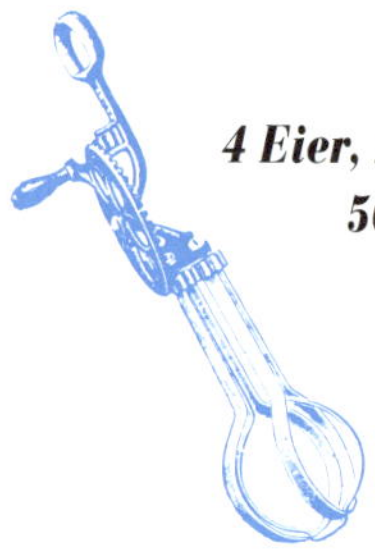

250 g Butter, 200 g Zucker
1 Päckchen Vanillezucker
4 Eier, 250 g Mehl, 1/2 Päckchen Backpulver
50 ml Milch, Butter für das Blech
Für den Belag:
250 g Butter, 200 g Zucker
1 Päckchen Vanillezucker
200 g Kokosraspel, 1 Ei
Für den Guß:
100 g Zucker, 3 EL Kakao, 1 Ei
125 g Kokosfett

1

Die Butter in einer Schüssel schaumig rühren. Nach und nach Zucker, Vanillezucker und die Eier einrühren. Das Mehl mit dem Backpulver vermischen, sieben und abwechselnd mit der Milch unterrühren. Ein Backblech ausbuttern und den Teig darauf verstreichen.

2

Für den Belag die Butter in einem Topf erhitzen, Zucker und Vanillezucker zugeben und unter Rühren etwas köcheln lassen. Die Kokosraspel zufügen und leicht anbräunen. Den Topf vom Herd nehmen, die Masse etwas auskühlen lassen, das Ei unterrühren und den Belag auf dem Teig verteilen.

3

Den Kuchen im vorgeheizten Backofen bei 200 Grad (Umluft 180 Grad, Gas Stufe 3 bis 4) etwa 35 Minuten backen, herausnehmen und auskühlen lassen. Für den Guß den Zucker und den Kakao mit 2 bis 3 Eßlöffel heißem Wasser verrühren und das Ei zufügen. Das Kokosfett schmelzen, auskühlen lassen und nach und nach einrühren. Den Kuchen mit dem Schokoladenguß überziehen.

SCHÜTTCHEN

Für 2 Stück
Läßt sich vorbereiten

500 g Rosinen, 100 ml Rum, 1 kg Mehl
60 g Hefe, 200 g Zucker, 1/4 l Milch, 500 g Butter
1/2 TL Salz, 250 g gehackte Mandeln
1/2 TL abgeriebene unbehandelte Zitronenschale
1 EL gehacktes Zitronat, Butter für das Blech
100 g flüssige Butter zum Bestreichen
200 g Puderzucker zum Bestreuen

1

Die Rosinen waschen, abtropfen lassen und im Rum einweichen. Das Mehl in eine große Schüssel sieben, in die Mitte eine Vertiefung drücken. Die Hefe mit 1 Eßlöffel Zucker in etwas lauwarmer Milch verrühren, in die Vertiefung gießen und leicht mit Mehl bestäuben. Den restlichen Zucker, die Butter in Flöckchen, Salz, Mandeln, Zitronenschale und Zitronat auf dem Mehlrand verteilen und den Vorteig zugedeckt an einem warmen Platz 15 Minuten gehen lassen.

2

Den Vorteig von der Mitte aus zu einem glatten Teig verkneten, dabei die restliche Milch und die Rumrosinen zugeben. Den Teig zugedeckt an einem warmen Platz 1 Stunde gehen lassen. Den Teig zusammenstoßen, nochmals durchkneten, teilen und zu 2 Stollen formen.

3

Ein Backblech ausbuttern, die Schüttchen daraufsetzen und im vorgeheizten Backofen bei 200 Grad (Umluft 180 Grad, Gas Stufe 3 bis 4) 1 Stunde backen. Die Schüttchen herausnehmen, mit der zerlassenen Butter bestreichen und kräftig mit Puderzucker bestreuen.

In Thüringen heißen die Stollen Schüttchen, Schittchen oder Schietchen, abgeleitet vom »kleinen Scheit«.

Was das neue Jahr alles bringt

In Schmalkalden weiß man schon lange, wie man sich im kommenden Jahr vor Krankheit und Unheil schützen kann: Man ißt in der Neujahrsnacht genüßlich eine Hagebutte. Über sein Schicksal kann man so einiges erfahren, wenn man am mittleren von drei Fenstern eines Zimmers lauscht (aber es darf einen keiner sehen!). Und auch daran denkt man: Während der zwölf Nächte zwischen Weihnachten und den Heiligen Drei Königen darf kein Stall ausgemistet werden, sonst geht es den Tieren im nächsten Jahr schlecht. Die Mädchen wiederum gehen in der Silvesternacht in den Gänsestall, binden einer Gans die Augen zu und warten, auf wen der Vogel zuläuft. Jetzt wissen sie, wer im folgenden Jahr heiraten wird. Punkt Mitternacht wird's ganz spannend: Dann setzt man sich vor die Haustür, zieht den linken Schuh aus und wirft ihn über die rechte Schulter rückwärts ins Haus. Fällt der Schuh mit der Spitze hinein, so wird man das Jahr über im Haus bleiben, im umgekehrten Fall aber muß man es verlassen.

Auch in punkto Essen sollte man zur Jahreswende pingelig sein: Ißt man am Silvesterabend Heringe (Heringspfanne, Seite 314), dann hat man das kommende Jahr über stets genügend kleines Geld. Am Neujahrstag wiederum kommen weißes Kraut (Weißkohlsuppe, Seite 306) und gelbe Rüben auf den Tisch (Gelbe-Rüben-Pfanne, Seite 310), damit man das Jahr hindurch immer ausreichend Silber und Gold – also großes Geld – hat. Sogar Goethe lobte sich an diesem Tag seine gelbe Rüben, die immer reichlich im Keller lagerten – aus eigener Ernte selbstverständlich.

Feuerzangenbowle

Für 4 Personen
Geht schnell

1 unbehandelte Zitrone
2 Flaschen Rotwein
1 Stück Zimtrinde
4 Nelken, 1 Zuckerhut
1/2 l Arrak

1

Die Zitrone waschen, in Scheiben schneiden und entkernen. In einem Topf den Wein zusammen mit Zimtrinde, Nelken und Zitronenscheiben erwärmen.

2

Den Bowlenkessel auf die schwach brennende Spiritusflamme stellen und vorwärmen. Den Wein hineingießen. Die Bowlenzange über den Kessel legen, den Zuckerhut daraufsetzen, mit Arrak begießen und anzünden, so daß der schmelzende Zucker in die Bowle tropfen kann.

3

Die Gläser bereitstellen. Sobald die Flamme erlischt, die Bowle einfüllen. Wohl bekomm's!

Menü des Monats

Weißkohlsuppe
Suhler Hosseküh mit Brüh
Suhl-Heinrichs Latschen

REZEPTREGISTER

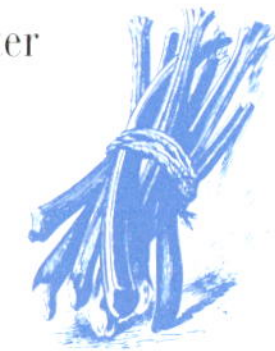

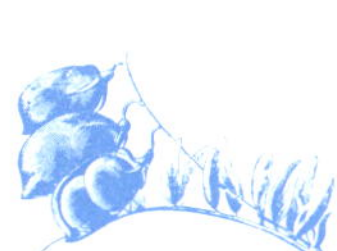

Wir bedanken uns für die Unterstützung bei:
Frau Lehmann vom Fremdenverkehrsamt Saalfeld; Magdalena Borchiantschuk vom Fremdenverkehrsamt Rudolstadt; Bäckermeister Rüger aus Erfurt; Bäckermeister Axt aus Sondershausen; Wissenschaftliche Allgemeinbibliothek der Landeshauptstadt Erfurt; Bürgermeister Neigefindt, Erfurt; Adelheid Schleitz, Stadtmuseum Gera; Knut Kreuch, Heimatverein Wechmar; Dr. Brunner, Stadtarchiv in der Wartburgstadt Eisenach; Margarete Braungart, Stadtmuseum Hildburghausen

Das Geschirr auf den Seiten 202/203, 254/255, 267 stellte uns freundlicherweise die Töpferei »Alt Bürgeler blau-weiß« aus Bürgel in Thüringen zur Verfügung.

Bildnachweis:
Christine Paxmann, München:
15, 27, 59, 62/63, 83, 103, 111, 131, 143, 163, 323
IFA, Taufkirchen: 299 (Digul)
Ulrich Kerth, München: Titelbild, 2/3, 5/6, 34/35, 47, 75, 90/91, 118/119, 146/147, 171, 174/175, 187, 195, 202/203, 215, 227, 230/231, 254/255, 267, 278/279, 302/303

FSC Mix
Produktgruppe aus vorbildlich bewirtschafteten Wäldern, kontrollierten Herkünften und Recyclingholz oder -fasern
Zert.-Nr. SGS-COC-003210
www.fsc.org
© 1996 Forest Stewardship Council

Das für dieses Buch verwendete Papier *Profibulk* wurde produziert von Sappi Alfeld und geliefert durch die IGEPA

ISBN: 978-3-8094-2257-0

Redaktion: Christine Pfützner
Redaktionsleitung: Dr. Reinhard Pietsch
Bildredaktion: Bettina Huber
Grundlayout: Christine Paxmann
Umschlaggestaltung: Grafisches Büro Rothe und Rothe, Niedernhausen
DTP/Satz: A&O Satzwerkstatt, München
Satz dieser Ausgabe: Filmsatz Schröter, München
Druck und Bindung: Westermann Druck Zwickau GmbH
Printed in Germany

579/017160196X817 2635 4453 6271